Seeing the Employment Choice of
Migrant Workers from
the Perspective of Urbanization

# 城镇化视野下
# 务工人口就业选择

韩 雪◎著

经济管理出版社
ECONOMY & MANAGEMENT PUBLISHING HOUSE

图书在版编目（CIP）数据

城镇化视野下务工人口就业选择／韩雪著．—北京：经济管理出版社，2019.5
ISBN 978-7-5096-6581-7

Ⅰ.①城… Ⅱ.①韩… Ⅲ.①流动人口—就业—研究—中国 Ⅳ.①D669.2

中国版本图书馆 CIP 数据核字（2019）第 089074 号

组稿编辑：范美琴
责任编辑：范美琴
责任印制：黄章平
责任校对：张晓燕

出版发行：经济管理出版社
　　　　　（北京市海淀区北蜂窝 8 号中雅大厦 A 座 11 层　100038）
网　　址：www.E-mp.com.cn
电　　话：（010）51915602
印　　刷：北京虎彩文化传播有限公司
经　　销：新华书店
开　　本：720mm×1000mm /16
印　　张：14.75
字　　数：227 千字
版　　次：2019 年 6 月第 1 版　2019 年 6 月第 1 次印刷
书　　号：ISBN 978-7-5096-6581-7
定　　价：58.00 元

·版权所有　翻印必究·
凡购本社图书，如有印装错误，由本社读者服务部负责调换。
联系地址：北京阜外月坛北小街 2 号
电话：（010）68022974　　邮编：100836

# 前　言

　　威廉姆森认为，城镇化是现代化的一个重要组成部分：制造业、服务业的空间集聚，外来人口大量移入，基础设施的不断完善，以及官僚组织的结构性转型……随着《国家新型城镇化规划（2014～2020年）》的落地，中国城镇化正在向纵深推进。城镇化的本质在于经由空间扩展、基础设施完善、人口的会聚，实现人力资本的增值和经济社会增益。虽然这种增益的具体机理是复杂的，比如思想进出的火花，或是知识，特别是隐性知识技术的溢出。虽然城镇化的过程伴随不小的成本，但城镇化却以不可逆转之势在持续。就过程而言，城镇化的基础在于人的城镇化。据联合国发布的一份报告，发展中国家的城镇化人口在2000～2030年会以每年超过6500万的数量增加。麦肯锡（McKinsey）2010年发布的《迎接中国十亿城市大军》报告称，到2030年，中国城市人口将增加3.5亿，达到10亿。到2025年，中国将有219座城市人口在100万以上，24座城市人口超过500万。然而，一些经验研究已经显示，城镇人口在1950～1975年达到了每年3.7个百分点的增长极点后，开始显著降低。近些年，对中国城市的观察也显示，城市人口出现了规模缩减。德国Shrinking Cities项目表明，全球范围内人口超过100万的450个城市和地区，总体上已经失去了其城市人口的1/10。据《中国流动人口发展报告2018》，2017年中国流动人口规模已经达到2.4亿，从增长期转入了调整期。以"五普"和"六普"公布的人口数据来计算，1990～2000年离开户口登记地半年以上、跨省区迁移的人口数为4713万人，到了2000～2010年，跨省迁移的人数已达7929万人，跨省迁移的人数为所有迁移人口的1/3[①]。《中国城市建设统计年鉴》数据显示，2010～2016年，剔除因行政区划变化而增加或减少的50个城市后，38.86%的城市出现人口下降。这期间，城区人口超过

---

① 参见网易"数读"，2018年12月31日。

100万的大城市人口密度从3157.66人/平方千米降到了2795人/平方千米。那么，这些消失或减少的人口是哪些群体呢？为什么会减少？缩减的这部分人口对中国城镇化进程的影响，应该从什么样的视角来进行客观的剖析呢？

　　城镇化、工业化、信息化和农业现代化的进程也是进城务工人口就业轨迹变迁的过程。由于当前进城务工群体的职业分化已经出现，分属于不同行业与职业的务工人口，其就业选择行为受宏观产业环境制约的同时，与自身人力资本、社会资本、个体特征关系更为密切。不同年龄、性别、家庭背景的务工人口，基于不同的风险偏好和就业动机，会形成不同的选择行为。已有的研究将表征制度的宏观因素和表征个体特征、人力资本、社会资本的微观因素割裂开来，或者将制度和政策以及市场环境等宏观因素作为研究微观个体就业行为的背景和控制变量，但由于缺乏对个体认知和心理特征的考察，限制了研究的解释力。本书尝试将表征宏观因素的劳动力市场分割嵌入进城务工人口就业选择的微观行为中，根据预定的研究框架，引入前景理论和劳动力市场分割理论来建构研究的理论模型，首先揭示劳动力市场分割作用下就业部门生成机理。其次，从静态层面，探讨就业风险和劳动力市场分割对进城务工人口就业选择行为的影响；从动态层面，探讨初职就业和现职就业之间的依存效应；基于入职门槛和人力资本专用性，探讨两因子对就业稳定性的影响。就业风险既是对客观存在的风险的认知，也是个体主观感受，劳动力市场分割既是外出务工的背景，又是客观存在，两者结合在一起，能更好地解释人们的行为选择。

　　本书系2018年度全国党校（行政学院）系统重点调研课题"促进辽宁乡村产业融合发展的政策机制研究"系列成果。

　　本书的主要发现包括以下几个方面：

　　第一，运用聚类分类法验证了劳动力市场存在政策分割、人力资本分割以及行业分割。通过劳动力市场供求模型推导出正规部门和非正规部门，正规部门为机关企业单位，入职门槛较高，能够享受公共财政给付，或者为规模较大的私营组织，从业者多为本地务工人口；非正规部门为个体或小型私营组织，入职门槛较低，不能享受公共财政给付，表现为个体从业或小规模的私营企业，从业者多为外地务工人口。

第二，根据期望效用函数测度出就业风险，之后将期望值效用与期望效用比较，划分就业风险类型。运用 OLS 和 LOGIT 模型对就业部门选择行为进行计量分析，结果表明，由于劳动力市场存在政策分割和行业分割，风险规避型务工人口进入非正规部门从业的概率高于风险偏好型务工人口。社会资本因素的估计结果表明，传统社会关系是进城务工人口就业部门选择的主要依靠，但其对务工人口上行职业流动帮助不大。就业部门工资分解的结果表明，因劳动力市场政策和行业分割形成的部门工资差异存在，分位数回归分析显示进城务工人口在两个就业部门均缺乏人力资本回报。

第三，运用 Logit 和条件 Logit 模型对进城务工人口就业方式选择行为进行估计，结果表明，务工人口就业方式的选择原因更为复杂。单纯的风险因素对就业方式的影响较为微弱，就业方式选择与个体特征、人力资本和行业分割因素关系更为密切。由于劳动力市场行业分割的存在，缺乏良好教育、优势家庭资源和社会资源的进城务工人口只能选择非正规方式就业，劳动力市场的行业壁垒和职业固化现象已经出现，行业分割的存在增加了务工人口正规就业的难度。

第四，对进城务工人口就业选择行为进行动态考察。运用职业转换矩阵测算出企业办事类和管理类，低技能类和高级技术类，初职和现职就业之间存在较大的职业依存度；从入职门槛和人力资本专用性两个层面探讨了进城务工人口的职业稳定效应。研究表明，单位的入职门槛越高，人力资本专用性越强，进城务工人口的职业稳定性越强。

本书将社会学领域的研究嵌入行为经济学的研究范式之下，期望在理论上提供一种更全面的劳动力就业行为的分析框架，厘清现实中存在的不利于务工人口就业的各种情形，对于进城务工人口的就业提供有助益的指导和帮助。

本书有以下几方面特点：

其一，研究视角上，基于城镇化的现实图景，从就业部门与就业方式两个层面探讨了进城务工人口就业选择的行为机理。已有的理论与实证研究，特别是国外移民就业的研究中，谈到务工人口非正规就业的时候，并没有区分就业部门和就业方式，然而在现实中，正规就业和非正规就业分别存在于不同的就业部门中，正规部门中存在大量的非正规就业，且两种就业选择背后的路径与机理是存在差异的，因而有必要对此加以区分。

其二，研究内容上，一是对就业风险进行了测度并划分。以往的研究对于风险类型的划分依据调研对象的主观判断，本书根据期望效用理论，测算出就业风险值，在此基础上，将期望效用与期望值效用进行比较，以两者的差为标准划分风险类型。二是运用职业转换矩阵测算了初职就业和现职就业间的依存关系，验证了经验常识中的职业固化现象；根据工作年限和就业变换次数对进城务工人口就业稳定程度进行了测度，保证了研究的精确性。三是从入职门槛和人力资本专用性两个层面探讨了进城务工人口的就业稳定效应。一方面回应劳动力市场分割存在的事实，另一方面回应人力资本方面的局限，在紧扣主题的同时将研究视角又向前延伸了一步。

其三，研究范式上，本书将行为经济学引入传统的社会经济学分析中，细致刻画进城务工人口就业选择行为。

# 目 录

## 第一章 导论 ... 1

### 第一节 研究背景与意义 ... 1
一、研究背景与问题的提出 ... 1
二、研究意义 ... 3

### 第二节 研究目标与研究内容 ... 5
一、研究目标 ... 5
二、研究内容 ... 5

### 第三节 研究方法与数据来源 ... 6
一、研究方法 ... 6
二、数据来源 ... 8

### 第四节 逻辑路线与本书结构 ... 8
一、逻辑路线 ... 8
二、本书结构 ... 10

### 第五节 主要创新点及研究的不足 ... 10
一、本书研究的创新点 ... 10
二、研究的不足之处 ... 11

### 第六节 相关概念界定 ... 12
一、进城务工人口 ... 12
二、就业选择行为 ... 12
三、主要劳动力市场与次要劳动力市场 ... 13
四、就业部门与就业方式 ... 14
五、人力资本专用性 ... 15
六、入职门槛 ... 16

## 第二章　研究的理论基础与文献述评 …… 17

### 第一节　研究的理论基础 …… 17
一、劳动力迁移理论 …… 17
二、前景理论 …… 21

### 第二节　文献回顾与述评 …… 23
一、就业风险与就业选择行为 …… 23
二、社会资本与就业选择行为 …… 24
三、人力资本与就业选择行为 …… 26
四、劳动力市场分割与非正规就业 …… 27
五、文献述评 …… 29

**本章小结** …… 30

## 第三章　进城务工人口就业选择行为理论分析 …… 31

### 第一节　"第二阶段"就业选择 …… 31
### 第二节　基于前景理论的就业选择 …… 32
一、就业选择中的风险 …… 32
二、劳动力市场分割下的就业选择 …… 33

### 第三节　就业选择行为数理模型 …… 35
一、双重约束条件下效用函数 …… 35
二、引入风险分类 …… 36

### 第四节　劳动力市场分割与就业部门 …… 38
一、市场分割与就业部门生成机理 …… 39
二、引入行业分割和非经济因素的就业选择 …… 43

**本章小结** …… 44

## 第四章　劳动力市场分割与就业特征 …… 45

### 第一节　数据来源 …… 45
一、样本选择说明 …… 45

二、调研方法 ………………………………………………… 45
第二节 劳动力市场分割测度与描述 ……………………………… 46
一、劳动力市场分割测度 ………………………………… 46
二、劳动力市场分割描述 ………………………………… 52
第三节 就业基本特征 ……………………………………………… 55
一、务工人口来源地特征 ………………………………… 58
二、初职就业与现职就业 ………………………………… 61
三、就业部门特征 ………………………………………… 64
四、就业方式特征 ………………………………………… 68
五、就业保障情况 ………………………………………… 69
六、就业动机 ……………………………………………… 72
第四节 就业选择与就业变动特征 ………………………………… 75
一、就业选择的多属性决策分析 ………………………… 75
二、就业变动情况 ………………………………………… 78
本章小结 ……………………………………………………………… 83

# 第五章 进城务工人口就业部门选择分析 …………………………… 85

第一节 就业风险、社会资本与进城务工人口就业部门选择 …… 85
一、基于前景理论的就业部门选择分析 ………………… 85
二、基于社会资本的就业部门选择分析 ………………… 86
第二节 就业风险测算与分类 ……………………………………… 88
一、就业风险测算 ………………………………………… 88
二、就业风险分类 ………………………………………… 89
第三节 样本描述与变量设定 ……………………………………… 91
一、样本描述 ……………………………………………… 91
二、变量设定 ……………………………………………… 93
第四节 模型设定与估计 …………………………………………… 96
一、模型设定 ……………………………………………… 96
二、OLS 估计结果 ………………………………………… 98
三、就业风险的 Logit 回归方程 ………………………… 100

四、社会资本的 Logit 回归方程 ………………………………… 109
　　五、控制变量解释 ………………………………………………… 111
　　六、引入分割因子的就业部门选择 ……………………………… 113
第五节　就业部门选择与收入回报 …………………………………… 114
　　一、模型引入 ……………………………………………………… 115
　　二、部门工资方程估计 …………………………………………… 116
　　三、部门人力资本回报 …………………………………………… 119
　　四、部门工资差异 ………………………………………………… 123
本章小结 ………………………………………………………………… 127

# 第六章　进城务工人口就业方式选择分析 ……………………… 128

第一节　就业方式选择理论分析 ……………………………………… 129
　　一、城市劳动力供需模型 ………………………………………… 129
　　二、不同就业方式及其伴生的就业福利 ………………………… 131
第二节　正规部门的非正规就业 ……………………………………… 132
　　一、样本描述与变量解释 ………………………………………… 132
　　二、模型估计与检验 ……………………………………………… 136
本章小结 ………………………………………………………………… 140

# 第七章　进城务工人口就业选择效应研究 ……………………… 142

第一节　初职与现职就业的依存效应 ………………………………… 143
　　一、职业转换矩阵 ………………………………………………… 143
　　二、测算结果 ……………………………………………………… 144
　　三、就业的动态考察 ……………………………………………… 145
第二节　就业稳定性的部门差异 ……………………………………… 152
　　一、就业稳定程度测算 …………………………………………… 153
　　二、变量解释、模型设定与估计 ………………………………… 154
第三节　入职门槛、人力资本专用性与就业稳定性分析 …………… 158
　　一、理论分析 ……………………………………………………… 159
　　二、样本描述与变量设定 ………………………………………… 162

三、计量模型检验 ························· 169
　本章小结 ································· 175

# 第八章　主要结论、政策启示与研究展望 ············· 177

　第一节　研究得出的主要结论 ····················· 177
　　　一、就业基本特征 ························· 177
　　　二、就业部门选择特征 ······················· 178
　　　三、就业方式选择特征 ······················· 179
　　　四、就业选择效应特征 ······················· 180
　第二节　进一步探讨的问题 ······················· 181
　　　一、就业选择的局限性 ······················· 181
　　　二、就业选择的盲目性 ······················· 182
　　　三、就业行为的暂时性 ······················· 182
　　　四、就业促进供需脱节 ······················· 183
　第三节　政策启示 ····························· 186
　　　一、通过产业释放城市就业需求空间 ·············· 186
　　　二、建构公平就业政策消弭行业分割 ·············· 190
　　　三、通过职业培训增强就业主动性 ················ 192
　　　四、提升城镇化水平促进稳定就业 ················ 195
　第四节　研究展望 ····························· 196
　　　一、多学科分析视角相互融合 ··················· 196
　　　二、扩大研究模型的解释张力 ··················· 197
　　　三、人力资本的分化与深化 ···················· 197

# 附　录 ································· 198

# 参考文献 ······························· 210

# 第一章 导 论

## 第一节 研究背景与意义

### 一、研究背景与问题的提出

世界发展指标数据库（2008）的数据显示，1990~2007年，低收入国家和中等收入国家中，商品贸易占GDP的比例增加的同时也增加了对产业工人的需求，在发展中国家，这些工人大多来自农村或非正规部门，投资的增加带来了工资上涨和更多的就业机会，然而也有一些损失要考虑，包括失去工作的风险、在工作与行业间的流动，以及全球经济震荡的考验等。中国工业化、城镇化进程中，家庭联产承包责任制作为一种正式制度安排的推出，将经济增长中最重要的劳动力要素激活，劳动力要素成为自主经营自负盈亏的经济主体。劳动生产率不断提高，人地相对匹配状态被打破，随之产生的农业剩余劳动力被从土地中源源不断地释放出来。由于农业和农村的比较利益低下，大量农业劳动人口为满足就学、就医以及婚丧嫁娶等生活支出，以及为提高生活质量，纷纷选择外出务工。

Paul Streeten（1981）认为，发展中国家的根本问题是贫穷或低生产率的就业。在城镇化、工业化、信息化及农业现代化同步发展进程中，沈阳市整体上处于产业结构性调整阶段，以制造业、低端服务业、批发零售业、住宿餐饮业等为代表的劳动密集型产业的用工需求占到全部用工需求的绝大多数，这些产业吸纳的绝对主体是进城务工人口。然而，进城务工人口就业存在失衡现象，首先体现在就业结构性矛盾引致的供需失衡。据国务院农民工办课题组2013年的调研显示，大部分进城务工劳动人口受教育程度低、缺乏必要的职业技能，进城务工人口从事的职业在社会分层中位于较低端，多从事脏、险、苦、累的工作，很难适应经济结构调整和产业升级的需要（许小青、柳建华，2005）。根据沈阳市人力资源和社会保障局发布的 2014 年职业供求状况分析报告，软件研发人员、保安人员、高级铣工、餐厅服务人员、废旧物加工与利用人员、工件表面处理人员（油漆）、机械工程师、工程车设备操作人员数量缺口较大，说明当前高技能人才严重不足，劳动力市场供需不匹配，进城务工人口难以有效满足市场的用工需求。另一些行业和岗位，由于工资低、工作强度大、工作环境差等原因，出现"工荒"，导致劳动力供给小于需求。还有许多低端服务业、建筑业和制造业，由于进入门槛较低，工作搜寻摩擦较小，成为众多外来务工人口择业的主要选择，出现供大于求趋势。其次体现在供需双方期望差异引致的就业稳定失衡。由于所供职行业和岗位特点，大部分务工人口工作环境差，绝大多数没有固定的办公场所，休息权不能得到充分保证。国家统计局（2013）的调研显示，部分地区农民工每天工作 11 小时左右，每月工作 26 天以上，且很多企业每月要扣务工人口 20%~30% 的工资作为企业风险抵押金，很多企业将最低工资标准作为工资，明显压低务工人口的工资水平，导致务工人口对企业的归属感非常低，特别是新生代农民工，一旦对工作产生不满情绪，便会离职，影响企业员工的工作稳定性。而企业更需要工作能力强、不轻易离职、对企业忠心的员工。从多年中央一号文件及相关政策①可以解读出，进城务工人口的劳动保障水平在不断提升，政府对于企业劳工保护的规范更加严格，但仍然有很多企业并不能保证务工人口正常的劳动权利，企业对进城务工人口的就业期望缺乏回应，对于务工人口的职业生涯没有任何规划，两者叠加在一起，难以维持企业的稳定运作。

进城务工人口群体内部分化日益明显，该群体垂直分化为这些类型：如占有生产资料并雇用他人的业主、占有少量资本的个体户以及完全依赖打工务工者（李培林，1996；刘传江等，2007）。因此，进城务工人口已成为在个体特征、人力资本、社会资本等方面存在较大差异的异质性群体。

---

① 2004 年 9 月，劳动保障部会同建设部共同下发了《建设领域农民工工资支付管理暂行办法》。2005 年 4 月，劳动保障部、建设部和全国总工会联合下发了《关于加强建设等行业农民工劳动合同管理的通知》，对建筑企业工资支付、劳动合同管理等行为提出了规范意见。

具体表现在：一是代际分化，新生代与老一代务工人口的代际分化表征在择业取向、择偶取向、城市认同等方面，两者有不同的认同和选择；二是务工人口内部阶层分化，有些脱离了简单粗重的体力劳动，职业上行流动，成为个体经营户、私企业主或是技能管理类人才；三是地域分化，有些集聚在大中城市，成为城市产业工人的主体，有些集聚在小城镇，成为个体经商业者，有些返回乡村，继续务农或从事其他产业。已生成的职业分化既是务工人口就业选择的主观参照，也是务工人口务工动机的客观价值参照，影响和指引个体的行为，当前进城务工人口的务工动机已经不同于大规模劳动人口迁移之初，老一代务工人口多为养家糊口选择外出务工，很多家庭并没有随之转移，其外出赚钱再返乡的目的很明确，对于城市生活的追求与向往很模糊。新生代务工群体有着更为鲜明的就业诉求。由于成长在工业化与城市化加速推进的大背景下，其对城市的向往更为清晰，很多年轻人来到城市不仅仅为了赚钱，更多的是怀着一种梦想，希望在城市中获得更多更好的发展机会，希望通过各种职业培训来提高自身的技能水平，谋得一份合适的工作，在获得生存的同时提升自身的生活质量。这些新的分化与整合的背后，是社会经济转型不均衡所产生的偏差，要素的流动与支撑其流动的政策之间出现了偏离，户籍制度及与之相伴生的城市就业福利供给体系对进城务工人口有选择地进行制度安排，能力较强、素质较高的务工人口有机会分享城市的就业福利供给，进而脱离原有的阶层，跻身新的职业阶层。基于此，进城务工人口的就业选择行为相较以前更为复杂。

## 二、研究意义

### （一）理论意义

城市化进程中分离出来的大量剩余劳动力的出口问题，为人口迁徙、工作搜寻等理论提供了全新的参考样本。随着务工人口就业目标日益多元化，传统的充分就业和均衡就业等衡量就业数量的指标难以体现当前就业问题的复杂性，须超越数量意义的就业概念，更加深入地探讨进城务工人口在体制与政策制约下，基于个体的就业选择而达至的效用和价值；从微观个体视角展开就业选择行为，基于动机和个体效用最大化考虑，就业选择问题是不断提升个体就业质量的过程。通过对就业行为的深入剖析，将微观个体行为中具有普遍规律性的影响因素系统地梳理出来，揭示劳动力市场分割条件下务工人口就业行为机理。从狭义范围来看，就业的回报，包括非经济回报、技能培训、职业发展机会等都会影响务工人口的就业选择；从广义上看，非歧视性的就业、能够获得与工作相关的福利安排、健康安全的工作等都是劳动经济理论的关注焦点，然而以往研究的对象是一般性的劳工，将研究对象转换为进城务工人口，极大地拓展了当前劳动经济领域关于就业及相关福利的研究内涵。本书是外来务工人口市民化研究中的一个重要节点，对其就业行为的探讨可以为后续的理论研究提供基础的参考，也可以为相关部门的政策制定提供借鉴。

**（二）现实意义**

2016 年，沈阳市城镇人口为 667.9 万人，城镇化率为 80.55%[①]，但是户籍的城镇化只有不到 40%。《沈阳市推进新型城镇化实施方案（2015~2020 年）》提出了未来 5 年沈阳市人口城镇化的总目标，到 2020 年实现常住人口与户籍人口城镇化率达到 85% 和 73.75%[②]。《中国城镇化质量报告（2014）》表明，沈阳市城镇化质量要滞后于城镇化率，这意味着，大量农业转移人口难以融入城市社会。"实现农民完全城镇化要使进城人口实现三个维度转换：从农业到非农业的职业转换、从农村到城镇的地域转换以及从农民到市民的身份转换。"就业是稳定的前提和基础，稳定的就业是进城务工人口融入城市的立足之本。进城务工人口就业问题是经济社会生活中非常重要的现象，就业问题关乎社会稳定与社会发展。一方面，就业本身意味着一定的福利获取；另一方面，它又是经济增长的源泉之一。解决好进城务工人口的就业问题，是落实科学发展观的必然要求，也是务工人口融入城市的关键环节。不可否认的一个事实是，大量务工人口进入城市，对现存社会秩序造成冲击，挤占了有限的城市公共资源，这一问题的解决需要城市政府更大的勇气和智慧，如何将文化程度较低、缺乏职业技能的进城务工人口转变为城市社会发展需要的健康有能力的职业者是摆在各地政府面前的一项重要且紧迫的课题。提升务工人口就业质量，

---

① 参见《沈阳市 2005 年全国 1% 人口抽样调查主要数据公报》和《2013 年沈阳市国民经济和社会发展统计公报》。
② 参见"沈阳市新型城镇化工作会议"相关规定。

稳定其就业有助于加速城镇化进程，提升城镇化质量。另外，大量劳动人口进入城市，会助推城市劳动力市场的发展，使市场更趋近公平竞争的市场结构，增大了市场安排的制度空间。因此，研究进城务工人口就业选择，帮助其提升就业质量，稳定就业，具有重大的现实意义和战略意义。

## 第二节 研究目标与研究内容

### 一、研究目标

本书尝试运用前景理论和劳动力市场分割理论构建进城务工人口就业选择行为的理论分析框架，根据理论框架构建基于进城务工人口就业选择行为的数理模型，进而推导出劳动力市场分割作用下生成的两类就业部门，探究进城务工人口就业部门和就业方式选择行为的机理，对进城务工人口就业选择的效应进行刻画。在此基础上，尝试提出针对性的政策建议。具体目标如下：

（1）借助劳动力迁移理论和前景理论构建进城务工人口就业选择理论逻辑分析框架，构建基于就业风险的就业选择数理模型。

（2）测度劳动力市场分割，运用经济模型验证两类就业部门的存在。

（3）借用期望效用模型测算进城务工人口的就业风险，并对就业风险进行分类，探究就业风险、社会资本和劳动力市场分割对进城务工人口就业部门选择的影响。

（4）对就业部门的就业方式进行细分，探究人力资本、劳动力市场行业分割对就业方式选择的影响。

（5）探究进城务工人口的初职就业和现职就业间的依存效应；在对就业稳定程度测算的基础上，探讨就业稳定效应。

### 二、研究内容

在对文献学习与梳理的基础上，运用经济理论和相关研究方法，建立进城务工人口就业选择行为的分析框架，以期实现研究目标。具体研究内

容如下:

(1) 运用前景理论和劳动力市场分割理论构建理论分析框架。基于价值函数和权重函数对务工人口工作需求和工作搜寻行为进行分析,在劳动力市场分割的理论假设下,构建进城务工人口就业选择的总价值函数;借鉴 Takuya Satomura(2010)构建的多重约束条件下的效用最大化模型,本书引入收入和城市岗位供给双重约束条件,运用效用模型构建基于就业风险和市场分割的就业部门选择数理模型。

(2) 运用社会网络分析法,对进城务工人口的就业城市进行梳理。通过统计分析方法测度劳动力市场分割,并运用供求理论推导出劳动力市场分割下生成的正规就业部门和非正规就业部门。

(3) 分别从微观和宏观两种视角探讨进城务工人口就业部门选择的影响因素。微观方面,根据期望效用理论测算务工人口就业风险,并对预期风险进行分类,引入动机、人力资本、社会资本以及个体特征变量进行微观机理分析;宏观方面,在微观影响因子的基础上,加入表征劳动力市场分割的政策因子和行业因子,分析宏观因子对微观个体选择行为的影响。

(4) 在对劳动力市场供需模型梳理和就业福利描述分析的基础上,对正规部门非正规就业方式进行分析,引入就业风险、人力资本和行业分割因子,分析上述因素对就业方式选择行为的影响。

(5) 在静态分析基础上,有必要从动态视角考察进城务工人口的就业选择效应:一是初职就业和现职就业间的依存效应,通过不同职业在初职和现职职业转换程度的测算,考察务工人口职业固化状态;二是就业稳定效应,从入职门槛和人力资本专用性两个层面推导务工人口的就业稳定效应。

(6) 通过对进城务工人口就业选择行为的分析,揭示出现实中存在的问题,针对这些问题,从法律体系、政策服务体系、职业培训体系、职业保障体系等方面尝试提出政策建议。

## 第三节 研究方法与数据来源

### 一、研究方法

根据研究目的和分析框架,针对具体研究内容,相应研究方法如下:

**研究内容一：理论和数理模型分析法**

理论分析法：基于前景理论和劳动力市场分割理论，构建进城务工人口就业需求分析框架。数理模型分析法：借鉴 Takuya Satomura（2010）构建的多重约束条件下的效用最大化模型，构建基于预期就业风险和务工动机的就业选择模型。引入拉格朗日乘子，构建库恩—塔克条件刻画约束条件下的进城务工人口就业选择行为。

**研究内容二：统计分析法、理论模型法**

运用 NETDRAW 软件统计就业城市类型。运用聚类分析法测度劳动力市场分割，对劳动力市场的政策性分割、人力资本分割和行业分割进行描述，运用供求模型推导不同分割机制作用下生成的就业部门。

**研究内容三：统计分析法、计量经济学模型法**

统计分析法涉及预期就业风险的测算和分类。运用预期收入和实际收入差值测算进城务工人口预期就业风险，利用期望值效用和期望效用差值对预期就业风险进行分类。计量模型分析法涉及就业部门影响因素的微观和宏观检验，以及就业部门工资差异的分解。在分析进城务工人口就业部门选择影响因素时，首先运用 OLS 模型对不同就业部门的工资率进行估计，接下来运用 Logit 模型对影响因素进行分析。运用联立方程组和倾向匹配方法对模型估计的稳健性进行检验。在分析就业部门工资差异时，运用分位数回归模型进行分析，运用 Oaxa-Blinder 法对工资差异进行分解。

**研究内容四：统计分析法、计量经济学模型法**

运用理论分析法对劳动力市场供需模型和就业福利供给进行描述。对正规部门非正规就业进行描述性统计分析。分别运用 Logit 和条件 Logit 模型对就业方式选择行为影响因素进行分析。运用 IV 工具变量法对模型稳健性进行检验。

**研究内容五：统计分析法、数理模型法、计量模型分析法**

运用职业转换矩阵测度频数观察值和期望值间的差值来构建初职就业和现职就业间的依存关系。借鉴 Bulow 和 Summers（1986）的双重劳动力市场理论模型，从入职门槛和人力资本专用性两个层面构建两类劳动力市场、两类就业部门下的务工人口成本收益函数表达式，描述入职门槛和人力资本专用性与进城务工人口职业稳定程度间的关系，在此基础上，运用 WLS 和分位数回归方法对此进行检验。

**研究内容六：比较分析法、政策分析法**

采用归纳法对本书的主要结论进行梳理。运用比较分析法对美国、欧盟和中国关于促进平等就业的法律体系进行梳理、分析。尝试运用政策分析法从政策设计、职业培训、政府相关部门就业服务与监管、就业保障等方面构建就业促进政策框架。

上述研究方法涉及以下具体应用的统计和计量分析软件：Excel 软件、SPSS17.0 软件、Stata12.0 软件、NETDRA 软件。

## 二、数据来源

具体的数据整理和处理过程见第四章第一节。

本书数据来源于 2013 年 6~8 月、2015 年 5~9 月在沈阳展开的关于进城务工人口就业的调研，调研地点涵盖沈阳 9 个市辖区。市辖区调研按照辖区内街道常住人口数和街道面积综合水平排序，选取两个街道进行等距随机抽样。每个街道随机抽取样本 25~30 个（拟调研最多样本为 30 个），共抽取样本 1600 个。剔除无效问卷后，得到 1406 名进城务工人口的有效问卷。

# 第四节 逻辑路线与本书结构

## 一、逻辑路线

本书逻辑路线如图 1-1 所示。

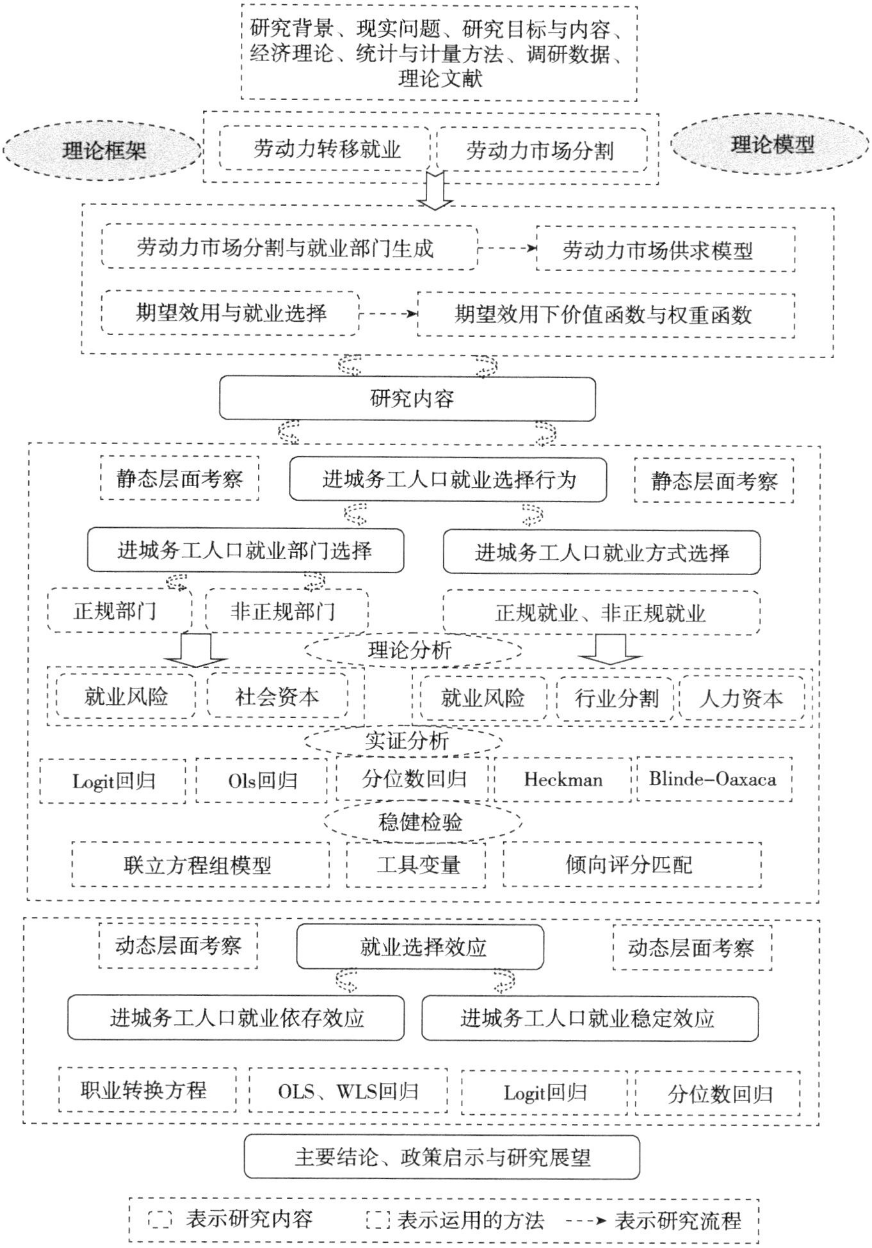

# 第一章 导 论

```
┌─────────────────────────────┐
│ 研究背景、现实问题、研究目标与内容、│
│ 经济理论、统计与计量方法、调研数据、│
│       理论文献              │
└─────────────────────────────┘

(理论框架)    劳动力转移就业   劳动力市场分割    (理论模型)

┌─────────────────────────────────────────┐
│ 劳动力市场分割与就业部门生成 --→ 劳动力市场供求模型 │
│ 期望效用与就业选择 --→ 期望效用下价值函数与权重函数 │
└─────────────────────────────────────────┘

                 研究内容

┌──────────────────────────────────────────┐
│ 静态层面考察    进城务工人口就业选择行为    静态层面考察 │
│                                          │
│ 进城务工人口就业部门选择   进城务工人口就业方式选择 │
│                                          │
│ 正规部门  非正规部门    正规就业、非正规就业       │
│                                          │
│              理论分析                     │
│                                          │
│ 就业风险  社会资本    就业风险  行业分割  人力资本 │
│                                          │
│              实证分析                     │
│                                          │
│ Logit回归  Ols回归  分位数回归  Heckman  Blinde-Oaxaca │
│                                          │
│              稳健检验                     │
│                                          │
│ 联立方程组模型   工具变量   倾向评分匹配    │
└──────────────────────────────────────────┘

┌──────────────────────────────────────────┐
│ 动态层面考察    就业选择效应    动态层面考察      │
│                                          │
│ 进城务工人口就业依存效应  进城务工人口就业稳定效应 │
│                                          │
│ 职业转换方程  OLS、WLS回归  Logit回归  分位数回归 │
└──────────────────────────────────────────┘

        主要结论、政策启示与研究展望

[┈┈] 表示研究内容  [──] 表示运用的方法  --→ 表示研究流程
```

**图 1-1 技术路线图**

— 9 —

## 二、本书结构

本书分为八章。

第一章为导论，包括研究背景、研究意义、研究目标、研究内容、研究方法，研究的创新点与不足。

第二章为相关理论基础与文献述评。

第三章为理论分析框架，构建了理论分析框架和研究的数理模型。

第四章为劳动力市场分割与就业特征，说明了本书数据来源，对进城务工人口就业选择行为进行了描述性分析。

第五章为进城务工人口就业部门选择分析。从就业风险、社会资本及分割因子层面探讨了进城务工人口就业选择行为的影响因素，对不同就业部门工资差异进行分解。

第六章为进城务工人口就业方式选择分析，从行业分割及人力资本层面探讨了进城务工人口就业方式选择行为的影响因素。

第七章为进城务工人口就业选择效应，探讨了初职就业和现职就业间的依存效应，从入职门槛和人力资本专用性两方面探讨了其对职业稳定性的影响。

第八章为主要结论、政策启示与研究展望，对本书所提问题的相关研究结论进行归纳总结，基于研究结论提出针对性的政策建议。

# 第五节　主要创新点及研究的不足

## 一、本书研究的创新点

本书以务工人口的决策行为作为研究起点，紧紧围绕其就业的具体决策行为展开分析，期望从微观视角得出影响个体决策行为的具有规律性的因素。

### （一）研究的学科交叉方面

很多相关的研究其背后的理论思路和分析框架是社会学范式的，即以社会学视角来观察和解释经济现象,虽然它弥补了新古典经济学在分析一些复杂社会问题时的不足,丰富了研究视角,但这种研究范式易导致研究偏离经济学轨道。学界目前关于此领域的研究缺乏社会经济学的分析范式,即探讨理性个体或组织的经济行为与社会环境间的关系及两者间的相互影响,如个体在社会环境下的选择以及展开的行动等。本书尝试运用这一分析范式,以进城务工人口的选择行为作为分析起点,探讨个体选择行为背后的影响因素,将行为经济学引入传统的经济分析范式中来,体现了学科间的交叉融合。

### (二)研究视角具有独到之处

第一,从就业部门与就业方式两个层面将进城务工人口的就业选择行为细分。已有的理论与实证研究中,谈到农民工非正规就业的时候,并没有区分就业部门和就业方式。进城务工人口就业部门与就业方式的选择有不同的作用机理,因而有必要对此加以区分。

第二,将就业风险、社会资本、人力资本和劳动力市场分割因素统一在一个分析框架中,厘清宏观制度因素对于微观个体行为的影响机理,进而考察微观和宏观因素对于微观个体就业决策行为的影响。

第三,从入职门槛和人力资本专用性两个层面探讨了进城务工人口就业稳定性的问题。一方面回应劳动力市场分割存在的事实,另一方面回应人力资本方面的局限。在紧扣主题的同时将研究视角又向前延伸了一步。

## 二、研究的不足之处

(1)风险因素是任何经济研究离不开的基石。本书中关于就业风险的理论依据来源于行为经济学理论。然而,风险本身以及个体对于风险的认知和态度与时空紧密相关,不同地域、不同时段下,个体对于风险的认知和感受是不同的。由于本书考察的样本在地域和时段上具有静态属性,因而难以有效刻画不同地域和不同时段上样本的风险特征,进而导致建构的模型和进一步的实证检验存在偏误。

(2)关于就业效应的研究中,有必要考察一下样本近5年内的就业替代效应,即务工人口5年来正规就业和非正规就业间的替代关系。由于样本并非一个较完整的时间序列数据,因而就业的替代效应无法考察。

（3）本书没有从行业视角予以厘清进城务工人口收入差异的影响机理。就现实情况而言，供职于主要劳动力市场的从业者，由于其所在行业内部已经形成了一套标准化的工资福利标准和人事政策安排，因而较之次要劳动力市场的从业者，会有更加稳定可靠的收入与福利。从这一角度研究会清晰地厘清不同劳动力市场收入差异的机理，然而这又涉及行业特征、政策安排等，远离本书的研究主题。因此，有必要在本书的基础上，深入探讨行业标准、内部人事政策制度等对于不同劳动力市场中差异的影响。

## 第六节 相关概念界定

### 一、进城务工人口[①]

本书中的进城务工人口，是指在一个调查年度内，在其户籍所在乡镇地域以外从业 6 个月及以上的农村劳动力。具体而言，在农村出生长大，未受过高等教育（大专及以上），持有农村户口，或因城市征地扩张，或因在城市购房、嫁或娶城市户口对象而转入非农户口，本书将这类群体统称为"进城务工人口"[②]。

### 二、就业选择行为

本书中的就业选择行为包含两阶段意义：一是就业搜寻；二是职业

---

① 这一特殊的群体通常是指户籍为农村，来到城市工作在 6 个月以上的人口，但学界并没有一个统一的命名。从最初的外来打工仔（打工妹）到民工、外来务工人员、农民工、农业转移人口（党的十八大报告）等，每个称谓背后都蕴含了特定的历史背景。本书将这类群体称为"进城务工人口"。本部分有关于"进城务工人口"的名词界定，参见邱玥：《户籍改革让"农民工"成为历史概念》，载《光明日报》2014 年 8 月 3 日。

② 中国社会科学院社会学所陆学艺教授和王春光教授从职业、制度身份、劳动关系、地域四个层面来界定农民工。陆学艺认为农民工指"拥有农业户口，被人雇用去从事非农活动的农村人口"。即从表征制度身份的户籍、劳动关系以及职业角度对进城务工人口的界定。王春光从职业身份来界定，他认为"农民工从事的是非农职业，或者以非农工作为主要职业"。同时，他也强调了户籍，"尽管他们是非农从业者，但他们的户籍身份还是农民，与具有非农户籍身份的人有着明显的身份差别"。从劳动关系方面看，王春光认为"农民工属于被雇佣者，其他拥有农业户口身份、从事非农活动，但不被他人雇用的人不属于农民工"。

获取。

就业搜寻可以视为进城务工人口和职业间相互匹配的过程。进城务工人口对于城市就业岗位信息的获得是不充分的，即在信息有限的条件下，基于利益最大化或成本最小化的考虑，其必将有一段时间在寻求工作。本书将寻求工作的时间、寻求工作的方式、寻求工作的成本均视为就业搜寻过程；职业获取，表示务工人口得到工作，并接受这份工作，即个体和职业间匹配的相对均衡状态。就业选择是这两阶段过程的结合（见图1-2）。

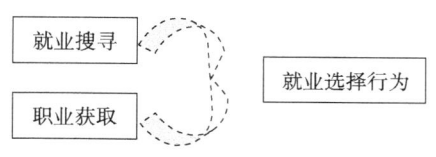

**图1-2　就业选择行为示意图**

### 三、主要劳动力市场与次要劳动力市场

实证研究中关于劳动力市场的划分标准各异①，有些依据职业分类，有些依据行业分类，有些两者兼顾，还有的根据组织中人员的规模来划分。针对中国农村转移人口就业的基本特征和研究对象特征，本书以单位所有制性质和所属行业以及附带的相关特征作为划分主要劳动力市场与次要劳动力市场的标准②，如表1-1所示。

---

① 关于二元劳动力市场类型划分的文献综述，参见 Lynne G. Zucker, Carolyn Rosenstein. Taxonomies of Institutional Structure: Dual Economy Reconsidered [J]. American Sociological Review, 1981, 46 (6): 869-884; Randy D. Hodson, Robert Kaufman. Economic Dualism: A CriticalReview [J]. American Sociological Review, 1982, 47 (6): 727-739; Arthur Sakamoto, MeichuChen. Inequality and Attainment in a Dual Labor Market [J]. American Sociological Review, 1991, 56 (3): 295-308.

② 主要劳动力市场与次要劳动力市场的特征与内部劳动力市场很相近。不同在于内部劳动力市场更强调组织内部的结构性特征，其工资福利体系参照行业或制度规章而定，有明晰的职业生涯路径，从业者年资回报具有稳定的预期（Doeringer and Piore, 1971）。就中国而言，主要劳动力市场与内部劳动力市场内涵一致，故而本书中的主要劳动力市场涵盖了西方内部劳动力市场的诸多特征。

表 1-1 主要劳动力市场与次要劳动力市场划分

| | 主要劳动力市场 | 次要劳动力市场 |
|---|---|---|
| 单位所有制性质 | 国家或地方国有及国有控股企业 | 雇用员工 10 人以下的私营企业、个体组织 |
| 单位所属行业 | 机关、事业单位、公用事业供给等 | 建筑、制造、批发零售、服务等 |
| 单位入职门槛 | 较高 | 较低 |
| 单位对从业者的要求 | 较高 | 较低 |

### 四、就业部门与就业方式

#### (一) 正规部门与非正规部门

借鉴文献,且参照劳动力市场划分的标准,本书中将正规部门界定为:机关与事业单位、国有企业、外资与合资企业、雇用人数在 10 人以上的私营企业;本书中的非正规部门是指那些依靠自有资本经营运转,且不受公共财政政策和税收政策管制的私营企业和个体经营组织。具体而言包括:由个体或家庭通过自营或合伙等方式组织的小型经营实体;雇用人数在 10 人以下的私营企业组织;个体从业者以及家庭手工业者。

#### (二) 正规就业、非正规就业、正规部门的非正规就业

本书中的非正规就业[①]是指在正规部门或非正规部门中工作,但没有订立书面劳动合同或雇佣单位并没有提供养老、医疗、失业三险,只要符合这两条标准中的一条即为非正规就业。另外,与国内一些文献中的界定不同,本书将那些户籍为农村,在城市从事小生意、小买卖,或者私营业主的务工人口界定为自雇,由于保险是自己购买,因而也属于非正规就业

---

① 在 CHNS 数据库中,把正规部门(企事业单位、集体农场、私人企业)的就业者划区分为长期工和合同工,长期工由于与雇主签订的劳动合同期限较长,工作较稳定,工资较高,属于正规就业;而合同工与单位签订劳动合同的期限较短,多为临时性工作岗位,工资也较低,现实中,常见的临时工、劳务派遣工人多属于此。此数据库中根据非正规就业的特征,将在事业单位、国企或其他企业的合同工划分为非正规就业人员,将私企就业的合同工划分为正规就业。城镇正规就业包括:在企事业单位、集体农场、私人企业工作的长期工,或在私营企业就业的合同工。

范畴。据此，本书中将非正规就业从业人员界定为以下几类：自我雇佣①，包括个体经营户（有固定摊点的小业主）、家政服务人员、临时工，不足10人企业的受雇者，且没有与务工单位签订劳动合同，用人单位也没有为员工上相关保险。将正规部门的非正规就业界定为：雇用人数在10人以上企业的受雇者，受正规财政金融和信贷体系控制约束的机关、事业单位、国有企业与其他社会组织中的受雇者，没有与单位签订劳动合同，或者没有享受到相关保险（见图1-3）。

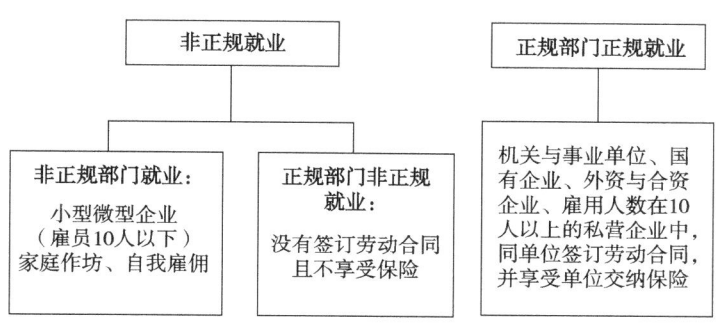

**图1-3　就业部门与就业方式划分示意图**

### 五、人力资本专用性

就现有理论而言，关于人力资本专用性②的阐述有两种视角：一是从投资视角探讨人力资本专用性问题；二是从产权视角讨论人力资本专用性问题。本书的研究涉及第一种视角，对于因产权不明所导致的"敲竹杠"问题不予说明和探讨。借鉴关于人力资本专用性的理论，本书将其界定

---

① Douglas 和 Shepherd（2000）从经济学理性人视角出发，认为 people choose to be self-employment，是因为他们从中获得的效用大于其最佳就业选择能够获得的期望效用。国外关于自我雇佣的研究多与企业家精神结合起来，Baumol（1990）在肯定企业家们拥有灵活性与创造力来增加他们的财富、能力与威信的同时，指出他们在选择自我雇佣时会获得关于财富、能力与威信的最大效用。

② 明塞尔的《人力资本研究》认为，职业培训作为教育投资的重要部分，培训水平越高，这种投资的回报越大；贝克尔的《人力投资》指出，接受过特殊培训的工人其生产的边际产品往往要大于其工资的增长，但即便如此，这些拥有专用性特质的工人，其工资水平要高于在其他任何工作所获得的报酬。按照贝克尔的解释，专用性人力资本的存在，使企业组织和拥有此项资本的员工间的联系更加紧密，双方均有足够的动机相互契合，实现组织和个体的增值。

为：从业者工作过程中，基于其工作流程、工作设计以及组织架构、组织文化等需要而生成的具有独特性的工作经验、知识与技能，它与组织环境相契合。一旦从业者与组织分离，其人力资本专用性会贬值，于组织和个体均受损失。增加人力资本的教育和工作年限，其专用性会增强。

### 六、入职门槛

入职门槛可以有两种视角：一是就组织而言，组织设定的入职条件与要求，如学历、健康状况、户籍、性别等，这些要求的存在构成了求职者入职的门槛；二是就求职者而言，其所感知的企业入职条件与要求的苛刻程度、进入企业的难易程度。本书对于入职门槛的设定以这两种视角为基础。从组织视角界定入职门槛，就是一种主观考量，即企业招聘说明中设定的入职条件，鉴于中国劳动力市场分割的事实，组织性质不同，入职门槛的高低也不同，这也是客观存在的现象。因而，将组织的入职要求和组织性质，即单位性质作为入职门槛的替代指标，用以表征组织的入职门槛。由于计量分析中，组织入职要求变量对于职业稳定性的影响不大，最终将这一指标剔除。同时，本书引入职业声望作为入职门槛的客观指标。从个体视角界定入职门槛，是一种主观感受，不同个体有不同感知，个体认为进入组织的难易程度应该是一个较好的替代指标，固而以个体所感知的求职难易来表征入职门槛。

# 第二章 研究的理论基础与文献述评

## 第一节 研究的理论基础

农村人口进城务工是传统劳动力迁移理论研究的重点。长期以来，经济学家已经总结出很多关于劳工迁移就业的理论模型，积累了大量丰富的研究成果。本章对重要的理论进行梳理，归纳并整理出适合本书的理论模型。

### 一、劳动力迁移理论

#### （一）传统劳动力迁移理论

传统劳动力迁移理论包括古典主义和新古典主义劳动力迁移理论。

1. 古典主义劳动力迁移理论

古典主义劳动力迁移理论以区域和部门的结构性特征为起点，比较农业部门与城市工业部门间的边际劳动生产率，以部门差异作为判断劳动力流动的依据（盛运来，2005；杨文选、张晓艳，2007）。由于其预设的理论前提是作为资本的劳动力要素可以在城乡及不同部门间自由流动，而要素的流动能够自发地解决部门间的不平衡问题（李兵等，2005）。W. A. Lewis（1954）提出劳动力无限供给假说。该假说认为，在劳动力供给的第一阶段，由于城乡以及部门间劳动生产率的差异，具有较高劳动生产率的现代工业部门会以较低的成本吸纳传统部门的剩余劳动力，只要工业部门的工资水平高于传统部门的人均收入，劳动力会无限供给于现代工业部门，进而促进现代工业部门的扩张。Ranis-Fei（1961）在 Lewis 观点的基础上，强调了农业产品剩余，并将其作为促进经济发展的关键内生变量，将劳动力、资本与土地联系在一起，通过比较农业边际劳动生产率和平均生产率，计算农业剩余和制度工资①间的关系，当农业剩余减少到一定域值，制度工资开始上涨，阻碍劳动力外流。随着劳动力工资的上涨，农业部门释放出较多的劳动力，Ranis-Fei 认为，隐蔽失业已经消失，社会经济进入商业化阶段或商业化点（Commercialization Point），经济开始稳定增长（王新利、陈敏，2011）。

Ranis-Fei 模型由于假设劳动力、土地和资本要素是完美结合在一起的，即假设农村存在剩余劳动力，城市失业率为零，这些假设与中国劳动力与土地大量分离的事实不符，很难有效解释发展中国家的现实情形。

2. 新古典主义劳动力迁移理论

新古典主义劳动力迁移理论强调个体效用最大化下的决策行为（M. P. Todaro，1969；Stark O.，1986）。Todaro 认为，劳动力作为一种特殊的资本要素具有逐利性，其外出务工的实际收入与就业概率的乘积大于外出前的平均收入水平是做出迁移决策的前提。他在关于农村劳动人口迁移与城市失业的模型中提出，农村劳动人口迁移决策的影响因素有两个：一是农村与城市的实际收入差；二是在城市获得工作的概率。Todaro 在迁移决策模型中提到了就业风险因素，预期的就业风险表现为特定时段内获得城市工作的概率，而且农村劳动人口只能在已获取城市传统部门工作的基础上才能获得城市现代就业部门的工作②。

新古典迁移理论侧重考察了微观个体在家庭决策因素影响下的迁移行为，个体和家庭为规避风险进行的迁移，能更好地解释行为背后的复杂动机。由于模型侧重考察微观个体和家庭组织，考虑到区域、制度及文化方面的差异，模型的解释力较弱。

（二）行为主义迁移理论

传统迁移理论所关注的部门和行业的结构性差异，在现实中很难精确地用成本—收益表示出来，而且迁移行为本身的理性也有待考证。因此，20 世纪 70 年代以后，迁移理论的重点转向作为迁移者的个体和家庭组织，

---

① 随着农业劳动力的增加，劳动边际生产率不断递减。由于不存在与农业部门竞争或交易的其他部门，此工资水平由制度因素或非市场机制来维持，拉尼斯—费称此为"制度工资"（Institutional Wage）。

② Todaro M. P. A Model of Labor Migration and Urban Unemployment in Less Developed Countries [J]. The American Economic Review, 1969, 59 (1): 138-148.

即在研究迁移行为时，更关注行为背后的动机。最具代表性的学者为 Oded Stark（1982，1991），他认为个体在寻求收益最大化的同时，更倾向于规避由此而导致的损失。在其迁移理论中，Stark O. 引入就业风险及风险规避因素考察农村劳动人口的城市就业状况，他认为在资金约束，没有足够信贷支持和保险保障的状况下，家庭为规避风险，将劳动力在不同地理位置和性质的劳动力市场中进行配置，力求收入多元化，同时为了降低来自邻里亲朋的相对剥夺感。

动机是"心理过程产生的觉醒，有特定方向，且具有持久性的、目标导向的自愿行为"（Mitchell，1982）。动机理论认为，未满足的需要引发动机，动机引发行为（见图2-1）。有机体的行动又受到外在条件和环境的影响与制约。从动机理论的内涵可以推导出动机具有以下功能：①协同功能，这意味着动机是一种在行动中存在的动力，协同整个活动的全部过程；②导向功能，这意味着动机在行动过程中，始终引导着个体行动，将其指向特定的方向；③持续功能，即一种主导动机确立后，它将延续若干时段，持续地发挥功用。因而就业动机是个体行动的动力源，引导个体逐渐接近预定的目标。将动机引入行为主义研究框架中，有助于扩展迁移理论模型的解释张力（Massey D. S.，Arango J. Hugo，G. et al.，1993）①。

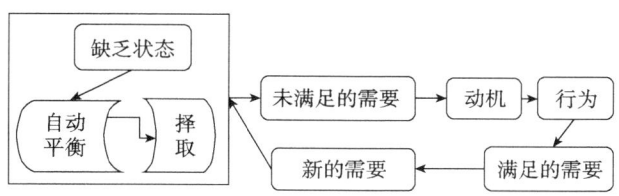

图 2-1 动机理论示意图

由于行为主义迁移理论侧重考察微观迁移行为在宏观层面的行动模式，在实证中多借用逻辑模型，将个体因素、家庭因素、区域因素等纳入模型，如以迁移收入最大化为动机（Banerjee，1991），或以效用和福利最大化为迁移动机（Carrington，1996；Spilimbergo，2002）。但由于模型的

---

① Massey D. S., Arango J., Hugo G., et al. Theories of International Migration：a Review and Appraisal [J]. Population and Development Review，1993：431-466.

微观性质，使其又缺少传统迁移理论所具备的结构性功能，自然也限制了模型的解释力。根据本书研究对象的特点，针对当前中国进城务工人口的就业选择行为，行为主义迁移理论具有较好的解释效力。

### （三）劳动力市场分割理论

劳动力市场分割①，也称劳动力市场排斥（Exclusion from Labor Market）。新古典劳动力市场理论认为劳动力市场就业行为是自由的，强调竞争性因素在市场要素配置中的作用，然而现实中的"同工不同酬""单位进入障碍"等问题很难由竞争理论有效解释。于是研究者开始寻求新的分析范式，关注制度和社会性因素在劳动力市场中的作用。Piore（1970）描述了主要劳动市场（Primary Market）和次要劳动力市场（Secondary Market）的特征：在主要劳动力市场，劳动者工资高，工作条件好，就业稳定且工作较安稳，有正规且符合程序的工作规则，并且有晋升的机会；而在次要劳动力市场，部门工资低，工作条件差，工作相当不稳定，工作规则是随意制定的，而且很苛刻，缺少晋升的机会，工资收入由供求机制决定。Doeringer 和 Piore（1971）、Osterman（1984）认为，主要就业部门的工作都属于内部劳动力市场的一部分，在"内部劳动力市场"（Internal Labor Market），劳动力配置和价格等均由行政性和制度性的规定所管制而非由市场过程来决定，这种内部劳动力市场中工作的工资也并不是由市场中的供求来决定，而是由组织要求决定的。当面对外部劳动力市场供需不均衡时，由一系列非工资机制来调整，包括招聘、培训、工作再设计、分包以及输出处理等。庇古（1944）认为，劳动力市场分割并非取决于那些基于个体特征的异质性因素，而是劳动力在产业间的流动出现了障碍。很多学者关注地理、生理学（Biological）方面的因素以及制度或体制（Institutional）方面的因素产生的市场分割。Edwards Reich Gordon（1975）等

---

① 竞争性劳动力市场理论关于劳动者工资差异的表述背后存在一个为人们忽视的命题，即竞争性的均衡效率工资。从竞争性劳动力理论来看，次要劳动力市场的低工资往往意味着劳动力的低质量和低生产力，如 Hicks（1963）的解释，劳动者的低工资与其创造的价值是相符的。传统竞争性劳动力市场对人力资本因素和政策或制度性因素作用于劳动力市场的路径与机理的解释是乏力的，而且 20 世纪 40~50 年代出现的制度学派延伸了 balkanised 和劳动力市场结构的概念。正是因为劳动力市场分割理论作为传统竞争性劳动力市场理论的挑战而出现的，在 Wachter（1974）、Cain（1976）、Taubman 和 Wachter（1986）等正统经济学家看来，劳动力市场分割理论的出现或是出于实证检验的错误，或者应将其放入竞争理论中进行解释。

认为随着制度和规则的变化，劳动力市场也在自行调整，这本身也产生了市场分割。Davin（2005）认为，由于户籍制度以及附着于其上的粮票制度能够解释中国农村劳动力流动到城市存在的障碍。也有不少学者关注了人力资本禀赋造成的劳动力工资差异（Mincer，1974）。一些学者认为，经由教育、职业培训弥补劳动力人力资本不足后，劳动力在市场中仍存在工资差异（Edwards & Reich，1975）。

蔡昉、都阳、王美艳（2001）认为，排斥性就业政策的实质在于通过设置有利于城市户籍居民的就业条件，把农村户籍人口排斥在正规就业部门之外。随着社会主义经济的快速发展和大量外资的涌入，中国城市化进程加速，催生了城市对大量低端劳动力的需求。与此同时，农村家庭联产承包责任制和土地流转等释放了劳动力、土地要素的活力，户籍政策以及依附于其上的农村外来务工人口就业政策有所松动，大量农村务工者因为户籍、社会关系、文化及工作经验等个体特征的式微被选择到制造业、建筑业、低端服务业等非正规部门中，"很自然"地生成两类劳动力市场。张展新（2004）的看法是劳动力市场中存在行业分割。他利用第五次全国人口普查抽样数据、运用"Logistic回归分析"，研究表明，在城乡分割和部门分割弱化的同时，具有开放性质的产业，即其论文中表述的"向非国有经济开放的产业和由国有单位垄断的产业与由机关事业单位，以及国有企业构成的封闭产业已经成为分割劳动力市场的新结构"。这种"劳动力市场的产业分割意味着就业机会的不平等"，"证实了不同劳动人口群体进入收入相对丰厚的国家垄断产业就业的机会差异"。

经过多年发展，劳动力市场分割理论已经形成系统的理论框架，但由于理论框架过于宏大，穷尽一切可能的因素来证明分割的存在，反而使理论的解释力不够。同样，由于较为宏大的理论框架，造成实证研究的支零混乱：如主要与次要劳动力市场在现实中如何界定才更客观合理？西方关于两类市场的界定是否符合中国当前的现实情况？劳动力市场差异的存在对于不同禀赋的劳动力来说，是好事还是坏事也很难界定。

## 二、前景理论

### （一）期望效用理论和前景理论的比较

风险条件下的行动选择是经济学每一分支分析问题的基础。期望效用理论认为，个体的风险态度取决于其对行动期望程度的测量，期望的收益越大，个体越容易采取行动。然而，个体很多时候在面临损失时是风险偏好的，面临收益时是风险规避的，或者说个体偏好确定性的收益和概率性的损失，低估可能性结果而高估确定性结果（宋辉，2008）。面对确定性的收益，表现为风险厌恶；面对不确定性的损失，表现为风险偏好。

Bernoulli D.（1738）对于人们获得收益的无限性和愿意为此获得承受有限支付的问题进行了研究，Bernoulli 考虑到人们的心理期望，首次提出期望效用概念，但缺少学理上的规范梳理，V. Nonman 和 Morgensten（1944）通过一系列的公理化假设，创立了期望效用理论，用公式表示为：$U[p; x, y] = pu(x) + (1-p)u(y)$，即效用具有可分性，个体对收益的偏好和该种收益客观发生的概率决定了个体的效用水平。由于期望效用强调的是个体对于收益最终状态的关注，缺乏对收益变动情况的关注和对个体行动者主观认识的考察。特别是由于人们的行为是一系列复杂的心理过程的表征，如在确定性的损失和不确定性的收益之间，或者在收益与损失价值相同时，客观概率难以界定，个体的效用水平难以有效衡量，这些复杂的心理活动超出了期望效用理论的解释范畴，因而逐渐被前景理论取代。

### （二）前景理论的价值和权重

Kahneman 和 Tversky（1979）通过描述性的推导方法提出了前景理论。前景理论关注了基于参照点的收益变动情况，即事件发生的结果被赋予的权重取决于同参照点比较的收益，而且对于期望效用理论忽视的个体主观态度加以考察，认为个体的最终行为是收益变化值和主观期望概率的乘积。因而，相较期望效用理论而言，前景理论对于个体行为的解释力度增强了。根据前景理论，个体决策有两个阶段：第一阶段为"编辑"，第二阶段为"评估"。"编辑"是选择参照点的信息加工过程，由于个体对参照点选择的不同，产生了选择多样性的问题；"评估"是对经过"编辑"的前景总价值的判断，其构造的理论模型如下：一个人依概率 $p$ 获得 $x$，依概率 $q$ 获得 $y$，$p+q \leq 1$，如果 $(x, p; y, q)$ 是一个常规前景（要么 $p+q<1$，要么 $x \geq 0 \geq y$，要么 $x \leq 0 \leq y$），那么：

$$V(x, p; y, q) = p(p)v(x) + p(q)v(y) \qquad (2-1)$$

其中，$v$ 为价值函数，$p$ 为权重函数。

从前景理论的产生发展来看,这一理论是心理学和经济学的结合,即把心理认知偏差引入不确定性条件下的经济学分析中。把握前景理论,有以下几点需要注意:其一,首先要确定参照点的收益水平,其次要确定相对于参照点的收益变化量,变化量可能为正可能为负。而且,与期望效用理论的边际变化规律相同,收益或损失的边际价值随着其变化量递减(陈建明,2003)。其二,权重函数不仅是对个体行动可能性的评价,它实质上是单调递增函数,由于这种特性,假设某一行为发生的客观概率为 $p$,$p$ 足够小,然而会出现 $\pi(p)>p$ 的情况,即个体赋予行为发生的概率大于客观概率。其三,对同一问题,个体存在不同的认知行为,生成不同的决策模式,因此,会产生偏好与选择不一致的"偏好逆转"效应。

## 第二节 文献回顾与述评

### 一、就业风险与就业选择行为

近十年来关于就业风险的研究主要围绕就业风险的影响因素展开,其中包括就业风险指标体系的构建和测量(Bradley Steve,2003)。Assaad R.,TunaliI.(2002)运用静态劳动力供给模型,从理论层面探讨了就业与失业存续期间人员配给、营业额以及随机性等方面的影响,假定风险规避的劳动人口所要求的预期效用至少和在非约束部门中所提供的保留效用一样高,由此可推导出一个结构表达式,来量化就业风险补偿中预期和未预期的部分。Š. Jurajda(2002)研究发现,失业保险有助于延长工作搜寻过程,进而对就业稳定性产生间接影响,降低迁移就业的风险。Low H.,Meghir C.,Pistaferri L.(2009)通过构建结构性的消费生命周期模型,以及经济体中伴随着搜寻摩擦的劳动力供给和就业流动来区分不同的就业风险源。

关于就业选择与风险的关系,David A. Jaeger(2007)运用德国社会经济面板数据分析就业选择倾向和风险态度间的关系,其实证研究得出,个体越愿意冒风险,其在德国劳动力市场间的就业流动越频繁。同时,预期的城市就业收入越高,个体越倾向于冒风险流入城市寻求工作(Lewis,1954;Reynolds,1965)。也有文献研究家庭迁移就业理论,提出"家庭净收益是家庭迁移的动力""家庭收益超过费用则发生迁移"(Davanzo,1976)。在风险对转移就业影响的研究中,有必要提及性别与就业选择的研究,由于男性特征以及移民就业史中男性的主体地位,很多文献研究假定男性较女性更具有风险偏好倾向,更倾向于通过就业变动来实现经济社会地位的提升(Lee,1966;Ravenstein,1885)。Faggian A.,McCann P.,Sheppard S.(2007)采用多元条件Logit模型,分析了38万名英国大学毕业生的就业选择行为(Employment-migration Behavior),在控制了一系列人力资本积累和当地经济条件的变量后,区分了从住房到高等教育再到就业多种类型的顺序选择行为。其研究结果显示,英国女性毕业生较男性而言更容易做出就业变动行为,对此结果的可能解释是这种选择行为是对劳动力市场性别偏见的部分补偿机制。

综合国内外文献来看,现有文献中关于就业选择与就业风险的研究不多,且一般沿着Stark O.的分析路径,探寻发展中国家劳动力转移就业和风险规避行为,学界并没有关于风险描述的统一分析框架,也并没有挖掘出关于风险对就业选择行为影响的直接经验证据,很多文献将人们对自身风险类型的判断和认知直接作为风险变量的替代指标,由于人们对于风险的认知具有局限性,这样的风险指标设定过于主观化。

**二、社会资本与就业选择行为**

社会资本的含义在学理上非常丰富,就社会资本对行动的意义而言,普特南(1993)提出"社会资本是社会组织的特征,如信任、规范和网络,它们可以通过促进、协调行动而增进社会的效率"。科尔曼(1988,1990)提出社会资本对于信息的获得有帮助,并且封闭的社会网络有助于信任的生成。作为理论指导的社会资本概念最初是由法国社会学家皮埃尔·布迪厄(1979,1980)和美国社会学家詹姆斯·科尔曼(1988,1990)系统地提出来的,自产生之初,社会资本理论将个体和小群体作为分析研究的基本单位,集中分析由个人或家庭通过与其他人的关系连接而获得的潜在利益的增加。由此,社会资本可以视为人群互动的工具,正如布迪厄所言，社会资本是人们有目的地建构的并将为其带来收益的那些关系（布迪厄，1979；1980）。文献研究方面，社会资本对就业搜寻、就业信息获得、职业流动以及工资收入均有重要作用（Portes，1995；Massey，1994；Coleman，1988；Marin E. & Burton H.，2009）。由于人作为"社会人"的存在，以及社会分工的精细化，人们的行为必定带有某种社会网络关系的特征与痕迹。Portes（1995）在《经济的社会学和社会学移民：一个分析框架》中提到，迁移的路径是社会关系网络，这种社会关系网络作用于迁移行为的每一环节，其实质是个体基于亲缘、地缘、业缘等实现社会互动的过程（姚华松、许学强，2008）。社会网络会以低廉的方式提供人们需要的信息（Massey，1994），个体寻求职的业过程中，往往不自觉地依靠其拥有的社会关系网络获得职业信息，甚至凭借社会关系获得理想的工作。李培林（1996）认为，流动民工对社会关系网络的依赖源于求职中节约成本的考虑。这种节约成本的考虑同样适用于市场中的雇主，为降低信息筛选成本，用工单位或雇主更倾向通过熟人介绍的方式吸纳新进员工，以降低信息不对称的损失。

Granovetter（1974）对美国一个小镇的282名技术专家和管理人员进行访谈，探究社会资本与就业收入和社会地位获得之间的关系，其研究发现，利用与自身联系不紧密的"弱关系"反而会获得质量更高的工作。很多关于中国务工人口社会关系对其就业影响的研究证实了"弱关系"理论假说，即同质性社会资本只能带来更多的就业信息，但对于务工人口职业上行流动的帮助非常有限。胡金华2010年的博士学位论文中，通过理论和计量分析，证明社会网络与农村劳动力外出就业的行为意愿、职业类别和收入之间存在内在的逻辑关系。关于社会资本对工资收入的影响，周华馨（2013）发表在《中国社会科学报》上的文章对社会资本与进城务工人口收入间关系的研究进行了梳理，他提到国内的实证研究得出的结论存在争议：一是认为社会资本对务工人口工资收入的影响并不显著，二是认为社会资本对务工人口工资收入具有显著影响。还有文献将地理空间因素加入社会资本分析框架中（季文，2008；李壮，2012），由于社会网络关系与就业空间关联度很高，社会资本通过就业空间选择影响就业选择。这是对传统社会资本理论的扩展，务工人口基于对社会网络空间的审视而做出就业选择决定，这种研究内隐了关于文化与社会认同对务工人口就业选择的影响。

社会资本对进城务工人口就业搜寻和获得工作提供巨大帮助的同时，可能在一定程度上也影响劳动力资源的合理配置和流动（张智勇，2005），这体现了社会资本的封闭性和排他性。这个发现为研究的深入开展提供了有助益的启示，即因居住区域、职业阶层以及职业类型等特征生成的同质社会关系网络，对于本群体内成员具有帮扶和抑制作用，对于群体外成员具有排他作用。这些在实证研究中需要给予关注。

### 三、人力资本与就业选择行为

国内外文献中，人力资本与就业选择和工资收入的研究内容非常丰富。已有的研究结论表明，文化程度、工作经验、职业技能等对就业选择和工资收入均有显著影响（Greenwood，1975，1993；Mincer，1993；Blau & Duncan，1997；Basker E.，2002；任国强，2004；罗恩立，2010；张广胜、周密，2012）。不同文化程度个体的工作搜寻与转移就业模式是不同的，文化程度对就业转移的影响同样存在争议，一般而言，转移就业与年龄成反比，而与教育程度成正比（Greenwood，1975，1993）。Basker E.（2002）运用1981~2000年人口调查数据分析教育分类与转移就业行为间的关系，研究发现，具有大专及以上学历者较高中辍学者选择转移的概率会高出82%。然而也有许多研究表明，文化程度较低的从业者，对于失业更为敏感，进而选择变换工作（Schlottmann & Herzog，1981）。关于人力资本对工资收入的影响，Paul W. Miller（2009）考察了教育程度与职业间的不匹配问题，以及这种不匹配对工资收入的影响。其研究发现，无论是本国还是外国出生的男性高技能劳工，美国高技能劳动力市场中存在教育过渡现象。当外来高技能劳工获得了与其教育水平相符合的工作时，这种过渡教育的程度会在一定时段内有所下降。对于高等教育程度劳工，其多出的第10~20年的教育对其工资收入的影响显著为负。这项研究得出一个较有意义的发现，即尽管学校教育是获取职业的主要途径，但职业教育与收益获得之间的关系相较于学校教育更为密切。

郝团虎（2012）研究了制度、人力资本和农村劳动力转移就业的关系。其研究表明,"在制度和结构因素占主导地位时,人力资本对农村剩余劳动力的工资决定和就业状况影响不显著",由于进城务工人口"面对一条'S形的人力资本投资曲线'",因此,"在劳动密集型产业和非正规部门就业的转移方式导致对人力资本投资激励的不足"。杨汉强(2006)在北京市海淀区六郎庄进行了一项有关北京市海淀区六郎庄外地来京农民工人力资本和就业现状的调查,考察外地来京农民工的教育与就业间的关系,其研究发现,文化程度与就业率间存在反比例关系。另外,其还发现,"文化程度除了对月工资有显著影响外,对劳动纠纷和劳动合同等劳动保障方面的影响并不显著"。

人力资本对就业行为的影响主要以教育、工作经验、职业技能几项因素展开,实证研究中已经形成了具有普遍性的结论。实证研究中,唯有将人力资本因素与其他影响因素结合起来分析,才会得出有意义的结论。

**四、劳动力市场分割与非正规就业**

对非正规就业的探讨离不开非正规经济,非正规经济可以视为未申报合法及非法收入的经济①或者逃避计量和监督的经济②。根据上述定义,非正规经济属于没有经过正规登记、收入不进行必要的税收申报与税收缴纳、不受法律保护、企业组织与劳动者间的关系没有正规劳动合同做保障的经济活动。一般从业人员由妇女、儿童或有色人种、外地迁移人口或流动人口组成。

关于非正规就业存在的原因,德·索托(1989)关于秘鲁研究的论文认为,非正规部门本身的贫困或过度管制造成了其大量存在。Souza 和 Tokman(1976)认为,贫穷是导致非正规部门存在的一个原因。在其看来,在社会保障福利缺失的情况下,非正规部门的存在是对正规部门的一种替代,因为个人无法长时间承受失业的痛苦。DeSoto(1989)在《另一种路径:"非正规"的秘鲁》一书中,提到过度管制及官僚机构的存在创造了非正规部门。组成非正规部门的有潜力的企业家们,由于税收体系及相关法律、法规的缺陷,被迫从事着非法生产。

---

① 美国国内收入署(IRS)的界定。
② 美国总审计局(GAO)的界定。

目前为止,并没有关于非正规就业的规范统一定义。英文文献中关于非正规就业的描述多达20多种(见表2-1),参见 Colin C. Williams (1998)。

表2-1 关于非正规就业的描述

| Adj. | Adj. | Nouns. |
| --- | --- | --- |
| Black | Precarious | Economy |
| Cash-in-hand | Second | Sector |
| Clandestine | Shadow | Activity |
| Ghetto | Subterranean | Work |
| Hidden | Twilight | |
| Invisible | Underground | |
| Irregular | Unobserved | |
| Non-official | Unofficial | |
| Off-the-books | Unorganized | |
| Other | Unrecorded | |
| Paralles | Unregulated | |

Prealc(1998)[①]认为,非正规就业是指在小型工厂从事的非农就业、自我雇佣以及家政服务等工作条件不好、对工人要求也较低的部门就业。Galli 和 Kucera 在劳工标准与非正规就业中,引用了 Prealc 关于非正规就业的表述。一是根据就业状况,可以将非正规就业分为家政服务者、临时工、个体户以及不足10人企业的受雇者;二是根据收入状况,通常认为低于一个最低值就认为其从事的是非正规就业(Souza & Tokman,1976)。胡鞍钢、赵黎(2006)认为,私营企业中的从业人员、个体经济从业人员,以及未纳入统计部分的从业人员都属于非正规就业人员[②]。

---

① Galli 与 Kucera 在劳工标准与非正规就业中,引用了 Prealc 关于非正规就业的表述。
② 2010年10月在北京大学举办的第八届开放时代论坛主题为"中国非正规经济"。与会学者们非正规经济与非正规就业、非正规经济与社会流动、非正规经济与社会发展等进行了充分的交流和深入的探讨。

中国非正规就业源自劳动力市场分割。周小亮（1994）的观点具有一定的代表性，他认为，农民工就业歧视更多的是一种制度性歧视，是由于中国特定的社会、经济、历史等综合原因导致的。卢周来（1998）认为，我国劳动力市场中存在的歧视，其根源在于二元性。乔明睿、钱雪亚、姚先国（2009）利用2006年CHNS数据，根据切换回归模型对中国劳动力市场是否存在分割进行检验，分析了分割状态下户口对城乡劳动者就业的影响，他们的研究结果证明了劳动力市场存在分割，分割的劳动力市场限制了农村劳动者进入主要劳动力市场，拥有城镇户口的劳动者几乎垄断了主要劳动力市场上的就业，而且在次要劳动力市场中也处于有利地位。由于分割性劳动力市场的筛选作用，正规就业和非正规就业间存在收入差异。王美艳（2005）的观点表明，在比较视角下，在城市劳动力市场上，农村人口和城市人口在就业机会与工资方面确实存在差异。由于职业的非正规性，使其工作稳定性受到影响，导致其自然获得较低的工资收入。

**五、文献述评**

由于就业选择行为的复杂性，在解释个体或家庭迁移行为时，不但要考察预期风险，还要考察其他经济和非经济因素。Thomas-Hope E. 等（2002）在关于加勒比区域技能型劳动力从发展中国家迁出行为的研究中指出，对于来自小国的劳动力而言，在广阔的国际环境中迁移能够扩展其就业机会，获得相应工作经验，因而迁移是一种比较可取的手段[①]。当前西方学者关于迁移的研究中，更多地关注有优势的国外技能移民（Clark W. A. V.，1986），分析人力资本和个体特征对迁移的作用和影响；国内关于迁移行为的文献研究表明，获取更高的收入是首要的动机（顾朝林，1999），其次是寻求更好的发展，实现个人价值（黄平，1997）。

国内外关于就业选择行为的研究经历了从宏观研究视角到微观个案分析的变迁。国外的研究侧重考察微观个体就业行为的全部影响因素，对于个体行为的背景并没有太多关注；国内的研究需要考察政策的变动和市场的环境。国内研究，从宏观研究方面，主要基于资源禀赋差异展开分析

---

① Thomas-Hope E., Pellegrino A., Lowell B. L., et al. Skilled Labour Migration from Developing Countries: Study on the Caribbean Region [J]. International Labour Office, 2002.

(李强，2003)，认为农业资源禀赋缺乏和农业收入低下导致劳动力转移就业；也有学者认为城镇人均 GDP 越高，对农村劳动力拉力越大（朱农，2005）。随着研究的深入，越来越多的学者关注性别、年龄、学历、社会资本、家庭禀赋等因素对于微观个体就业选择的影响（程名望、史清华，2006，2009；王春超，2010）。近些年的研究成果更加丰富，包括性别与转移就业、劳动力流动机理、职业分化等。

就业风险对就业选择行为的影响具有内生性，社会关系对就业选择的影响具有间接性，它并不直接作用于个体的就业选择行为，而是通过亲缘、地缘、业缘等若干中间变量来影响个体的就业选择行为。同时要注意到，对于劳动力市场分割，国内外关注的视角是不同的，国外市场分割的研究中，更多地关注个体劳动和企业组织的特征和两者间的互动；国内的研究绕不开政策惯性的影响，特别是政策与其他因素交织而生成的复杂就业背景，正是这种复杂的就业背景，使学术研究须冲破惯性思维，发掘中国劳动力市场环境中进城务工人口就业选择的合理解释。

## 本章小结

本章对本书所依据的理论和相关文献进行了梳理与回顾。首先，对劳动力迁移理论进行了梳理。根据理论演进的时间序列和研究的侧重点，对传统劳动力迁移理论、行为主义迁移理论和劳动力市场分割理论进行了探讨。对前景理论做了梳理，将期望效用理论和前景理论进行对比分析，梳理出本书的理论依据。其次，根据本书主题，对就业选择行为的文献进行了回顾与述评。系统地将就业风险、社会资本、人力资本和劳动力市场分割与就业选择行为的研究文献进行了学习与梳理，为本书的研究提供了理论支撑。

# 第三章 进城务工人口就业选择行为理论分析

## 第一节 "第二阶段"就业选择

农村户籍人口进入城市就业，成为进城务工人口，最终成为城市居民，完成从农村居民到城市居民的身份转变，这一过程呈现出阶段性特征。由于户籍制度和就业政策的制约，进城务工人口在实现城市就业的同时，并没有转变原有的农民身份，其社会地位也并没有随着职业变换得到提升（吴晓愈，2010），他们变换职业或返回家乡，就业状态并不稳定，这直接影响其市民化进程。一些学者提出进城务工人口市民化的"二阶段论"和"三阶段论"（王桂新，2006，2013；张广胜，2010），认为第一阶段是从农民到农民工身份的转变，第二阶段是职业流动与变换，第三阶段是农民工职业分化。在上述研究基础上，本书着重分析进城务工人口进入城市寻求职业的过程，即处于学界指称的"第二阶段"。具体如图 3-1 所示。

从劳动人口社会身份来衡量，居住在农村、户籍为农业户口的劳动人口称为农村居民，户籍为农村、在城市务工的劳动人口称为进城务工人口，户籍为城市的劳动人口称为城市居民。从市场特征来衡量，农村居民面对的是农村劳动力市场，城市居民面对的是城市劳动力市场，进城务工人口面对的同样是城市劳动力市场。但由于城市就业政策的锁定效应和制度惯性，城市劳动力市场存在城市居民偏向的就业政策，由于进城务工人口较低的文化程度和职业技能，城市劳动力市场存在人力资本偏向的就业政策，在政策和人力资本双重驱动下，城市劳动力市场最终表现为行业分割，这是进城务工人口面对的劳动力市场的真实状态。

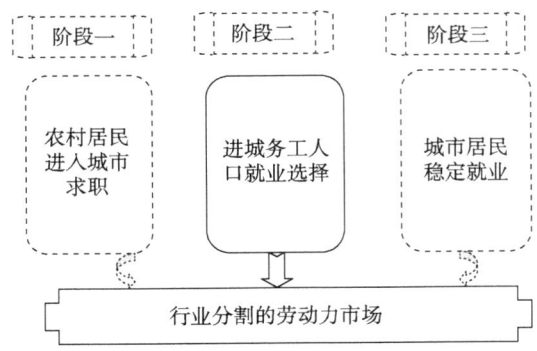

图 3-1　进城务工人口就业三阶段

处于第二阶段的进城务工人口就业问题涉及就业选择和就业流动。进城务工人口面对的城市劳动力市场存在行业分割，具体表现为入职门槛的高低。具备较高文化程度和职业技能，或者拥有良好社会关系的务工人口，更倾向于选择入职门槛较高的行业。接下来，本章需要研究以下问题：行业分割的劳动力市场中，市场中就业部门状态是怎样的；在行业分割的背景下，进城务工人口就业部门和就业方式选择行为是怎样的；进城务工人口"第二阶段"就业选择行为的效应是怎样的。

## 第二节　基于前景理论的就业选择

### 一、就业选择中的风险

#### （一）简化的就业选择

依据前景理论，外出就业的决策行为首要考虑的是行为发生后所得的收益水平相对于当前参照的收益水平的变化值。

考虑到进城务工人口的不同情况，将其分为两类：第一类是初次务工，第二类是再次务工。第一类以在家乡获得的收入为参照点，第二类以初职就业获得的收入为参照点。

这两种情形均属于不确定性条件下的就业选择行为。根据以往的研究和现实经验判断，外出务工就意味着获取更多的收入，但也意味着更多风险，特别是一些偏远山区的务工人口，其不外出务工就业，就意味着损失，因而外出务工会获得确定性的收益，个体会因风险规避倾向而选择外出务工；同样，若再次就业会获得确定性收益，个体也会因风险规避倾向选择再次就业。若相较在家乡的收入，外出就业是一种较明显的损失，如可能找不到合适工作或者出现工伤意外，或者与家人情感的疏离，等等。那么，在损失范围内，个体倾向选择更小的损失，即比较在家和在外的损失大小，进而做出行为选择。初次就业和当前就业的推论同之。

**(二) 考虑个体禀赋**

考虑个体的异质性，就业选择行为就要有新的解释。

假设两类务工者：一类有较高文化水平，有较强技能，设为 $l_h$；另一类文化较低，没什么技能，设为 $l_l$。同样两类参照点，我们选择一类参照点作说明。对于 $l_h$ 来说，若其当前就业的职业部门有更高的工资标准和福利安排，那么，这可以视为确定性的收益，面临确定的获得，个体为风险规避型，$l_h$ 选择当前就业。对于 $l_l$ 来说，相对于初职就业而言，当前职业部门同样有更高的工资标准和福利安排，但这种收益对 $l_l$ 来说是不确定的，即若选择当前职业，可能会带来损失，个体选择继续原来的职业还是变换到现在的职业，取决于哪种就业的损失更大，面对损失时，个体是风险偏好的，他倾向于选择损失更大的选择行为。

## 二、劳动力市场分割下的就业选择

**(一) 劳动力市场分割下的风险厌恶偏向**

其一，就业选择中，务工人口选择主要劳动力市场还是次要劳动力市场？鉴于中国现状，正规就业部门进入的门槛成本较高（如学历、户籍等），在非正规就业部门就业限制条件不高的情况下，对于进城务工人口而言这是一种获得，根据前景理论，面临收益时人们倾向于进行损失规避，现实中我们会看到很多的务工人口进入非正规部门就业。另外，根据递减的边际敏感度（Diminishing Marginal Sensitivity）假说，决策者对于增益的敏感度要低于对损失的敏感度。务工人口在非正规部门就业的收入已经超过在家务工或务农的收入了（黄乾，2009），其做出进入正规部门就业决策获得的收入增量的敏感度在降低,这也会影响其工作选择行为。

其二,务工人口选择正规就业还是非正规就业?根据前景理论中的损失厌恶假说,面临收益时人们会进行损失规避,城市中的正规就业较稳定,有规范的制度安排,获得更多的就业福利的概率较非正规就业要大,因此更多的人会选择正规就业,但由于分割性劳动力市场的存在,务工人口获得正规就业的入职门槛较高,放弃非正规就业对其而言是一种较为明显的损失,面临获得时人们倾向于损失规避,因而务工人口倾向于选择非正规就业。另外,相比较非正规就业,正规就业获得的就业福利概率要小很多,相较而言,这可能是一种更明显的损失,因此面临损失时,务工人口会选择非正规就业以规避风险。

根据前景理论的权重函数,人们对某事的主观概率会影响决策行为。人们往往高估不确定的风险,而且相对于确定性的事件来说,人们会高估风险性事件的决策权重。这就为解释务工人口就业部门以及就业方式的选择行为提供了一个新的分析视角。相比较正规就业部门,非正规部门进入与退出成本较低,务工人口赋予其的主观概率较大,虽然正规部门就业可能会带来更多的福利,但具有不确定性,而且需要付出额外的努力,其主观概率较低,进而务工人口倾向于选择进入非正规部门从业。

**(二) 考虑个体禀赋**

假设存在两类劳动力市场,两种类型务工者。$L_h$ 为高技能务工者,$L_l$ 为低技能务工者。$L_h+L_l=L=1$,$L$ 为全部进城务工人口。$q_m$ 为在主要劳动力市场获得工作的概率,$q_s$ 为在次要劳动力市场获得工作的概率。有以下几种情形:

高技能务工者在主要劳动力市场上获得工作的总价值:$\pi q_m(1-L_l)\overline{w}_m$
低技能务工者在主要劳动力市场上获得工作的总价值:$\pi q_m L_l \overline{w}_m$
高技能务工者在次要劳动力市场上获得工作的总价值:$\pi q_s(1-L_l)\overline{w}_s$
低技能务工者在次要劳动力市场上获得工作的总价值:$\pi q_s L_l \overline{w}_s$

根据上述理论分析可知,剔除其他因素,高技能的务工人口进入次要劳动力市场的概率非常低,同样,低技能务工人口进入主要劳动力市场的概率也很低。进城务工人口在劳动力市场上获得工作的总价值包括两种类型:$\pi q_m(1-L_l)\overline{w}_m$ 和 $\pi q_s L_l \overline{w}_s$。

## 第三节 就业选择行为数理模型

### 一、双重约束条件下效用函数

Takuya Satomura（2010）构建了多重约束条件下的效用最大化模型，用来解释个体多重约束下的投资或消费行为。本章根据前景理论，借鉴上述模型，构建进城务工人口就业选择的数理模型。

设务工人口就业选择的效用函数为：

$$\max U\left(\frac{G_{it}^{1-\theta}}{1-\theta}, D_{it}\right)$$

其中，$i$ 为第 $i$ 个体；$G_i$ 为务工人口选择工作给其带来的满足感；$D_i$ 为就业动机；$\theta$ 为曲率参数，用来度量风险，$0<\theta<1$。

$$\text{s.t.} \sum_{n=1}^{N}(w_n G_n)=M \quad \sum_{n=1}^{N}(l_n G_n)=Q \quad (3-1)$$

$M$ 为城市劳动力市场中某行业可以获得的货币收入上限。其中，$w_n$ 为行业工资均值。$Q$ 为城市劳动力市场中某行业能够供给的岗位上限，其中，$l_n$ 为行业所需的劳动力数量。

根据式（3-1），边际效用可表示为：

$$U_n(G, D)\frac{\partial U(G, D)}{\partial G_n} \geq 0 \quad (3-2)$$

引入拉格朗日乘子 $\lambda\tau$ 和 $\mu$，构建辅助方程来获得库恩—塔克条件，需求方程表示为：

$$p_s L = U(x) + \lambda\left\{M - \sum_{n=1}^{N}(w_n G_n)\right\} + \mu\left\{Q - \sum_{n=1}^{N}(l_n G_n)\right\} \quad (3-3)$$

获得的库恩—塔克条件为：

$\frac{\partial L}{\partial G_n} = U_n(G, D) - \lambda w_n - \mu l_n \leq 0, \; G_n \geq 0$ 并且

$$G_n \frac{\partial L}{\partial G_n} = 0 (n=1, \cdots, N) \quad (3-4a)$$

$$\frac{\partial L}{\partial G_n} = -\lambda = 0, \quad \frac{\partial L}{\partial G_n} = -\mu = 0 \qquad (3-4b)$$

$$\frac{\partial L}{\partial \lambda} = M - \sum_{n=1}^{N}(w_n G_n) = 0$$

$$\frac{\partial L}{\partial \mu} = M - \sum_{n=1}^{N}(l_n G_n) = 0 \qquad (3-4c)$$

$G_n \frac{\partial L}{\partial G_n} = 0$ 为互补条件。表示需求非零时，即进城务工人口的就业需求存在时，约束条件是有约束力的。

将上述公式进一步整理，可得：

$$G_n \frac{\partial L}{\partial G_n} = 0 \Rightarrow$$

$$\frac{\partial L}{\partial G_n} = U_n(G, D) - \lambda w_n - \mu l_n = 0, \text{ 并且 } G_n > 0 \qquad (3-5a)$$

$$\frac{\partial L}{\partial G_n} = U_n(G, D) - \lambda w_n - \mu l_n < 0, \text{ 并且 } G_n = 0 \qquad (3-5b)$$

从式（3-5a）和式（3-5b）可知，积极的需求与从库恩—塔克一阶条件获得的平等约束有关，在非平等的约束条件下出现零需求。平等的约束条件导致模型中密度贡献的可能性更大，而不平等的约束条件导致模型中质量贡献的可能性更大，即平等约束条件下，进城务工人口就业行为数量更大。

## 二、引入风险分类

根据效用模型，进城务工人口就业需求与约束条件密切相关，在既定的约束条件下，不同就业选择可能会带来效用增量，或者产生效用损失。上面的模型中，风险因素 $\theta$ 是风险规避程度的度量参数。从前景理论的分析中可知，个体对同一问题的选择存在不同的框架，进而产生偏好与选择不一致的现象（朱富强，2013）。因而面对不同的情境，会有不同的风险偏好，因此，有必要对务工人口的风险类型进行细分。由预期效用模型可知，务工人口根据以往的经验或主观的判断，认为状态 $S_k$ 发生的概率为 $P(S_k)$，$Y_i$ 在状态 $S_k$ 的属性值为 $X(Y_i, S_k)$，假设 $X(Y_i, S_k)$ 相互独立，$S_k$ 也相互独立。我们将进城务工人口就业状态分为三种情形来考察：正规部门正规就业、正规部门非正规就业、非正规就业。假设务工人口发生这三种类型就业的概率为 $P(S_k)$，$p(s_1)=\dfrac{n_{i1}}{N}$，$p(s_2)=\dfrac{n_{i2}}{N}$，$p(s_3)=\dfrac{n_j}{N}$ 分别代表进城务工人口进入正规部门从事正规就业、进入正规部门从事非正规就业、进入非正规部门从事非正规就业的概率。在不同部门不同就业方式状态下，务工人口会获得一个特定的属性值，即 $X(Y_i, S_k)$，$Y_i$ 代表务工人口的收入水平。因而其属性值是收入水平与就业概率的函数，务工人口的期望效用可以表示为其期望的工资收入，本书将务工人口的职业类型分为七类，分职业探寻务工人口期望工资水平与实际工资水平间的差值，以此表示务工人口的预期就业风险。具体公式可表示为：

$$Ins = p(s_k)\overline{y}_{pro} + [1-p(s_k)]\overline{y}_{pro} \qquad (3-6)$$

其中，$Ins$ 为务工人口的预期就业风险，$\overline{y}_{pro}$ 为某一职业类型务工人口的工资收入均值。

$$p(s_k) = \dfrac{n'}{N} \qquad (3-7)$$

其中，$n'$ 为务工人口在不同职业类型下所发生的就业状态，即不同职业类型下的正规部门正规就业、正规部门非正规就业、非正规部门非正规就业。

由于不同务工人口的风险类型是不同的，有必要将务工人口的风险类型进行细分。假定进城务工人口的财富值为 W，其行为选择能接受的最大损失为 L，且随着务工收入的不断增加，务工人口能够接受的最大损失也会增加，即 $\dfrac{\partial L}{\partial W}>0$，务工人口就业风险的承受能力为：

$$E_s = \dfrac{L}{W} \qquad (3-8)$$

对式（3-8）求导，可得：

$$\dfrac{dE_s}{dW} = \dfrac{W\dfrac{dL}{dW}-L}{W^2} = \dfrac{1}{W}\left(\dfrac{dL}{dW}-E_s\right) = \dfrac{E_s}{W}(E_L-1) \qquad (3-9)$$

其中，$E_L = \dfrac{W}{L}\dfrac{dL}{dW}$ 为损失对收入的弹性。

从式（3-9）中可以发现，随着务工人口收入的增大，其风险承受能力的变化取决于可接受的最大损失弹性 $E_L$，当 $E_L>1$ 时，$\frac{dE_s}{dW}>0$，务工人口对于预期就业风险的承受能力随 $W$ 的增加而增加；当 $E_L<1$ 时，$\frac{dE_s}{dW}<0$，预期就业风险的承受能力随 $W$ 的增加而减小；当 $E_L=1$ 时，$\frac{dE_s}{dW}=0$，其风险承受能力不变。因而 $E_s$ 的变动特征取决于务工人口可接受最大损失对收入的弹性，而这又取决于务工人口的风险偏好。也就是说，在务工人口收入一定时，其基于就业选择的风险承受能力取决于其基于风险的偏好。在务工人口风险特征一定的情况下，风险承受力与收入间的关系可表示为：

$$\frac{dE_s}{E_s}-a\frac{dW}{W}=0 \qquad (3-10)$$

其中，$a=E_L-1$

对式（3-8）两边积分，得：

$\int \frac{1}{E_s}dE_s - a\int \frac{1}{W}dW = c$，$c$ 为积分常数

$InE_s-aIn=c$，$In\frac{E_s}{W^a}=c$，$\frac{E_s}{W^a}=e^c$

$$E_s=W^a e^c \qquad (3-11)$$

将 $a=E_L-1$ 代入式（3-6），得：

$$E_s=e^c W^{(E_L-1)} \qquad (3-12)$$

式（3-12）即含风险偏好因素的风险承受能力的公式。无论 $c$ 取何值，$E_s$ 都大于 0，与现实相符合。

## 第四节 劳动力市场分割与就业部门

进城务工人口微观就业选择行为受到宏观制度和市场环境的影响。因而在上述理论分析和数理模型基础上，有必要将反映就业市场的宏观因素

考虑进来。

## 一、市场分割与就业部门生成机理

本部分中（一）、（二）、（三）三方面内容与笔者发表的论文《歧视性就业政策与劳动力市场分割》有部分重复，特此说明。

### （一）二元户籍限制与就业部门生成

近几十年间，中国城乡间的人口流动障碍随着户籍制度[①]的势弱逐渐松动，但部门间的进入门槛始终存在，不同部门间各自封闭的内循环形成了比较极端的二元劳动力市场，使得劳动力的流动，特别是非正规部门向正规部门的流动，限制条件极为严格。这种因户籍制度衍生的就业政策具有依附性，政策的直接后果是形成了城市"次要劳动力市场"。在限制性就业政策下，进城务工人口凭自身能力很难进入正规部门工作。

根据经济学供求原理，城市中脏、累、险等工种的劳动力所获得的工资要低于市场出清时的水平。假设劳动力市场出清时劳动力价格为 $w_0$，劳动力供给为 $q_0$，脏、累、险等工种的市场需求曲线较其他工种更缺乏弹性，设为 $D_2$，按均衡时的劳动力价格，会有 $q_0-q_1$ 的劳动力退出供给，此时劳动力价格会上升到 $w_1$，但有需求的企业出于净利润的考虑并不可能按照 $w_1$ 兑现工资，农村剩余劳动力进城务工，使市场中劳动力供给增加，供给曲线为 $S_2$，由于歧视性就业政策的存在，他们仅限于从事脏、累、险等工种，市场中的劳动力价格会降至 $w_2$，供给会增加至 $q_2$。因户籍制度衍生的歧视性就业政策将劳动力市场一分为二，在一般性的劳动力市场中，若劳动力供给增加，均衡时市场工资水平为 $w_3$，劳动力供给为 $q_3$（见图3-2），工资水平和供给数量均高于存在歧视的劳动力市场。歧视降低了务工人口的工资水平，也在一定程度上限制了劳动力供给，使两者都远

---

① 中国户籍制度是对苏联 the propiska system 的参照，即"居留许可签证"。周其仁关于《苏联老大哥树立的迁徙"坏榜样"》一文中（详见《经济观察报》2012年10月6日）关于苏联"居民证"的这样一段说法：斯大林治下的苏联于1932年12月31日颁布法令，全面实行十月革命后从未实行过的人口登记与迁徙管理：只有持有居民证的人才能流动、迁徙和变更居住地点。该法令规定，"居民证"的发放范围限于城市，最初仅限于莫斯科、列宁格勒等25个重点城市，后来才扩大到所有市镇，但不包括农村和农民。按此法令，苏联公民须在进入任何地区后的24小时内，到当地政府申请暂时居住许可证；如不被批准，则在3日内必须离开。

低于出清时的市场均衡水平,造成效率损失。

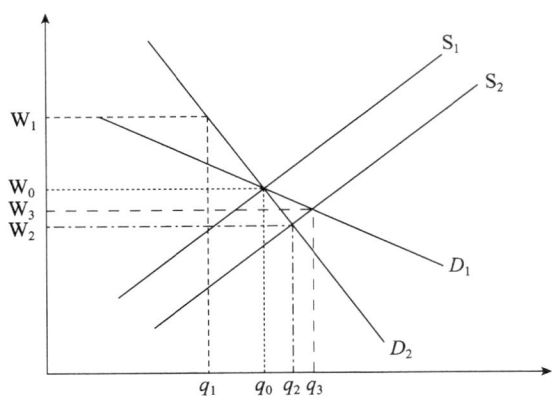

图3-2 二元户籍制度下劳动力市场供求模型

## (二)人力资本与就业部门生成

理论上,新古典劳动力市场理论认为,因劳动者人力资本差异生成的市场分割具有时段性,这种分割会随着供求机制的调整逐渐完善,最终达到长期均衡。此理论假说成立的前提条件是劳动力市场中人力资本能够自由流动,且市场中除人力禀赋差异外没有其他差异,因此难以有效解释中国进城务工人口的就业选择行为。由于政策惯性作用,务工人口在教育、培训方面被边缘化,难以满足城市对劳动力技能提出的要求,务工人口的人力资本水平限制了其在劳动力市场的选择,自然地生成了市场歧视。正是歧视性政策导致了人力资本差异的恶性循环。

近些年来,劳动力市场价格不断提高,企业用工成本因此增加,同时,资本替代劳动的加快,使得传统低端劳力市场供大于求,而高端技能型劳力市场供给偏少,难以满足企业用工需求。在这种趋势下,拥有市场所需技能且具备相应知识水平的务工人口进入正规部门的概率增大,缺乏技能且文化程度不高的务工人口一般被选择进入非正规部门,因政策性歧视引致的人力资本差异,在企业对技能型人才需求增加的背景下,自然生成了就业部门的分化。

假设高技能工人和低技能工人的供给曲线分别为 $l_h$、$l_l$,如图3-3所示,劳动力市场对于高端和低端劳动力的需求均缺乏弹性,$D$ 为劳动力需求曲线。$D$ 与 $l_h$ 交汇时工资价格为 $w_1$,此时高技能工人的供给为 $q_1$,同样的工资水平下,低技能工人的供给会多出 $q_3-q_1$;同样的需求曲线与低技能工人的供给曲线 $l_l$ 相交时,工资价格为 $w_2$,供给为 $q_2$。

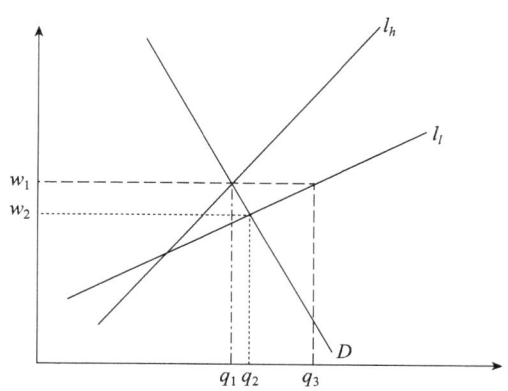

图 3-3 劳动力市场不同技能水平务工人口供需模型

## (三) 职业门槛限制与就业部门生成

劳动力市场分割是劳动力市场结构性差异的外在表征,经由制度、规则、供求双方组成的劳动力市场在运行过程中受制于构成市场的各要素的制约,不同要素质与量的变化均会影响劳动力市场整体功能的发挥。劳动力市场的行业分割是在政策因素和人力资本因素双重作用下生成的行业进入与退出壁垒。Anderson 等(1987)认为,不同产业的工资水平并不相同,工资差异的原因在于工人进入了不同的产业。具体表现有:因户籍制度以及附着于其上的就业政策会排斥一部分人进入城市中的机关、国企等部门,同时,这类部门对于从业人员的综合素质要求较高,政策性分割与人力资本分割叠加在一起,经过一段时间的积累,行业间会自动生成边界,不同部门与行业内部会形成独特的人员配制和工资决定机制。一些具有封闭性质的部门入职门槛提高,另一些具有开放性质的部门成为进城务工人口的集聚部门。

假设劳动力需求为 $L^d$,劳动力供给为 $L^s$,劳动需求的增加,即实际劳动投入有所增加,这样通过增加生产从而增加商品市场上商品的销售,进而提高产出,即提高劳动的边际产品。同时劳动投入增加,也提高了实际工资支付,对于给定的实际工资率 $w/P$,$L^d$ 增加一个单位,使工资的支付额上升 $w/P$,因此,劳动需求的单位增长使实际利润发生以下变化:

$$\Delta(\Pi/P) = \Delta[A \times F(K^d, L^d)] - w/P = MPL - w/P \quad (3-13)$$

假设市场中某些行业具有垄断性,其对劳动力的需求为一固定值,即在此类行业中,劳动力市场上的供给缺乏弹性,设劳动力供给为 $L^* = L$,此时的实际工资率为 $(w/P)^*$;另一些行业具有竞争性,此类行业面对的劳动力供给曲线富有弹性,与劳动力需求曲线相交于 $(w/P)'$,竞争行业的实际工资率低于垄断行业(见图3-4),即:

$$(w/P)' < (w/P)^* \quad (3-14)$$

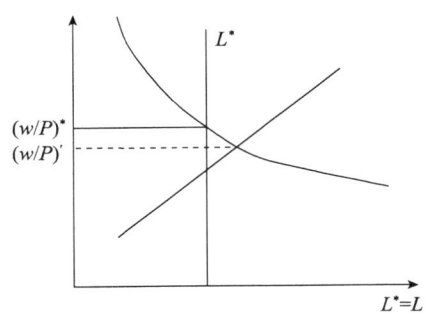

**图3-4 劳动力供求曲线**

进一步地,我们将劳动力供给细分为高技能供给和低技能供给。竞争性行业下,劳动力市场的需求曲线为弹性无穷大的水平线,劳动力进入门槛低,市场中存在无数竞争性的劳动力供给者,其进入市场的资格为 $p_0$,在 $p_0$ 条件下,低技能求职者的供给为 $q_0$,高技能求职者的供给为 $q_3$。若将价格提升到 $p_1$,则高技能求职者的供给为 $q_1$,由于近似于竞争性市场,求职者福利没有受到损失。封闭行业中的市场近似于垄断市场,行业中的部门将行业入职门槛提升至 $p_2$,原本可以进入的求职者由于性别、户籍、工作经验等被拒之门外,限制了部分求职者的进入,最终造成社会福利的净损失,即图3-5中三角形阴影部分。

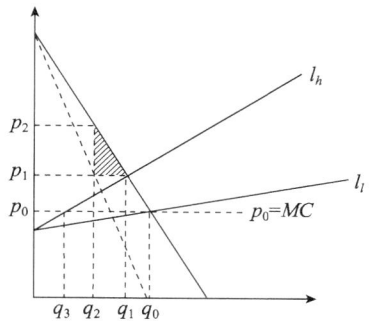

**图3-5 行业分割下劳动力市场不同技能水平务工人口供求模型**

## 二、引入行业分割和非经济因素的就业选择

假设入职门槛较高的行业为 $L_p$，入职门槛较低的行业为 $L_s$，两类行业进入要求或限制条件分别表示为 $(x_1, x_2 \cdots, x_m) \in L_p$，$(x_1, x_2 \cdots, x_n) \in L_s$，存在两种类型务工人口，具有较高文化程度和职业技能的表示为 $e_c$，较低文化程度和职业技能的表示为 $e_u$，有 $e_c > e_u$。同时，考虑进城务工人口拥有的社会关系，为简化起见，将父亲职业和经常联系的亲友的职业类型作为社会关系质量高低的表征，$FA_1$ 表示父亲为较高职业阶层，$FA_2$ 表示父亲为较低职业阶层，$SO_1$ 表示亲友为较高职业阶层，$SO_2$ 表示亲友为较低职业低层。由式（3-8）可知，进城务工人口的风险承受力为损失对收入的弹性，即 $E_s = \dfrac{L}{W}$。

根据已有的研究文献，家庭和社会关系对个体就业存在直接和间接的影响（Hsung & Hwang，1992），我们假定拥有良好家庭和社会资源的进城务工人口获得入职门槛较高行业就业的概率（表示为 $p_p$）较大，$p_s$ 表示获得入职门槛较低行业就业的概率。在入职门槛较高的行业工作，务工人口会获得更多的就业福利和保障，有较高的工资收入，进而我们将式（3-8）引入，得：

$$E_{p\sigma} = p_p \dfrac{L}{W} \qquad (3-15)$$

$$E_{s\sigma} = p_s \frac{L}{W} \qquad (3-16)$$

$$E_{p\sigma} > E_{s\sigma} \qquad (3-17)$$

由此可知，获得较高入职门槛就业的进城务工人口，其风险承受力要大于获得较低入职槛就业的务工人口。

## 本章小结

本章是理论分析部分。将劳动力市场分割理论和前景理论应用到进城务工人口就业选择行为的分析中。首先界定了本书研究的主体和背景，本书研究的是进城务工人口的就业选择行为；其次，运用前景理论描述务工人口就业选择行为的风险偏好，推导劳动力市场分割下务工人口就业选择行为的总价值；最后，根据理论分析，构建进城务工人口就业选择的数理模型。

# 第四章 劳动力市场分割与就业特征

## 第一节 数据来源

本书数据来源于 2013 年 6~8 月沈阳农业大学经济管理学院"进城务工人口就业课题组"在沈阳展开的关于进城务工人口就业的调研，调研地点涵盖沈阳 9 个市辖区。

### 一、样本选择说明

本书对进城务工人口就业选择行为进行研究，选择沈阳市 9 个市辖区为样本区域，其原因有以下几点：①从国内相关研究文献来看，关于东北地区进城务工人口就业的研究非常少，且以副省级市的务工人口就业行为作为研究对象区域的更为少见。沈阳作为东北老工业基地和东北亚地区中心城市，研究其在工业化、城镇化进程中，进城务工人口的就业问题具有较强的代表性。②据《沈阳市 2010 年第六次全国人口普查主要数据公报》显示，同 2000 年相比，10 年间沈阳市共增加 90 万人口，年均增长率为 1.19%，高于全国平均水平（0.57%）0.62 个百分点[1]，这部分增加的人口绝大多数是外来务工人口。这说明沈阳市已经成为外来务工人口流入大区，因而有必要厘清沈阳市外来务工人口的就业行为机理，为沈阳城镇化发展提供有益的实证分析。

### 二、调研方法

为保证调研质量，问卷设计出来后，先开始进行预调研，课题组成员

---

[1] 《沈阳市 2010 年第六次全国人口普查主要数据公报》。

集体讨论修改存在的问题。最终统一问卷,开始调研。调研当天结束时,采取自查和互查方式检验问题,以确保调研质量。

市辖区调研按照辖区内街道常住人口数和街道面积综合水平排序,选取两个街道进行等距随机抽样。每个街道随机抽取样本25~30个(拟调研最多样本为30),共抽取样本600个。剔除无效问卷后,得到406名进城务工人口的有效问卷。在具体调研过程中,由调查员进行提问并做好相关的记录。

由于有些个案[①]虽符合调研的样本要求,但由于其为异常值,将其放在样本中会造成样本偏误,对于这些样本,我们进行了剔除。

后续各章节中的统计分析和模型估计,若没有特别说明,均与本章中的数据来源相同,不再赘述。

## 第二节 劳动力市场分割测度与描述

### 一、劳动力市场分割测度

劳动力市场的多重分割,客观上导致务工人口选择不同的部门就业。因而有必要首先对劳动力市场分割进行界定与测度,找出分割影响因子。在此基础上划分因劳动力市场分割而生成的就业部门。Boston(1990)使用1983年美国人口调查数据,以受访者回答的方式,将是否有特殊技能以及就业前的培训两项指标作为划分劳动力市场的依据。D. M. Gordon, R. Edwards, M. Reich(1982)将产业特征作为劳动力市场分割的依据,以技术、组织结构、产品需求特性、工会以及其他一系列特征构成的核心与边缘产业部门作为主要与次要劳动力市场分割的指标。R. McNabb, G. Psacharopoulos(1981)划分劳动力市场的依据有两个:一是产业部门中女性劳动力比例;二是集体协议签订的比例。在具体操作中,他们采用

---

① 调研中一个案如下:男,1983年生,山东省荷泽市郓城县张营镇人,系农村户籍。2000年来沈阳某技校学习,其间自费学习了电脑维修技术,又取得大专文凭。自己开办了电脑维修部,为个体营业者。年收入为10万~15万元,由于该样本工资偏高,为异常值,在统计分析时将其剔除。

Goldthorpe 和 Hope 职业评定量表方法，将劳动力分成两类就业市场。此外，还有一些借助社会心理学科的主观划分方法，如按重要性等将若干指标进行排序（R.Blauner，1964；P.Osterman，1994）。Reid 和 Rubin（2003）研究了美国 1974~2000 年劳动力市场状况，考察性别、种族对收入差异的解释作用，研究发现，在劳动力市场上，白种男性比女性，以及非白种人有着绝对的优势，主要与次要劳动力市场上的工资决定不显著差异。

实证方面关于劳动力市场分割的测度没有统一标准，大体上有两类测度方法：一是运用统计学方法，如因子分析、聚类分析等方法来检验劳动力市场分割的存在及其特征。如 Oster（1979）运用 1960 年美国第一、第二产业普查数据，采用因子分析法判定劳动力市场的产业分割。二是计量方法，依靠 Mincer 方程，在方程中加入反映市场制度、行业分割的变量代入方程，验证个体特征、制度因素以及市场因素等对于劳动力市场分割的影响。或者通过验证市场内部人员职业流动的不同机理，或工资机理的差异来验证市场分割的存在（Graham et al.，1990；Launov，2004）。

目前理论上劳动力市场分割的研究并没有生成一种自洽的逻辑框架，现实中关于劳动力市场分割的界定标准不一。本章采用聚类分析法对于劳动力市场分割的因子进行客观界定。

**（一）分割因子界定**

1. 第一类是政策因子

农村进城务工人口的就业政策伴随经济社会发展的阶段性特点，经历了从严格控制—允许流动—控制盲目流动到自由流动几个主要阶段。虽然国家关于进城务工人口的就业与福利政策较之以前更加科学，但户籍和地域政策的深层次影响仍然存在。同时，由于户籍和地域政策的双重影响，城市社会提供的就业岗位被人为地设置了不同的类型。有些单位享受公共财政给付，有些单位不能享受公共财政给付。能够享受到公共财政给付的单位一般入职门槛较高，具有行业垄断特质，如机关、国企和事业单位。张文龙等（2005）认为，劳动力市场分割的实质在于工资合约的不同性质，具有相对平均主义基本特征的合约称为体制内劳动力市场，而反映市场边际特征的工资—劳动分配机理称为体制外劳动力市场。根据上述分析，本章将户籍、地域和单位性质作为政策性分割因子的替代变量。将城市户籍设为1，农村户籍设为0；将本地务工人口设为1，外地务工人口设为0。样本中务工人口的单位性质主要包括以下几类：机关与事业单位、私营企业、外资合资企业、个体从业者、国有企业。本章根据中国社会经济运行特征，并严格根据调研问题的统计分析结果，以是否由公共财政支持和供养为依据，将单位性质划分为两类，能够获得公共财政支持和供养的设为1，不能获得公共财政支持和供养的设为0。

2. 第二类是人力资本因子

根据理论分析，人力资本的界定主要依据现有文献。常见的替代变量包括教育程度、工作经验、职业培训（Jamison, D. & J. V. Gaag, 1987; Meng xin, Gaojunsen, 2001；姚先国、俞玲，2006；高文书，2009）。诸多文献的研究结果表明，不同人力资本水平下，教育程度、职业技能、工作经验等存在收入回报差异。Gustafsson 和 Li（2000）利用1988年和1995年全国城镇居民户抽样调查数据，认为市场化改革以来，性别的收入差距拉大的主要原因是市场竞争中人力资本作用的增强。本章人力资本的替代变量包括工资收入、工作年限和文化程度。工资收入是指务工人口现职月工资收入，包括补贴和加班费；工作年限指务工人口从事第一份工作至今的时间，以年为计；文化程度指务工人口接受全日制学校教育的年限，再加上其进入正规职业技术学校学习的时间。

3. 第三类是行业因子

行业因子包括工作类型、行业类型以及工会组织。工作类型划分的依据是从业者的综合素质，首先，根据务工人口的具体工作将管理者、高级技术工人、机关与事业单位工作人员划分为一类，将力工、小摊贩、家政保洁等归为一类；其次，针对企业销售人员、办事人员以及低技能工人，结合务工单位对其的具体要求再进行细分，务工单位对求职者有要求归为一类，没有要求归为一类，将之归到上述两类中。最终划分为综合素质要求较高的工作，设为1；综合素质要求不高的工作，设为0。行业类型的划分依据主要有两个：一个是国家统计局统计指标分类中的行业分类，另一个是已有的学术文献中对于行业分类的划分。首先，按统计中三次产业分类，将务工人口的具体工作划为不同行业；其次，参考学术文献中对于行业的划分。公用事业、邮电通信等行业因行业立法、行政法规的颁行成为具有垄断性质的市场准入行业。本章综合相关文献的研究结果，将机关、政党机关与社会团体、邮电通信、煤气及水的生产供应、地质勘查、卫生体育和社会福利业、教育文化、科研及综合技术服务等行业设为1，其进入门槛较高，且具有封闭性质；将建筑、制造、批零及餐饮、家政服务等行业设为0，其进入门槛较低，具有开放性质。一般而言，加入行业协会或拥有工会组织的单位对于单位从业人员工资福利、工作权利的维护等要好于没有加入行业协会或工会组织的单位（Dicken et al., 1988b, 1992）。将加入行业协会或拥有工会组织的单位设为1，否则为0，如表4-1所示。

表4-1 劳动力市场分割测量变量含义与特征

| 变量属性 | 变量名称 | 变量含义 | 变量类型 | 计量单位 |
| --- | --- | --- | --- | --- |
| 人力资本因子 | 教育程度 | 务工人口接受正规教育年限 | 连续变量 | 年 |
| | 工作经验 | 务工人口工作年限 | 连续变量 | 年 |
| | 技能培训 | 接受职业技能培训 | 分类变量 | 培训=1<br>没有培训=0 |
| | 月工资收入 | 务工人口每月获得的收入加补贴 | 连续变量 | 元 |
| 政策因子 | 地域性质 | 务工人口户籍所在地 | 分类变量 | 本地=1<br>外地=0 |
| | 户籍性质 | 务工人口是否为城市户籍 | 分类变量 | 城市=1<br>农村=0 |
| | 单位性质 | 务工单位能否享受到公共财政扶持 | 分类变量 | 能=1<br>不能=0 |
| 行业因子 | 行业类型 | 务工人口工作类型、职业类型基础上的划分 | 分类变量 | 封闭行业=1<br>开放行业=0 |
| | 工会 | 单位是否有工会组织 | 分类变量 | 有工会=1<br>没有工会=0 |
| | 工作类型 | 对于从业者综合素质要求程度 | 分类变量 | 要求较高=1<br>要求不高=0 |
| 个体特征因子 | 性别 | 务工人口性别 | 分类变量 | 男=1<br>女=0 |
| | 年龄 | 务工人口年龄 | 分类变量 | 老一代=1<br>新生代=0 |

表 4-2　各因子连续变量统计量表

| 变量 | 样本个数 | 均值 | 中位数 | 标准差 | 最小值 | 最大值 |
| --- | --- | --- | --- | --- | --- | --- |
| 工作年限 | 406 | 9.19 | 8 | 6.922 | 0 | 42 |
| 文化程度 | 406 | 9.4 | 9 | 2.956 | 0 | 15 |
| 月工资收入 | 406 | 3676 | 3000 | 2158.69 | 600 | 20000 |
| 初职月工资收入 | 406 | 1569.56 | 1000 | 1441.91 | 0 | 10000 |

## （二）分割因子特征

从表 4-3 中的户籍来看，城市户籍占比 10.59%，农村户籍占比 89.41%；从地域分布看，外地务工人口占比 72.91%，本地务工人口占比 27.09%；从年龄分布看，新生代务工人口占比为 66.5%，老一代占比 33.5%；从性别看，男性务工人口占比 61.82%，女性占比 38.18%；接受过职业技能培训的务工人口占比 22.66%，没有接受过技能培训的占比 77.34%；从行业来看，封闭行业占比 13.05%，开放行业占比 86.95%；有工会组织的占比 14.29%，没有工会组织的占比 85.71%。从样本的分布看，性别比例较为均衡，其他变量的分布不均衡。从中可观察到：样本中务工人口以新生代、农村、外地人口为主，大多没有接受过职业技能培训，其所进入的行业多为开放性行业，其所务工的单位基本上没有工会组织。

表 4-3　各因子分类变量统计量表

| | 分类 | 老一代 | 新生代 | | 分类 | 男 | 女 |
| --- | --- | --- | --- | --- | --- | --- | --- |
| 年代 | 样本数 | 136 | 270 | 性别 | 样本数 | 251 | 155 |
| | 比例（%） | 33.5 | 66.5 | | 比例（%） | 61.82 | 38.18 |
| | 分类 | 封闭行业 | 开放行业 | | 分类 | 有工会 | 没有工会 |
| 行业类型 | 样本数 | 53 | 353 | 工会 | 样本数 | 58 | 348 |
| | 比例（%） | 13.05 | 86.95 | | 比例（%） | 14.29 | 85.71 |

续表

| | 分类 | 老一代 | 新生代 | | 分类 | 男 | 女 |
|---|---|---|---|---|---|---|---|
| 户籍 | 分类 | 城市户籍 | 农村户籍 | 技能培训 | 分类 | 接受培训 | 没受过培训 |
| | 样本数 | 43 | 235 | | 样本数 | 92 | 314 |
| | 比例（%） | 10.59 | 89.41 | | 比例（%） | 22.66 | 77.34 |
| 工作类型 | 分类 | 对从业者综合素质要求较高 | 对从业者综合素质要求不高 | 单位性质 | 分类 | 享受公共财政给付 | 不享受公共财政给付 |
| | 样本数 | 145 | 261 | | 样本数 | 45 | 361 |
| | 比例（%） | 35.71 | 64.29 | | 比例（%） | 11.08 | 88.92 |
| 地域 | 分类 | 本地 | 外地 | | | | |
| | 样本数 | 110 | 296 | | | | |
| | 比例（%） | 27.09 | 72.91 | | | | |

### （三）聚类分析

从 BIC 表①可知，随着聚类数量的增加，BIC 值越来越小，第 13 类的 BIC 值最小，从第 14 类开始 BIC 值逐渐增大，从 BIC 变动趋势看，样本聚类数控制在 25 类比较适宜。根据聚类分析的结果，本章将劳动力市场分割影响因子聚为两类，即将劳动力市场划分为两个独立部门。

从部门间的连续变量看，第一部门工作年限均值要小于样本中均值，第二部门工作年限均值大于样本均值。文化程度方面，第一部门文化程度均值高于样本，第二部门低于样本均值。第一部门月工资收入均值低于样本均值，第二部门高于样本均值（见表4-4）。

表 4-4　两部门连续变量均值与标准差

| Cluster | 工作年限 | | 文化 | | 月工资 | |
|---|---|---|---|---|---|---|
| | Mean | Std. Deviation | Mean | Std. Deviation | Mean | Std. Deviation |
| 1 | 5.6087 | 4.17846 | 10.1169 | 2.82215 | 3050.2165 | 1760.33284 |
| 2 | 11.7194 | 8.18957 | 8.2800 | 2.73471 | 3953.1429 | 2491.15190 |
| Combined | 8.2426 | 6.92174 | 9.3251 | 2.92671 | 3439.4089 | 2150.91681 |

① 见文末附录图表。

政策因子、人力资本因子、行业因子、个体特征因子的类间差异显示（此表见附录）：

性别的类间分布显示，第二部门中没有女性务工人口，第三部门中没有男性务工人口。第一部门中没有新生代务工人口，第二部门中没有老一代务工人口，说明劳动力市场中存在因年龄、性别造成的差异。其他变量在三类部门间的分布大致均匀，第一部门中本地务工人口较第二部门与第三部门少，且第一部门中进入封闭行业的从业者要多于第二部门。第二部门中务工人口多集中在没有工会组织的单位。聚集程度较高的变量有年代、性别、行业、工会。第二部门集中较多的是开放行业，因而开放行业集聚于第二部门；外地务工人口、农村户籍人口更多地集中在第一部门，新生代务工人口更多地集中在第一部门，对于务工人口综合素质要求不高的行业更多集中在第一部门。从单位性质看，两部门中更多地集中了那些不能享受到公共财政给付，也没有设置工会的行业和单位。从聚类来看，劳动力市场分为两个部门：第一部门属于次要劳动力市场，容纳了更多农村户籍的外地务工人口，这一部门中的单位很难享受到公共财政给付，其所属的行业一般为自由竞争的开放行业，对于从业者个体综合素质要求不高。第二部门属于主要劳动力市场，从业人员多为本地、城市户籍人口。这一部门中的单位一般能享受到公共财政给付，所属行业多为入职门槛较高的具有公共垄断性质的封闭行业，对于从业者个体综合素质要求较高。

接下来，我们按照政策分割、人力资本分割以及行业分割，对不同分割状态下，进城务工人口的职业类型与收入特征进行描述。

## 二、劳动力市场分割描述

### （一）政策分割

1. 本地与外地务工人口职业类型与工资收入分布

除管理类职业外，其他职业外地人口从业比重均高于本地人口。外地人口在服务类和低技能类职业中分布比重较大。通过对月工资收入的比较可以发现，灵活就业类、管理类、企业办事类、服务类职业中，本地务工人口的工资要高于外地务工人口。自雇类、高级技术类、低技能类职业中，外地务工人口工资高于本地务工人口。

2. 农村与城市务工人口职业类型与工资收入分布

从不同户籍务工人口职业分布看，农村户籍务工人口从事服务类和低技能类比重较大，分别占到全部务工人口的22.66%和23.89%，而城市户籍务工人口在这两种职业的分布比例仅为1.7%左右。从月工资均值看，自雇类、高级技术类、企业办事类、管理类这几类职业城市户籍务工人口的工资要高于农村户籍务工人口，其中自雇类和企业办事类两类户籍人口工资差异较大。

（二）人力资本分割

1. 文化程度与职业类型及工资收入分布

具有初中文化程度的务工人口从事服务类和低技能类职业，以及自雇类的人数是最多的；具有大专及以上文化程度的务工人口，从事技能类职业的人数较少，从业企业办事类的人数较多。从工资收入均值的比较来看，七种职业类型中，小学及以下和初中文化程度务工人口工资差异很小；高中和大专及以上务工人口在自雇、高级技术和服务类职业中工资收入均值要大于小学及以下和初中文化程度的务工人口；在其余职业中，较高文化程度的务工人口工资均值要低于较低文化程度的务工人口。

2. 工作年限与职业类型和工资收入分布

将进城务工人口的工作年限这一连续性变量进行分类：工作一年及以下设为1，工作1~5年（含5年）设为2，工作5~10年（含10年）设为3，工作10~15年（含15年）设为4，工作15年以上设为5。分别考察不同务工年限下，进城务工人口的职业类型和工资收入分布状况。总体上看，七类职业中，务工人口的工作年限集中分布是1~5年，超过10年的职业不多。服务类和低技能类职业，5年以下从业居多；自雇、高技能和低技能类从业者，其务工年限集中在5年以上；管理类从业者工作年限分布没有呈现出可归纳的规律。从月工资均值比较看，不同职业类型间工资差异不大。随着务工年限的增加，高技能类职业的工资收入呈正向增长；服务类职业随着工作年限的增加，其工资收入呈下降趋势；低能类、企业办事类和管理类职业的工资收入并没有随着务工年限的增加而增长。

## (三) 行业分割

1. 不同行业务工人口文化程度频数分布

进城务工人口主要集中在开放行业中，其中初中文化程度务工人口分布最多。高中、大专及以上务工人口在封闭行业的比重较大（见图4-1）。

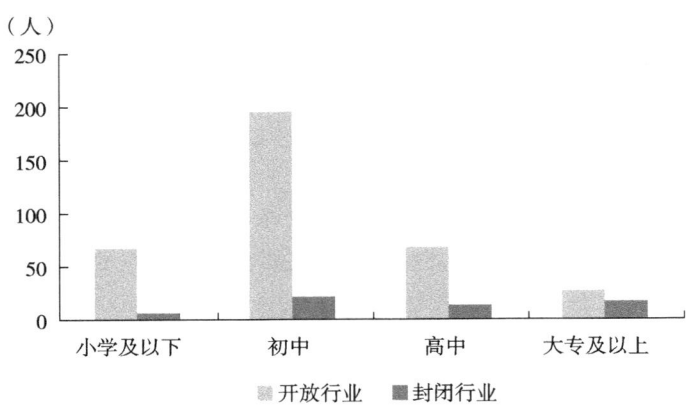

图 4-1　行业类型与文化程度分布

2. 不同行业务工人口工资均值分布

总体上看，封闭行业较开放行业务工人口的工资均值高，文化程度为高中的务工人口，两类行业中的工资均值差异较大（见图4-2）。

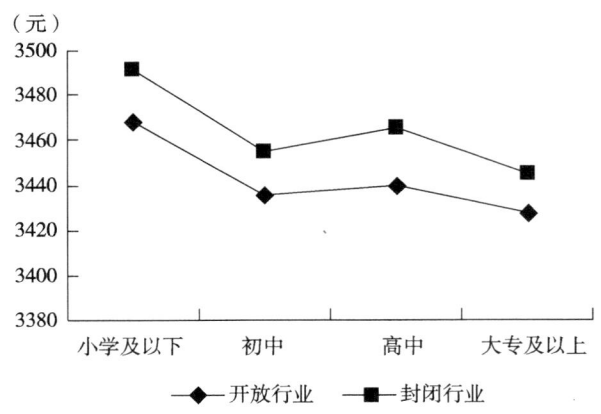

图 4-2　行业、文化程度与工资分布

## 第三节 就业基本特征

我们将年龄在 34 岁及以上的务工者称为老一代务工人口，将年龄在 33 岁及以下的务工者称为新生代务工人口。如表 4-5 所示，全部调研对象中，没有外出务工的人占 19.8%，已婚人口占全部调研总体的 69.1%，初中文化程度者占 52.2%，务工前有技术的占 13.5%。样本的行业分布情况为：制造业（含医药、包装材料、锅炉、建筑材料制造业）占比 24.63%，建筑业占比 6.65%，批发零售业占比 11.58%，服务业占比 15.27%，房地产业占比 0.49%，餐饮、住宿、娱乐业占比 23.65%，美容美发业占比 6.4%，废品回收业占比 0.49%，环卫业占比 2.46%，电子通信业占比 7.39%，工艺美术业占比 0.74%，铝塑铁艺汽配业占比 2.22%，事业位类占比 4.43%。根据不同职业及行业特征，本节将职业划分为七大类型：灵活就业类（包括力工、零工、小摊贩等），占比 10.3；自雇类（拥有固定经营场所的小业主），占比 10.9%；高级技术类（持有中级、高级技工证书），占比 12.3%；服务类（服务员、保洁、保安等），占比 24.9%；企业办事类（包括会计、销售、文员等），占比 10.1%；低技能类（包括车床工、瓦工、持证的家政服务人员等），占比 25.4%；管理类（机关、企业事业单位中层及以上管理人员），占比 5.9%。将务工人口与务工单位签订劳动合同，并且获得务工单位提供三种及以上保险作为正规就业，除此之外均算作非正规就业。正规就业占全部样本的 17%，非正规就业占 83%。非正规就业的职业类别中，服务类占 25.82%，低技能类占 25.22%，自雇占 13.65%，灵活就业类占 11.87%。

表 4-5 样本总体描述

| 变量性质 | 变量 | 变量细分 | 赋值 | 频率 | 百分比（%） |
| --- | --- | --- | --- | --- | --- |
| 分组变量 | 户口 | 农村户口 | 1 | 363 | 89.4 |
| | | 城市户口 | 0 | 43 | 10.6 |
| | 性别 | 男 | 1 | 252 | 62 |
| | | 女 | 0 | 154 | 38 |

续表

| 变量性质 | 变量 | 变量细分 | 赋值 | 频率 | 百分比（%） |
|---|---|---|---|---|---|
| 分组变量 | 婚姻状况 | 已婚 | 1 | 281 | 69.1 |
| | | 未婚 | 0 | 125 | 30.9 |
| | 教育程度 | 小学及以下 | 1 | 71 | 17.5 |
| | | 初中 | 2 | 212 | 52.2 |
| | | 高中 | 3 | 81 | 19.8 |
| | | 大专或技校 | 4 | 42 | 10.4 |
| | 是否接受技能培训 | 培训 | 1 | 94 | 23 |
| | | 没有培训 | 0 | 312 | 77 |
| | 是否举家外出务工 | 是 | 1 | 153 | 37.8 |
| | | 否 | 0 | 253 | 61 |
| | 是否为主要劳动力 | 是 | 1 | 359 | 88.4 |
| | | 否 | 0 | 47 | 11.4 |
| | 进城务工前是否有手艺 | 是 | 1 | 55 | 13.5 |
| | | 否 | 0 | 351 | 86.4 |
| | 子女是否正接受高中以下教育 | 是 | 1 | 125 | 30.9 |
| | | 否 | 0 | 281 | 69.1 |
| | 务工人员年代分类1 | 新生代 | 0 | 193 | 47.4 |
| | | 老一代 | 1 | 213 | 52.6 |
| | 务工人员年代分类2 | 20世纪90年代 | 1 | 95 | 23.40 |
| | | 20世纪80年代 | 2 | 112 | 27.59 |
| | | 20世纪70年代 | 3 | 106 | 26.11 |
| | | 20世纪50~60年代 | 4 | 93 | 22.90 |
| | 初职类型 | 灵活就业类 | 1 | 47 | 16.26 |
| | | 自雇类 | 2 | 11 | 3.81 |
| | | 高级技术类 | 3 | 11 | 3.81 |
| | | 服务类 | 4 | 76 | 25.95 |
| | | 企业办事类 | 5 | 32 | 11.07 |
| | | 低技能类 | 6 | 113 | 39.10 |
| | 现职类型 | 灵活就业类 | 1 | 42 | 10.3 |
| | | 服务类 | 4 | 101 | 24.9 |
| | | 企业办事类 | 5 | 41 | 10.1 |

续表

| 变量性质 | 变量 | 变量细分 | 赋值 | 频率 | 百分比（%） |
|---|---|---|---|---|---|
| 分组变量 | 现职类型 | 低技能类 | 6 | 103 | 25.4 |
| | | 高级技术类 | 3 | 50 | 12.3 |
| | | 管理类 | 7 | 24 | 5.9 |
| | | 自雇类 | 2 | 45 | 10.9 |
| 连续变量 | 变量含义 | | 均值 | 标准差 | 峰度 |
| | 年龄 | | 27.06 | 17.49 | -0.941 |
| | 受教育程度 | | 7.30 | 4.670 | -0.825 |
| | 工作年限 | | 3.29 | 4.244 | 4.974 |
| | 月工资收入 | | 2740.08 | 2887.540 | 55.369 |
| | 工作强度（小时/天） | | 7.80 | 4.866 | 0.606 |
| | 月休天数 | | 2.17 | 3.791 | 17.449 |
| | 流动次数 | | 1.21 | 1.088 | -0.164 |

为了更加清晰地体现不同年龄段进城务工人口的特征，本节以年代特征将年龄分为四类。63.41%的务工人口为男性，相较于"50~60后"和"70后"务工人口，"80后"和"90后"务工人口中女性比例增大。55.4%的务工人口依靠亲朋老乡等社会关系寻求工作，但借助政府相关部门求职的男性务工人口多于女性。无论男女，多集中在个体单位和私营企业务工。76.66%的务工人口没有接受过技能培训，55.40%的务工人口学历为初中水平，83.62%的务工人口从事着非正规就业，如表4-6所示。

表4-6 不同年代进城务工人口描述分析

| 变量 | 变量描述 | "90后" | "80后" | "70后" | "50~60后" |
|---|---|---|---|---|---|
| 性别 | 女 | 43 | 49 | 38 | 25 |
| | 男 | 52 | 63 | 68 | 68 |
| 文化 | 小学及以下 | 1 | 7 | 16 | 26 |
| | 初中 | 30 | 41 | 49 | 39 |
| | 高中 | 21 | 10 | 11 | 8 |
| | 大专及以上 | 8 | 13 | 6 | 1 |

续表

| 变量 | 变量描述 | "90后" | "80后" | "70后" | "50~60后" |
|---|---|---|---|---|---|
| 单位性质 | 国有企业 | 1 | 3 | 7 | 3 |
| | 私营企业 | 21 | 32 | 33 | 34 |
| | 外资企业 | 1 | 0 | 6 | 3 |
| | 合资企业 | 3 | 1 | 3 | 3 |
| | 个体 | 29 | 33 | 31 | 24 |
| | 机关事业单位 | 5 | 2 | 2 | 7 |
| 工作途径 | 社会关系 | 29 | 42 | 46 | 42 |
| | 市场途径 | 16 | 18 | 24 | 20 |
| | 政府相关部门 | 12 | 6 | 7 | 6 |
| | 传媒 | 2 | 3 | 1 | 4 |
| | 企业自主招工 | 1 | 2 | 4 | 2 |
| 技能 | 没有接受过培训 | 48 | 55 | 62 | 55 |
| | 受过培训 | 12 | 16 | 20 | 19 |
| 就业方式 | 正规就业 | 7 | 15 | 16 | 9 |
| | 非正规就业 | 53 | 56 | 66 | 65 |

## 一、务工人口来源地特征

社会网络分析是通过测量或调查社会系统中的"点",将"点"与"点"的关系进行连接,分析相互间的关系,以及由各"点"构成的关系结构(Barry Wellman)。各种关系的性质取决于"点"与"点"构成的内容结构。通过种种关系来判断和解释信息行为与态度。本章中,进城务工人口务工的城市代表个体的"点",其在不同城市间的流动会产生"点"与"点"的连接,形成特定的地域网络关系。应用社会网络分析软件(Netdraw),按照预先对城市节点信息的描述,绘制出反映务工人口城市流向、城市流动频次等关系的网络关系图。城市类型参考行政区划和城市等级划分,将务工城市划分为大型城市、中型城市、县城及以下三类。

从图4-3可见,出现了沈阳、抚顺、深圳、天津等多个就业中心,由于调研以沈阳为主展开,入度最大的是沈阳,即沈阳在多个就业城市中对进城务工人口的影响最大,图中线条粗细代表城市之间流动的频次,流动越频繁，城市间的共现性越大，务工人口在上海、北京、天津、深圳、大连、哈尔滨、青岛、抚顺、鞍山等城市和沈阳之间务工往来较频繁。大连、天津、葫芦岛、朝阳等网络集散节点连接其他节点的程度较高，很多务工人口通过网络集散节点来到沈阳。务工人口流动到大城市的频数为282，占比97.92%；流向中型城市和县城的很少，仅占比1.04%。

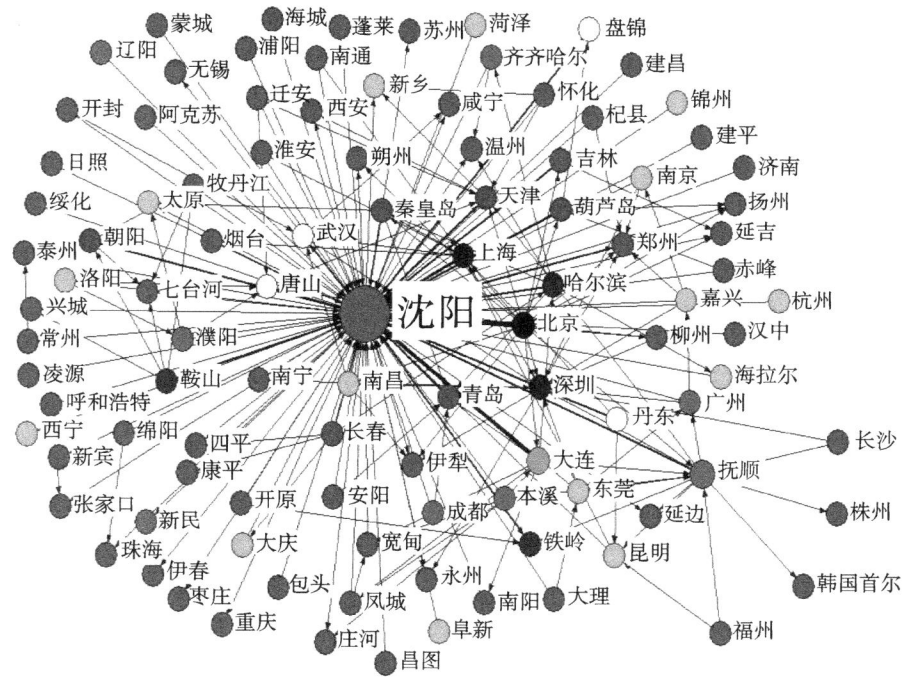

**图 4-3 务工城市分布**

从图 4-4 看，务工人口分布较多的城市类型为省会城市[①]，其余依次为较大的市、中型城市和直辖市及县级市。图 4-5 是对务工人口集聚区域分布的描述。由于调研所限，务工人口大多集中分布在东北地区，其次是华北、华东和华中地区。

---

[①] 根据中国行政区划及相关的城市分级排名等将调研中涉及的城市分为：省会城市、直辖市、较大的市、中型城市和县级城市。

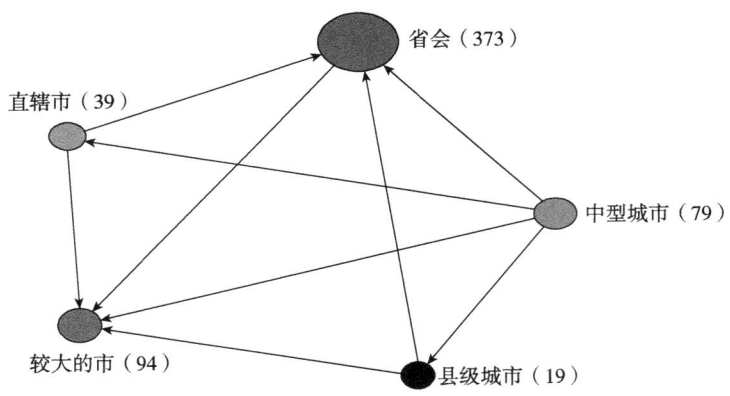

图 4-4　务工城市类型分布

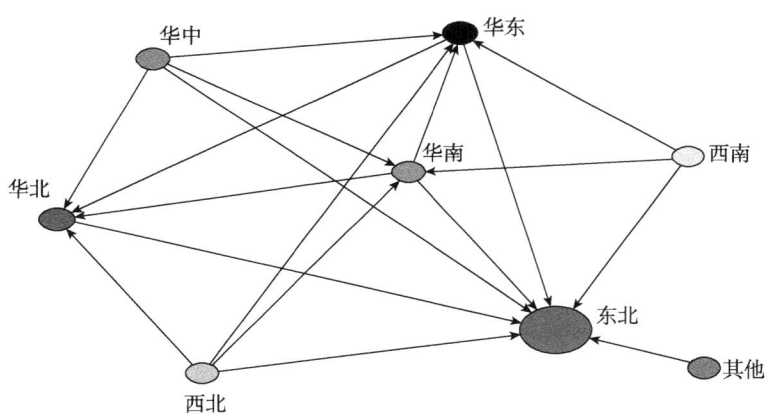

图 4-5　务工区域分布

根据中国经济区划①将进城务工人口的务工来源地进行梳理，划分为三大区域：东部沿海地区，包括京、津、沪、渝四个直辖市和辽宁、山东、广东、福建、广西、海南等经济总量和经济发展速度较快的省份；中部内陆地区，包括黑龙江、吉林、内蒙古、河南、山西、湖北、湖南、安徽、江西九个省份；西部边远地区，包括西南的川黔滇、陕西、青海、甘

---

① 这是一种战略性划分，根据区域经济运行规律和特点，根据地理毗邻区域间经济运行的特征、相似程度，以及经济联系的密切程度、对周边区域的辐射等，将经济区划分为三大地带：东部沿海地区，中部内陆地区，西部边远地区。

肃等西部省份。详细考察不同来源地务工人口的职业特征。

由于调研样本的有偏，来源于东部沿海地区的务工人口占65.02%，但从相对性来看，不同来源地务工人口从事的职业分布仍呈现出与现实相符的特征：来自东部沿海地区、中部内陆地区和西部边远地区的新生代务工人口分别占全部新生代务工人口的65.05%、23.79%和11.17%。来源于湖南、湖北、安徽等地区的务工人口，从事技能类职业占比相对最大，从事高技能类职业和低技能类职业的中部来源地务工人口，分别占到中部来源地全部务工人口的18.87%和23.48%，远高于东部和西部来源地务工人口从事上述两类职业的比例。这一点与现实高度吻合，如湖南的外出务工人口主要从事鲜花和打印生意，这些一般需要一定的技能。安徽的外出务工人口一般从事低端技能类职业，如室内外装饰等。从外出务工动机来看，具有生存动机的务工人口，中部（73.58%）和西部（69.44%）地区比例要高于东部地区（66.29%）；具有发展动机的务工人口，东部地区（17.8%）比例稍高于中部（13.21%）和西部地区（13.89%）。

## 二、初职就业与现职就业

### （一）初职就业特征

进城务工人口初职与现职就业的特征因个体特质不同而呈现不同特点，年轻一代与年长一代务工人口在对职业的获取渠道、职业类型的选择等方面会存在差异。因此有必要对年龄进行分组，从职业类型（见表4-7）、单位性质（见表4-8）、求职途径（见表4-9）及城市类型（见表4-10）几方面对进城务工人口的就业特征进行描述。我们对年龄进行组内划分。根据代际间隔，将样本划分为"50~60后""70后""80后""90后"四个年代，由于"50后"样本偏少，且"50后"与"60后"的职业生命周期内，其所经历的中国经济社会及单位体制的总体格局大致相同，因此将"50后"与"60后"归入一个年代。

表4-7 初职年代、职业类型分布

| 代际分类 | 职业类型 | | | | | |
|---|---|---|---|---|---|---|
| | 灵活就业类 | 自雇 | 高级技术类 | 服务类 | 企业办事人员 | 技能类 |
| "90后" | 5 | 2 | 0 | 24 | 4 | 16 |

续表

| 代际分类 | 职业类型 | | | | | |
|---|---|---|---|---|---|---|
| | 灵活就业类 | 自雇 | 高级技术类 | 服务类 | 企业办事人员 | 技能类 |
| "80后" | 6 | 2 | 3 | 23 | 12 | 23 |
| "70后" | 15 | 4 | 5 | 15 | 9 | 40 |
| "50~60后" | 21 | 3 | 3 | 13 | 7 | 34 |

表4-8 初职年代、单位性质分布

| 代际分类 | 单位性质 | | | | | |
|---|---|---|---|---|---|---|
| | 国有企业 | 私营企业 | 外资企业 | 合资企业 | 个体 | 机关、事业单位 |
| "90后" | 0 | 22 | 1 | 2 | 25 | 1 |
| "80后" | 10 | 24 | 0 | 1 | 33 | 1 |
| "70后" | 9 | 33 | 4 | 1 | 39 | 2 |
| "50~60后" | 13 | 38 | 0 | 2 | 27 | 1 |

表4-9 初职年代、择业途径分布

| 代际分类 | 择业途径 | | | |
|---|---|---|---|---|
| | 社会关系 | 劳务市场 | 大众传媒 | 政府或其他机构统一组织 |
| "90后" | 34 | 6 | 8 | 3 |
| "80后" | 37 | 16 | 8 | 8 |
| "70后" | 50 | 15 | 14 | 9 |
| "50~60后" | 45 | 12 | 11 | 13 |

表4-10 初职年代、务工城市分布

| 年代 | 务工城市 | | |
|---|---|---|---|
| | 大城市 | 中小城市 | 县城及以下 |
| "90后" | 38 | 10 | 3 |
| "80后" | 54 | 12 | 3 |
| "70后" | 67 | 13 | 8 |
| "50~60后" | 63 | 14 | 4 |

从年龄来看，务工人口年龄均值为36.04岁，就业年限均值为3.97年，月工资收入均值为1689.36元，每天工作9.8个小时，月均休息2.73

天。其中,"90 后"务工人口集中最多的职业为服务类职业,"80 后"务工人口分布最多的职业为服务类和技能类职业,"70 后"和"50~60 后"务工人口分布最多的职业为技能类职业。可能的解释在于,服务类行业中的生活服务类等与时尚、健康等相关的职业大多招聘年纪较轻的从业者,商务服务类中的咨询、设计、培训等职业则需要一定的知识储备。"80 后"和"90 后"的务工人口相较老一代务工人口而言,学历更高,受训机会更多,因而会更倾向于将服务类行业作为初职就业的选择。相较于"80 后","90 后"务工人口由于工作经验等的限制,初职就业的局限性会大一些,服务类行业中的生活服务类职业入职门槛较低,所需的人力资本专用程度也不大,因而会成为务工人口的首选。从单位性质看,全部务工人口集中分布在私营企业和个体从业者之间,代际上的差异非常小。择业途径的分布中,不同年代的务工人口最多依靠的择业途径是社会关系,"80 后"和"70 后"的务工人口也较多选择劳务市场的方式择业。其他的途径年代差异不大。务工城市的分布方面,不同年代的务工人口多集中在大城市,很少在县城工作。

**(二) 现职就业特征**

接下来对进城务工人口现职就业类型、单位性质、择业途径进行描述,见表 4-11、表 4-12、表 4-13。

表 4-11 现职年代、职业类型分布

| 年代 | 职业类型 | | | | | | |
|---|---|---|---|---|---|---|---|
| | 灵活就业类 | 自雇 | 高级技术类 | 服务类 | 企业办事类 | 技能类 | 管理类 |
| "90 后" | 4 | 3 | 5 | 39 | 10 | 20 | 1 |
| "80 后" | 8 | 20 | 10 | 20 | 19 | 25 | 7 |
| "70 后" | 14 | 13 | 24 | 15 | 9 | 30 | 10 |
| "50~60 后" | 16 | 10 | 11 | 23 | 3 | 29 | 6 |

表 4-12 现职年代、单位性质分布

| 年代 | 单位性质 | | | | | |
|---|---|---|---|---|---|---|
| | 国有企业 | 私营企业 | 外资企业 | 合资企业 | 个体 | 机关、事业单位 |
| "90 后" | 3 | 29 | 1 | 3 | 43 | 3 |
| "80 后" | 8 | 47 | 0 | 1 | 47 | 6 |

续表

| 年代 | 单位性质 | | | | | |
|---|---|---|---|---|---|---|
| | 国有企业 | 私营企业 | 外资企业 | 合资企业 | 个体 | 机关、事业单位 |
| "70后" | 6 | 52 | 7 | 2 | 45 | 3 |
| "50~60后" | 4 | 44 | 3 | 4 | 31 | 12 |

表4-13 现职年代、择业途径分布

| 年代 | 就业途径 | | | |
|---|---|---|---|---|
| | 社会关系 | 劳务市场 | 大众传媒 | 政府及相关组织 |
| "90后" | 50 | 8 | 21 | 3 |
| "80后" | 64 | 20 | 19 | 5 |
| "70后" | 77 | 21 | 13 | 3 |
| "50~60后" | 60 | 18 | 15 | 4 |

"90后"多集中在服务类和技能类职业领域;"80后"除灵活就业类和管理类职业外,其余职业分布较均匀,自雇、服务类、企业办事类和技能类相对多一些;"70后"的职业多集中在高级技术类和技能类两大领域;"50~60后"多集中在服务类和技能类职业领域。单位性质的年代分布方面,私营企业和个体始终是务工人口的首选,年代差异并不明显。就业途径的分布方面,通过亲友老乡等熟人网络寻求工作仍是进城务工人口的首要择业方式。相比之下,"90后""80后"务工人口会较多地通过互联网、电视及传统纸媒等大众传媒方式求职,而"80后"和"70后"会较多地利用招聘会、中介等劳务市场方式求职。在就业途径中,年代的差异较为明显。务工人口对政府或相关单位统一组织的劳务输出或招工等途径使用较少,一方面说明当前的就业渠道呈现出多元化状态,通过人际网络关系、市场交换关系以及权威关系等都可以获得所需的工作;另一方面也显示出在可利用的就业渠道中,务工人口所拥有的人际关系网络在其工作的可得性中仍发挥着不可替代的作用。

### 三、就业部门特征

按照前述要求,正规部门受法律与公共政策管制、按规定纳税,有正规的登记程序和组织章程等。非正规部门不受公共政策管制和税收管制，多属于非法经济或地下经济。

### （一）就业部门个体特征

本节分别从性别、年代、婚姻状况、户籍、地域、务工动机等方面进行描述，见表4-14。其中，女性在非正规部门从业数为76人，在正规部门从业为79人；在正规部门从业的已婚人数多于非正规部门；从年龄分布来看，除"90后"务工群体外，"80后"到"50后"务工群体多分布在正规部门，"80后"与"90后"群体进入非正规部门工作的比例占全部非正规部门从业人数的58.84%，其进入正规部门工作的比例占全部正规部门从业人数的46.03%。通过统计分析可以发现，年龄与就业部门间的分布没有更多的规律可循；持有生存动机的务工人口占全部非正规部门从业人数的72.13%，占全部正规部门从业人数的70.4%，持有享受动机的务工人口占全部正规部门从业人数的20.62%；农村户籍务工人口占全部非正规部门从业人数的91.25%，占全部正规部门从业人数的87.85%；外地务工人口占全部非正规部门从业人数的74.85%，占全部正规部门从业人数的71.3%。相较而言，非正规部门吸纳了更多的男性、外地、新生代和生存动机的务工人口。

表4-14 就业部门个体特征频数分布

| 变量 | | 非正规部门 | 正规部门 | 变量 | | 非正规部门 | 正规部门 |
|---|---|---|---|---|---|---|---|
| 性别 | 女 | 76 | 79 | 年代1 | 新生代 | 101 | 106 |
| | 男 | 107 | 144 | | 老一代 | 82 | 117 |
| 务工动机 | 生存 | 132 | 157 | 年代2 | "90后" | 48 | 47 |
| | 发展 | 14 | 20 | | "80后" | 53 | 59 |
| | 享受 | 37 | 46 | | "70后" | 47 | 59 |
| 户籍 | 农村 | 167 | 196 | | "50~60后" | 35 | 58 |
| | 城市 | 16 | 27 | | 外地 | 137 | 159 |
| 婚姻 | 已婚 | 116 | 153 | 地域 | | | |
| | 未婚 | 62 | 63 | | 本地 | 46 | 64 |
| | 离异 | 5 | 5 | | | | |
| | 丧偶 | | 2 | | | | |

## （二）就业部门人力资本

初中文化程度的务工人口在正规和非正规部门从业人数居多；高中文化程度者在正规部门从业比例占正规部门从业总数的 20.92%，占非正规部门从业总数的 16.77%；大专及以上学历者占全部正规从业人数的 12.97%，占全部非正规从业人数的 6.59%。可见学历越高，进入正规部门工作的比例越大。对职业技能培训与就业部门进行交互分析，可以发现接受过职业技能培训的务工人口进入正规部门从业的比例较大，占全部正规部门从业数的 76.99%（见表 4-15）。

表 4-15　两类部门人力资本分布

| 变量 | | 非正规部门 | 正规部门 | 变量 | | 非正规部门 | 正规部门 |
| --- | --- | --- | --- | --- | --- | --- | --- |
| 职业培训 | 岗位培训 | 52 | 97 | 教育分类 | 小学及以下 | 31 | 41 |
| | 技能培训 | 37 | 54 | | 初中 | 111 | 103 |
| | 没有培训 | 94 | 72 | | 高中 | 30 | 48 |
| | | | | | 大专及以上 | 11 | 31 |

## （三）就业部门职业特征

从单位性质看，个体从业占全部非正规部门从业人数的 91.25%，私营企业从业占全部正规部门从业人数的 79.39%；从职业类型看，高级技术类人员和管理类人员在正规部门从业比例高于非正规部门，灵活就业类和服务类人员占全部非正规部门从业人数的 40.93%，占全部正规部门从业人数的 29.59%；从行业类型看，开放行业占全部非正规部门从业人数的 84.75%，占全部正规部门从业人数的 89.62%（见表 4-16）。相较而言，非正规部门集中了较多的个体从业人员（灵活就业人员、自雇人员）、服务人员、低技能人员。封闭行业在正规部门中分布稍多一些。国有企业和机关事业单位全分布在正规部门。

表 4-16 两部门职业特征分布

| 变量 | | 就业部门 | | 变量 | | 就业部门 | |
|---|---|---|---|---|---|---|---|
| | | 非正规部门 | 正规部门 | | | 非正规部门 | 正规部门 |
| 单位性质 | 国有企业 | 0 | 21 | 职业类型 | 灵活就业人员 | 35 | 7 |
| | 私营企业 | 15 | 158 | | 自雇人员 | 46 | |
| | 外资企业 | 0 | 11 | | 高级技术人员 | 14 | 36 |
| | 合资企业 | 1 | 9 | | 服务人员 | 40 | 59 |
| | 个体从业 | 167 | 0 | | 企业办事人员 | 15 | 26 |
| | 机关事业单位 | 0 | 24 | | 低技能人员 | 28 | 76 |
| 行业类型 | 封闭 | 19 | 34 | | 管理人员 | 5 | 19 |
| | 开放 | 164 | 189 | | | | |

## (四) 工资分布

从工资分布来看（见表 4-17），正规与非正规部门差异不大，其中的原因之一是算作非正规就业的自雇类务工人口多为小业主，其收入水平较高，抬高了非正规部门的边际水平。而在正规部门就业的务工人口，收入在 3000 元以下的占在正规部门就业的全部务工人口的 66.95%，而收入在 4000 元以上的，在两个部门务工的比例大致相当。

表 4-17 两部门工资分布

| | 2000 元及以下 | 2001~3000 元 | 3001~4000 元 | 4001~5000 元 | 5000 元以上 |
|---|---|---|---|---|---|
| 非正规部门 | 60 | 31 | 23 | 21 | 32 |
| 正规部门 | 85 | 75 | 33 | 23 | 23 |

务工人口的工资差异与就业部门和自身的培训以及文化程度间的相关性如何需要借助方差分析进行检验。由于方差分析很难控制分析中存在的随机因素，有必要引入协方差分析，即排除协变量的影响后再对修正的主效应进行方差分析。从统计结果看，整个模型的 F 检验值为 4.26，P 值为 0，通过检验；部门类别、是否接受过职业技能培训两个变量的 P 值分别为 0.0096 和 0.0281，均通过检验，因而可以认定就业部门和职业技能两个变量对务工人口的工资差异产生影响；就业部门和技能培训的交互项 P

值为 0.7788，没有通过检验；教育程度变量的 P 值为 0.4016，没有通过检验，说明教育程度对工资差异的影响并不显著。

对不同就业部门工作年限和流动次数的均值进行比较，发现务工人口工作时间与流动次数呈正相关，随着工作时间的增加，其流动次数相应增加。相较于非正规部门而言，在正规部门从业的务工人口的流动频率稍低。总体而言，流动次数和工作年限的比较，部门间的差异非常小，务工人口无论就职于哪个部门，其职业稳定性均较差，职业流动较为频繁。

### 四、就业方式特征

由于一些正规部门内部针对不同渠道入职的员工有不同的制度安排，缺乏相关职业技能，且农村户籍的务工人口无法与务工单位签订劳动合同，双方间的关系仅为劳务关系，缺少正规劳动合约的机制约束，务工单位并不承担相应的保险义务。这导致务工人口即便进入正规部门从业，也无法获得正规就业劳动者应有的劳动权利。根据上述分类，我们将进城务工人口的就业部门和就业方式进行细分，可以分为三类：正规部门正规就业，占全部务工人口的 17%；正规部门非正规就业，占全部务工人口的 9.4%；非正规就业占全部务工人口的 73.6%。下面对就业方式进行描述。

#### （一）职业类型与工资分布

合同和保险是正规与非正规就业方式的划分依据。本书将务工人口与务工单位签订劳动合同，并且获得务工单位提供三种及以上保险作为正规就业。除此之外均算作非正规就业。正规就业占全部样本的 17%，非正规就业占 83%。非正规就业的职业类别中，服务类占 25.82%，低技能类占 25.22%，自雇占 13.65%，灵活就业类占 11.87%（见表 4-18）。

表 4-18 就业方式、职业类型与性别、工资频数分布

| | | 非正规就业 | | | | | | | 正规就业 | | | | |
|---|---|---|---|---|---|---|---|---|---|---|---|---|---|
| | | 灵活就业 | 自雇 | 高级技术类 | 服务类 | 企业办事类 | 低技能类 | 管理类 | 灵活就业 | 高级技术类 | 服务类 | 企业办事类 | 低技能类 | 管理类 |
| 性别 | 女性 | 15 | 21 | 2 | 41 | 17 | 29 | 3 | 1 | 5 | 3 | 8 | 7 | 3 |
| | 男性 | 25 | 25 | 37 | 46 | 11 | 56 | 9 | 1 | 6 | 9 | 5 | 12 | 9 |

续表

| | | 非正规就业 | | | | | | | 正规就业 | | | | | |
|---|---|---|---|---|---|---|---|---|---|---|---|---|---|---|
| | | 灵活就业 | 自雇 | 高级技术类 | 服务类 | 企业办事类 | 低技能类 | 管理类 | 灵活就业 | 高级技术类 | 服务类 | 企业办事类 | 低技能类 | 管理类 |
| 工资 | 2000元及以下 | 20 | 1 | | 66 | 10 | 27 | | | | 9 | 5 | 7 | |
| | 2001~3000元 | 11 | 6 | 3 | 20 | 13 | 29 | 4 | | 1 | 2 | 7 | 6 | 3 |
| | 3001~4000元 | 4 | 10 | 9 | | 3 | 15 | 2 | | 5 | 1 | | 4 | 3 |
| | 4001~5000元 | 3 | 13 | 6 | | 2 | 7 | 3 | 1 | 4 | | | 1 | 4 |
| | 5001元及以上 | 2 | 16 | 21 | 1 | | 7 | 3 | | | 1 | 1 | | 2 |

**(二) 职业类型与工资协方差分析**

务工人口的工资分布与就业方式和职业类型以及年龄间有什么样的关联需借助方差分析。为提升检验的精确性，我们引入协方差分析。统计结果显示：整个模型的 F 值为 30.68，P 值为 0，通过检验；职业类型变量 P 值为 0，通过显著性检验，说明职业类型对工资分布的影响较大；就业方式与年龄变量的 P 值分别为 0.1630 和 0.3783，没有通过检验，说明两者对务工人口工资差异的影响并不明显。由于本书中正规就业与非正规就业的划分建立在合同签订和单位缴纳三险的基础之上，若想了解合同签订与否、保险缴纳与否对于工资收入的影响，我们再次对合同订立与否、职业类型与务工人口工资间的关系进行协方差检验，结果显示，整个模型的 F 值为 23.51，P 值为 0，通过检验；职业类型变量 P 值为 0，通过显著性检验，而合同与保险以及年龄变量的 P 值分别为 0.1039、0.6109 和 0.3985，没有通过检验，说明务工人口的工资主要由职业类型所决定，其他变量的影响并不显著。

**五、就业保障情况**

**(一) 务工单位缴纳保险状况**

将属于自雇类的小业主和属于灵活就业类的小摊贩剔除，剩余 351 个有效样本，务工单位没有缴纳任何保险的占全部样本的 61.25%；务工单位缴纳失业、工伤及其他相关保险的占有效样本的 38.75%。保险缴纳情况较复杂，有些单位没有给务工人口缴纳保险，有些单位缴纳一份到多份不等，有必要将务工单位保险缴纳情况进行分类整理。从保险缴纳份数分布来看，务工单位给务工人口缴纳一份保险的居多，占全部样本的14.81%，其中多为工伤保险；其次缴纳五份保险，占全部样本的10.26%。现实中务工单位若能够缴纳养老、医疗、失业三险，对务工人口的就业就能够起到较好的保障作用。全部样本中务工人口自己缴纳保险的状况不容乐观，其中300名样本都没有购买任何保险，占全部样本的73.89%。对于没有购买的原因，很多务工人口表示保险没用，派不上什么用场；保险的费用较高，负担不起；还有部分务工人口认为单位已缴纳了相关保险，没有必要再自己购买。从中可以发现，大部分务工人口对保险不理解，对于保险保障功能的认识不清楚。再有就是现实中存在社会保险接续不畅的问题，由于务工人口的职业流动性，在一个城市的保险在其他城市难以有效接续，也导致很多人退保或不保。

**（二）务工人口签订合同情况**

相较于保险缴纳状况而言，合同签订情况要好些，剔除掉46名属于自雇类的小业主和9名属于灵活就业类的小摊贩，剩余351个样本，签订务工合同的占有效样本的45.58%（见表4-19），其中82名务工人口手中持有与单位签订的书面合同，占签订合同总体的23.65%。当问及"您认为合同有用吗"，认为合同有用的占全部样本的51.48%，包括那些没有签订合同的务工人口，说明当前就业市场中供求双方均形成合同意识，合同是对双方合法权益的重要保障。当问及务工人口对所签合同条款的理解程度时，22.16%的务工人口认为自己对合同条款很清楚。当问及"你是否知道用人单位必须与员工签订合同"，回答"不知道"的占全部样本的36.95%。这说明仍然有部分务工人口对与就业相关的法律规定不知晓，对于合同的功能并不清楚。总体而言，调研中发现的问题在于，很多企业与务工者签订的合同并不能算作真正的劳动合同，大部分是劳务合同，且多由第三方中介组织参与，与务工人口订立合同契约的不是企业，而是第三方独立组织，实际上对于企业的约束力非常弱，甚至没有约束。当务工人口遇到工伤，与资方发生劳务纠纷，抑或被拖欠工资等情况时，此前签订的劳务合同缺少法律效力，起不到真正的保护作用。

表 4-19  保险缴纳与合同签订情况分布

| | 没有缴纳保险 | 一份保险 | 二份保险 | 三份保险 | 四份保险 | 五份保险 | 签订合同 | 没有签合同 |
|---|---|---|---|---|---|---|---|---|
| 频数（有效样本351） | 215 | 52 | 16 | 23 | 10 | 36 | 160 | 191 |
| 百分比（%） | 61.25 | 14.81 | 4.56 | 6.55 | 2.85 | 10.26 | 45.58 | 54.42 |

### （三）加班及工资拖欠情况

进城务工人口的工作强度是其休息权的重要替代指标。务工人口一天工作的小时数与劳动法律规定的8小时工作制间的差异，可以反映出务工人口的工作强度；同时，是否经常加班，以及加班费用的支付情况也是衡量休息权利的关键指标。其中，加班且支付加班费的占16.77%，加班但企业不支付加班费的占46.58%，24.63%获得过加班费，从没加过班的占36.65%。加班费的支付均值为13.28元/小时，其中每小时10元及以下的占49%，每小时10~20元的占44%。

样本显示，从初职到现职没有出现工资拖欠的务工人口占正规部门非正规就业全部务工人口的88.2%，拖欠3次及以上的占到发生过工资拖欠的35.9%，工资被拖欠过一次的样本有19人，被拖欠过两次的有10人，被拖欠过三次的有11人，被拖欠过四次、五次的各有1人。从工资支付情况看，务工单位基本上能保证足额发放工资，对进城务工人口恶意拖欠工资的企业数量很少。

### （四）工伤及维权情况

出现过工伤的务工人口有11人，所占比例较低。当问及出现工伤后，谁来支付工伤费用时，有3名务工人口为自己独立付费，7名务工人口为务工企业帮助付费，还有1名为个人和企业混合付费。调研显示，对于一些基本工作权利的缺失，如出现工伤单位不管、不支付加班费、工资拖欠等，农民工维权意识较高，仅有4.9%的务工人口明确表示出现上述任何状况均不维权。当出现工伤且企业不管时，会采取维权的务工人口有80人；当出现工伤且企业不管，同时企业拖欠工资，或出现工伤企业不管，同时企业不支付加班费等两种情形叠加在一起时，才会选择维权的务工人口有 90 人。明确表示出现任何三种不利情况，如不支付加班费，或拖欠工资，或出现工伤企业不管，只有三种情况叠加在一起才会维权的务工人口有 26 人。

在维权方式的选择中，更多的务工人口选择同老板协商，其次是寻求亲朋老乡的帮助，或者是一边与老板协商，同时选择仲裁或诉讼等法律手段帮助。而对于相关社会组织的求助，务工人口选择的很少，如图 4-6 所示。务工人口的维权方式表明其行动网络依赖传统的亲缘地缘关系网络，由于传统关系网络的松散和非开放特征，在与有组织的单性进行博弈以维护受损的权益时处于劣势，对于一些尚未触及切身利益的非严重性问题，如加班不付工资、工作环境恶劣等，往往忍气吞声，放弃维权。

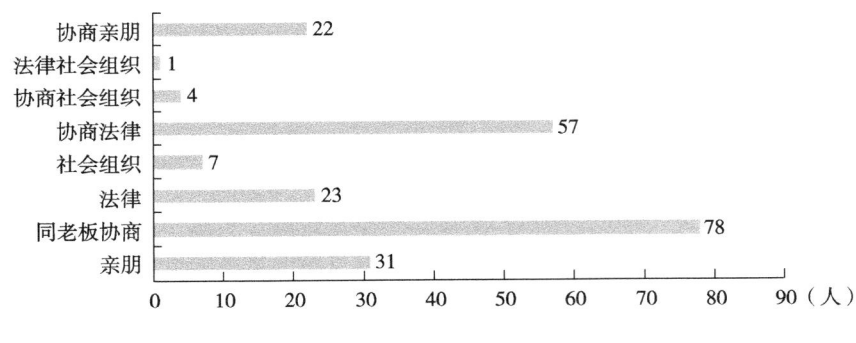

图 4-6　进城务工人口维权方式

### 六、就业动机

劳动力迁移行为的背后是多重动机综合作用的结果（邓大才，2008），只有探明动机才有可能对其复杂的决策行为做出归纳。调研样本显示，务工动机有以下几类：赚钱、以学技术或将来更好的发展为目标的提升动机，由于农村生活条件恶劣、家里农活少、不愿意读书或者为躲避在农村的麻烦生成的农村推力向往城市生活、喜欢待在城市以及城市能提供更多工作机会等生成的城市拉力，受亲朋好友等影响而选择外出务工、由于家庭迁移或结婚等导致的其他动机。选择赚钱为首要务工动机的占全部样本的 49.26%，接下来依次是农村推力和城市拉力，农村推力占比更大些。次要务工动机中，农村推力占全部样本的 36.45%（见表 4-20），从中可以观察到除赚钱这一首要因素外，农村生活质量低下以及农村就业机会较少也是导致外出务工的重要原因。从首要务工动机和次要务工动机相同的比例看，农村推力占2.96%，城市拉力占5.17%。统计分析表明，劳动力的资本逐利性是其外出务工的绝对主导动因（Todaro，1969），劳动力迁移的推—拉模型对于中国农村劳动人口外出务工仍然具有一定的解释功用。除此之外，还有部分务工人口因家庭、亲朋老乡等影响而选择外出就业，特别是新生代务工人口，更倾向于轻松的体面的工作、有尊严的工作。这些都说明当前外出务工的原因非常复杂，是个体需求、家庭需要以及所在环境综合影响的结果。

表4-20 首要动机与次要动机频数分布与百分比

| 动机 | 赚钱 | | 提升自己 | | 农村推力 | | 城市拉力 | | 受亲朋影响 | | 其他 | |
|---|---|---|---|---|---|---|---|---|---|---|---|---|
| | 频数 | 百分比（%） | 频数 | 百分比（%） | 频数 | 百分比（%） | 频数 | 百分比（%） | 频数 | 百分比（%） | 频数 | 百分比（%） |
| 首要动机 | 200 | 49.26 | 30 | 7.39 | 86 | 21.18 | 66 | 16.26 | 14 | 3.45 | 11 | 2.71 |
| 次要动机 | 54 | 13.30 | 28 | 6.90 | 148 | 36.45 | 118 | 29.06 | 50 | 12.32 | 9 | 2.22 |

分别从性别、年龄以及教育程度看，赚钱是男性务工人口的主导动机；对于"90后"的青壮年务工群体而言，城市拉力动机占全部动机的32.95%，成为引导其外出务工的重要动机。而"80后""70后"和"50～60后"群体，赚钱是优势动机。这里很明显的原因在于这些群体由于大部分要承担家庭责任，特别是"70后"和"60后"群体，上有老下有小，外出务工赚钱贴补家用是首要动机，还有部分"50后"群体，外出务工是为了避免给儿女造成负担，希望凭借自身的体能或技能赚钱养老。从年龄分组来分析务工动机，一方面有助于把握不同年龄段务工群体的特征，另一方面可以更深切地体会到进城务工人口寻求工作背后的辛酸。若再扩展一些，我们可以发现不少务工人口由于农村人均纯收入与生活成本的不协调，教育、医疗和养老等关系居民福祉的社会保障难以有效覆盖，导致农村劳动人口基于个人、家庭等的整体考量做出外出务工决策，决策

行为的背后是多种动机综合作用的结果。

　　本章根据相关文献对于就业动机的描述,结合调研问卷的结果,将务工人口因需求引发的动机概括如下:生存动机,即为了生活水平改善、教育子女、赡养老人等需求引发的动机(见图4-7);发展动机,即为了今后能得到更大的发展,学到一定的技能,寻求更高的职业平台等需求引发的动机;享受动机,即不愿居住在农村,为了留在城市生活,喜欢待在城市等需求引发的动机。我们对上述具体就业动机进行分类,对不同动机类型进行统计描述。如表4-21所示以首要动机说明,从性别来看,男性务工人口以赚钱等为主要目的的生存动机在三类就业动机中占比达67.86%,从年龄来看,"50~60后"和"70后"务工人口,其生存动机在三类就业动机中占比分别达70.79%和78.05%,对于"90后"务工人口而言,以追求城市生活,偏好城市等为主要目的的享受动机在三类就业动机中占比达40.68%。教育程度的动机分类并没有显示出明显的规律。

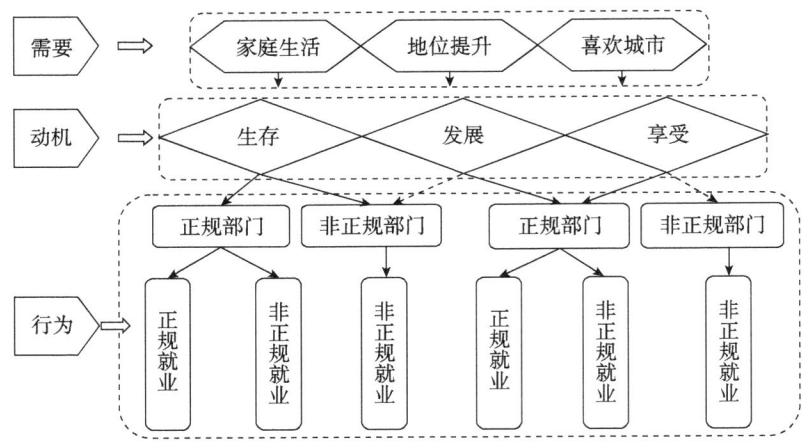

图4-7　进城务工人口就业动机分析框架

表4-21　生存、发展、享受动机描述

| 变量 | 变量解释 | 首要动机 | | | 次要动机 | | |
|---|---|---|---|---|---|---|---|
| | | 生存 | 发展 | 享受 | 生存 | 发展 | 享受 |
| 性别 | 男 | 133 | 15 | 48 | 37 | 11 | 8 |
| | 女 | 67 | 15 | 38 | 29 | 3 | 3 |

续表

| 变量 | 变量解释 | 首要动机 | | | 次要动机 | | |
|---|---|---|---|---|---|---|---|
| | | 生存 | 发展 | 享受 | 生存 | 发展 | 享受 |
| 年龄 | "90后" | 26 | 9 | 24 | 29 | 4 | 4 |
| | "80后" | 47 | 13 | 26 | 18 | 6 | 3 |
| | "70后" | 63 | 5 | 21 | 13 | 2 | 3 |
| | "50~60后" | 64 | 3 | 15 | 6 | 2 | 1 |
| 教育程度 | 小学及以下 | 50 | 1 | 15 | 3 | 2 | — |
| | 初中 | 117 | 11 | 38 | 37 | 7 | 4 |
| | 高中 | 30 | 3 | 22 | 18 | 5 | 2 |
| | 大专及以上 | 3 | 15 | 11 | 8 | | 5 |

## 第四节 就业选择与就业变动特征

进城务工人口职业选择是一个复杂的活动过程，在定量分析的基础上，有必要对其就业选择行为进行定性的补充性解释。接下来，我们引入多属性决策分析，简单地模拟进城务工人口的职业选择过程。

### 一、就业选择的多属性决策分析

#### （一）多属性决策原理及方法

多属性决策是指在一定数量的备选方案上进行偏好决策，多属性决策问题具有以下特征：①备选方案，本章中，务工人口的备选方案是城市提供的就业岗位，或其预期获得的职业类型。②多个属性。每一方案都有若干属性。如工资、工作强度、工作环境、相关福利。③不同量纲。每个属性有不同的测量单位。④每个属性的相对重要性。现实环境的复杂性和不确定性使决策过程充满不确定性，多属性决策方法由于其属性水平的表示方式可以定量描述，也可以定性分析，因而对于现实决策过程有极大的应用价值。其基本模型表示如下：

对于一组可能的备选方案 $A_1, A_2, \cdots, A_m$，每个方案有若干属性，

$X_1$, $X_2$, $\cdots$, $X_n$, 各属性权重为 $w_1$, $w_2$, $\cdots$, $w_n$, 且 $w_1+w_2+\cdots+w_n=1$。决策的最优方案为 $A_{\max}$, 表示成矩阵如下:

$$D = \begin{bmatrix} x_{11} & x_{12} & \cdots & x_{1n} \\ x_{21} & x_{22} & \cdots & x_{2n} \\ \cdots & \cdots & \cdots & \cdots \\ x_{m1} & x_{m2} & \cdots & x_{mn} \end{bmatrix}$$

**（二）基于相似度的决策方案排序**

进城务工人口对于进城就业的职业类型选择是有一定偏好的，对于每个职业的属性并不能完全把握，特别是"90后"转移就业人口，其对职业类型的属性认知非常模糊。设转移就业人口主观偏好值为三角模糊数，其属性值为 $\hat{a}_{ij}$, 构成模糊决策矩阵为 $\hat{A}=(\hat{a}_{ij})_{m\times n}$, 消除量纲影响，决策矩阵转换为规范矩阵，表示为: $\hat{R}=(\hat{r}_{ij})_{m\times n}$, 其中:

$$r_{ij} = a_{ij}/\|a_i\| \tag{4-1}$$

$$\hat{r}_{ij} = (1/\hat{a})/\|\hat{1}/a_i\| \tag{4-2}$$

$\|\hat{a}_i\| = \sqrt{\sum_{j=1}^{n} \hat{a}_{ij}^2}$, $\|\hat{1}/a_i\| = \sqrt{\sum_{j=1}^{n} (1/a_{ij})^2}$

将式（4-1）和式（4-2）结合，得:

$$r_{ij} = a_{ij}\bigg/\sqrt{\sum_{j=1}^{n}(a_{ij})^2} \tag{4-3}$$

$$\hat{r}_{ij}^{\infty} = \frac{1}{2}[(1-\alpha)r_{ij} + \alpha^x r_{ij}] \tag{4-4}$$

其中，$0 \leq \alpha \leq 1$, 值取决于转移就业人口的风险态度。$\alpha>0.5$ 为风险偏好，$\alpha=0.5$ 为风险中性，$\alpha<0.5$ 为风险规避。风险态度即转移就业人口的主观偏好值。

**（三）属性信息未知下的单目标优化模型**

从正态分布看，务工人口对于城市各行业的了解程度是模糊的，多数人不了解提供工作的企业、机关单位，或者个体组织所提供工作岗位的具体给付内容和标准，因而可以视为务工人口对职业属性信息未知。根据客观期望与主观偏好差最小的原则，构建单目标优化模型:

$$\min\sigma(w) = \sum_{i=1}^{n}\sigma_i^2(w) = \sum_{i=1}^{m}\sum_{j=1}^{n}(\sigma_{ij}w_i)^2 = \sum_{i=1}^{m}\sum_{j=1}^{n}\sigma_{ij}^2 w_i^2 \quad (4-5)$$

其中，$\sigma_{ij}^2 = (\hat{r}_{ij}^{(\alpha)} - \hat{v}_j^{(\alpha)})^2$

构建拉格朗日函数，得：

$$\sigma(w, \lambda) = \sum_{i=1}^{m}\sum_{j=1}^{n}\sigma_{ij}^2 w_i^2 + 2\lambda\left[\sum_{i=1}^{m}w_i - 1\right]，求偏导，得：$$

$$\begin{cases} \dfrac{\partial\sigma}{\partial w_i} = 2\sum_{j=1}^{n}\sigma_{ij}^2 w_i + 2\lambda = 0,\ i \in \overline{M} \\ \dfrac{\partial}{\partial\lambda} = \sum_{i=1}^{m}w_i - 1 = 0 \end{cases}，解得：$$

$$w_i = \dfrac{1}{\sum_{i=1}^{m}\dfrac{1}{\sum_{j=1}^{n}\sigma_{ij}^2}} \bigg/ \sum_{j=1}^{n}\sigma_{ij}^2,\ i \in \overline{M} \quad (4-6)$$

利用权重函数 $w = (w_1, w_2, \cdots, w_\pi)^T$ 求解不同就业选择的属性期望值：

$$z_j^\infty = \sum_{i=1}^{m}\hat{r}_{ij}^\infty w_i,\ j \in N \quad (4-7)$$

最终根据 $z_j^\infty (j \in N)$ 对方案进行排序。

### （四）属性排序

根据每个备选的职业类型，我们设计如下属性：月工资收入、每天工作强度（小时）、工作稳定性、合同签订情况、单位缴纳三险情况、单位性质。其中，工作稳定性用单位时段内工作流动次数表示，合同签订情况为分类变量，1表示签订合同，2表示没有签订，3表示其他情况；单位缴纳三险情况为分类变量，1表示缴纳，2表示没有缴纳，3表示其他情况；单位性质为分类变量，1~6分别为国有企业、私营企业、外资企业、合资企业、个体从业、机关事业单位。首先，将变量进行归一化处理消除量纲影响。

根据效益型准则，$\hat{r}_{ij} = \dfrac{x_{ij} - x_j^-}{x_j^+ - x_j^-}$，代入数据，相应地，根据最大最大法进行选择：

$$A^+ = \{A_k \mid x_{kx} = \max_{1 \leq i \leq m}(\max x_{ij}), s, j \in N, k, i \in M\} \quad (4-8)$$

由于最大最大法中只允许最大的属性来表示方案，其余 $n-1$ 个属性均被忽略，对于现实而言并非最为适用。本书在此基础上，将全部方案的属性值进行排序，每个备择方案中选取前 5 个最大值进行排序，如表 4-22 所示。

表 4-22 职业类型属性值

| 职业类型 | 属性值 | | | | |
|---|---|---|---|---|---|
| 灵活就业人员 | 0.44 | 0.43 | 0.42 | 0.35 | 0.29 |
| 自雇人员 | 0.51 | 0.44 | 0.43 | 0.41 | 0.39 |
| 高级技术人员 | 0.68 | 0.51 | 0.46 | 0.41 | 0.4 |
| 服务人员 | 0.84 | 0.54 | 0.45 | 0.42 | 0.38 |
| 企业办事人员 | 0.55 | 0.51 | 0.45 | 0.44 | 0.37 |
| 低技能人员 | 0.71 | 0.46 | 0.43 | 0.42 | 0.41 |
| 管理人员 | 0.51 | 0.46 | 0.44 | 0.43 | 0.41 |

从属性值排序看，进城务工人口的选择方案并不集中，也并不唯一。其首选职业类型包括服务类、低技能类、高级技术类和企业办事类职业。从中可以观察到，灵活就业类并非务工人口的最优选择。高级技术类和管理类、自雇类职业的选择较为集中。这三类职业的获得均需要相应的职业素养，需要资金和时间的积累。

## 二、就业变动情况

### （一）发生就业变动的样本描述分析

就业变换情况包括离家外出第一次就业（初职就业），从初职就业到第二次就业、第三次变换工作，再到当前从事的工作（现职就业）。本节就业变换界定为进城务工人口工作单位、行业类型、就业区域、职业地位等方面的变化情况。设计的问题包括每次就业的职业类型、务工单位性质、工作年限、工作强度、签订合同、获得保险与接受培训状况。不少务工人口由于工作频繁变换，对于工作变换四次以上的情形记忆模糊。再加上人们对于首次就业和当前就业的印象更为清晰,而且初职就业对个人职业生涯有非常关键的导向和启蒙作用,因而,本节关于就业变动的分析,以初职和现职为分析单元。

本节选取发生过就业变换的样本。从本章第二节可知,29.31%的样本没有发生过就业变动,平均的工作变动次数为1.23次。年龄均值为35岁,受教育程度均值为9年,月工资收入均值为3592元(见表4-23)。

表4-23 发生就业变动样本描述性分析

| 变量 | 均值 | 标准差 | 最小值 | 最大值 | 样本数 |
| --- | --- | --- | --- | --- | --- |
| 性别 | 0.6342 | 0.4825 | 0 | 1 | 287 |
| 年龄 | 35.8293 | 11.0802 | 16 | 60 | |
| 教育程度 | 9.2613 | 2.7681 | 0 | 16 | |
| 工资收入 | 3592.334 | 2167.822 | 600 | 20000 | |

考察不同就业部门发生过就业变换样本的工作年限(见表4-24)。随着就业变换次数的增加,正规部门与非正规部门间工作年限的差异逐渐增大。务工人口工作年限与工资收入、流动次数及教育程度的关系如何需要借助方差分析来检验。同样根据上面的说明,为提高检验的准确性,我们引入协方差分析。统计结果显示:整个模型的F检验值为2.97,P值为0,通过检验;流动次数和工资变量的P值分别为0.0070和0.0116,通过检验,可以认定务工人口的工作年限很大程度上受工资状况和流动次数的影响;就业部门变量P值为0.3390,没有通过检验,说明就业部门的差异对工作年限的影响并不大。

表4-24 流动次数和就业部门工作年限均值比较

| | 没有发生职业流动 | 流动一次 | 流动二次 | 流动三次 | 流动四次 |
| --- | --- | --- | --- | --- | --- |
| 非正规部门 | 5.87 | 8.54 | 9.44 | 8.43 | 8.9 |
| 正规部门 | 6.58 | 8.33 | 10.25 | 9.39 | 10.68 |

(二)职业分层

从流动的向度来看,已有文献对此进行了界定(符平,2012),然而就业变换的向度界定非常复杂，如工作不到一个月，甚至不到半个月就离职的现象很常见，或者由于工作环境条件等原因，进城务工人口选择在同一行业的不同单位内反复变换工作。一个职业变换到另一个职业，很难简单地界定为上行流动或向行流动。本书认为，从低端职业流动到中端和高端职业，从中端职业流动到高端职业，为上行流动；从高端职业流动到中端或低端，以及从中端职业流动到低端，为下行流动；余下为平行流动。

为保证分析的精确，本节采用文献研究中已被认可的职业声望[①]作为进城务工人口职业流向的划分依据。基于地位、技术及财富等获取的权力作为判断职业高低的指标（Weber，1946；Zhou，2005）。关于职业声望的测度，借鉴李春玲（2006），尉建文和赵延东（2011）的实证研究结论，将务工人口的职业类型进行赋值，之后对职业声望得分进行两次标准化转换，得到职业声望计算公式：$Y$（职业声望得分）$= -0.55X+62.65$。将灵活就业类赋值为1，服务类赋值为2，拥有诸如木工等低技能的技能类赋值为3，企业办事人员类赋值为4，成为小业主的自雇类赋值为5，高级技术类赋值为6，机关事业单位赋值为7。在此基础上，对初职与现职所处的层级进行比较。统计结果如表4-25所示：

表4-25 职业类型与职业分层及其比较

| 职业分层 | 职业类别 | 初职 | 现职 |
| --- | --- | --- | --- |
| 低层职业 | 灵活职业、保洁等服务人员（低层） | 124（42.91%） | 92（31.83%） |
| 中层职业 | 企业办事人员、自雇小业主（中层） | 152（52.60%） | 132（45.67%） |
| 高层职业 | 高级技术人员、管理人员（高层） | 13（4.50%） | 59（20.42%） |

### （三）就业变换与职业流向

以现职为职业流动方向为参照，就业变换次数与就业流动方向状况如下：就业变换次数越频繁，越少发生上行变动（见表4-26）。这说明就业变换越频繁，越不利于进城务工人口实现职业上行流动。

---

① 关于职业声望，本书第七章第三节中还有较为详细的论述与说明。

表 4-26 就业变换次数与职业流向表

| | | 流动一次（145人） | | | 流动二次（86人） | | |
|---|---|---|---|---|---|---|---|
| | | 上行流动（48人） | 下行流动（15人） | 平行流动（82人） | 上行流动（18人） | 下行流动（16人） | 平行流动（52人） |
| 年龄 | 均值 | 34.13 | 37.6 | 35.96 | 35.11 | 37.5 | 36.75 |
| | 标准差 | 9.71 | 9.82 | 12.48 | 9.27 | 11.78 | 10.72 |
| 教育程度 | 均值 | 9.81 | 8.8 | 9.17 | 10 | 10 | 8.71 |
| | 标准差 | 3.09 | 1.37 | 2.78 | 2.20 | 3.22 | 2.70 |
| 工作年限 | 均值 | 4.06 | 5.52 | 3.51 | 3.86 | 1.84 | 3.25 |
| | 标准差 | 3.75 | 5.01 | 4.03 | 2.90 | 1.79 | 3.09 |
| 月工资 | 均值 | 5345.83 | 3000 | 3225.61 | 4877.78 | 2456.25 | 3269.23 |
| | 标准差 | 5846.87 | 1719.22 | 1923.98 | 2523.67 | 1388.51 | 2019.18 |
| 性别 | 男 | 32（66.67%） | 10（66.67%） | 47（57.32%） | 8（44.44%） | 8（50%） | 36（69.23%） |
| | 女 | 16（33.33%） | 5（33.33%） | 35（42.68%） | 10（55.56%） | 8（50%） | 16（30.77%） |
| 婚姻 | 已婚 | 34（70.83%） | 12（80%） | 53（64.63%） | 15（83.33%） | 7（43.75%） | 37（71.15%） |
| | 未婚 | 14（29.17%） | 3（20%） | 25（30.49%） | 3（16.67%） | 6（37.50%） | 13（25%） |
| | 离异 | — | — | 4（4.88%） | | 3（18.75%） | 1（1.92%） |
| | 丧偶 | | | | | | 1（1.92%） |

| | | 流动三次（40人） | | | 流动四次（16人） | | |
|---|---|---|---|---|---|---|---|
| | | 上行流动（10人） | 下行流动（2人） | 平行流动（28人） | 上行流动（7人） | 下行流动（3人） | 平行流动（6人） |
| 年龄 | 均值 | 32.10 | 24 | 39.57 | 35.57 | 29 | 43 |
| | 标准差 | 11.12 | 1.41 | 10.65 | 8.30 | 10.58 | 5.66 |
| 教育程度 | 均值 | 8.8 | 10.5 | 8.5 | 9.14 | 10 | 6.33 |
| | 标准差 | 2.97 | 2.12 | 2.44 | 3.39 | 1.73 | 4.59 |
| 工作年限 | 均值 | 2.45 | 3 | 2.31 | 2.39 | 3.33 | 2.5 |
| | 标准差 | 2.90 | 1.41 | 2.22 | 1.71 | 2.08 | 1.64 |

续表

|  |  | 流动三次（40人） | | | 流动四次（16人） | | |
| --- | --- | --- | --- | --- | --- | --- | --- |
|  |  | 上行流动（10人） | 下行流动（2人） | 平行流动（28人） | 上行流动（7人） | 下行流动（3人） | 平行流动（6人） |
| 月工资 | 均值 | 4220 | 2250 | 3421.43 | 4371.43 | 1633 | 4050 |
|  | 标准差 | 1737.05 | 353.55 | 1628.08 | 2121.10 | 602.77 | 1528.07 |
| 性别 | 男 | 9（90%） | 1（50%） | 23（82.14%） | 4（57.14%） | 2（66.67%） | 6（100%） |
|  | 女 | 1（10%） | 1（50%） | 5（17.86%） | 3（42.86%） | 1（33.33%） | — |
| 婚姻 | 已婚 | 6（60%） | — | 23（82.14%） | 5（71.43%） | 2（66.67%） | 6（100%） |
|  | 未婚 | 4（40%） | 2（100%） | 5（17.86%） | 2（28.57%） | 1（33.33%） | — |
|  | 离异 | — | — | — | — | — | — |
|  | 丧偶 | — | — | — | — | — | — |

从表4-26可以发现，进城务工人口就业流向与个体特征和教育程度关系非常密切。就年龄而言，就业变换两次及以下时，实现上行变动的务工人口年龄均值（34.5岁）要小于实现下行变动的务工人口（38岁）。就业变换两次以上时，上行变动的年龄均值（34岁）要大于下行变动的年龄均值（26.5岁）。可能的解释是，年纪轻的务工人口更倾向于变换工作，而较为频繁的工作变动不利于其就业质量和就业地位的提升。从教育程度看，相较于下行和平行流动，上行流动的进城务工人口平均受教育程度较高，月工资均值较高。就业变换两次及以下时，实现上行变动的务工人口教育均值（9.9）和实现下行变动的均值（9.4）相差不大；就业变换两次及以上时，实现上行变动的务工人口教育均值（8.9）和实现下行变动的均值（10.25）差距增大，说明具有较高文化水平的务工人口，更倾向于变换工作，然而其就业变换缺乏人力资本回报。从工作年限看，就业变换两次以上时，上行变动的工作年限均值（2.42）小于下行变动的工作年限均值（3.32），可能的解释是，随着工作年限的增加，进城务工人

口变换就业会更加宽松和自由，同时不可否认的是，务工人口就业上行变动缺乏工作经验回报。

## 本章小结

本章的分析显示，大城市是进城务工人口的首选之地，服务类和技能类职业是务工人口分布较多的职业类别，就业的单位多为私营企业或个体经营者。以赚钱为表征的生存动机成为外出务工的优势动机。合同签订情况不容乐观，企业和务工人口两方对于合同重要性的认识并不高，很多合同流于形式，只能作为劳务合同，并不能算作劳动合同，一旦发生劳动纠纷，签订的劳务合同对于企业和务工人口均无有效的约束力。从保险情况看，由于保险接续等现实中存在的政策性问题，进城务工人口自愿购买保险的比例较低，务工人口从业的私营企业为员工购买保险的意识很淡，半数以上没有为从业者缴纳任何保险。即便在正规部门就业，与务工单位没有签订劳动合同且单位没有提供任何保险的务工人口仍处于非正规就业状态。统计分析显示，灵活就业类、服务类以及低技能类职业中以非正规方式就业的人数多于其他职业，说明这三类职业的所属行业关于进城务工人口的就业保障尚未规范。具体来看，工资拖欠情况和工伤情况有所改善，恶意欠薪情况已不多见，但休息权和维权状况不容乐观。务工人口每天均工作 10 小时左右，46.58% 的务工人口加班拿不到务工单位的加班费。在维权方面，务工人口主动维权意识不强，对于自身尚可接受的不支付加班费、单位不给上保险等，务工人口习以为常，不会去维权。对维权方式的选择中，务工人口一般采用软方式，即同单位主管或老板沟通、协商，很少借助政府部门或法律手段维权，其维权依赖务工单位和老板的主观判断和态度，维权质量较低。

运用聚类分类法验证了劳动力市场分割的存在。运用供求模型解释因歧视性政策引致户籍限制、人力资本差异、门槛限制生成的两类就业部门。其中，主要劳动力市场能够享受到公共财政给付，进入门槛较高，对从业者综合素质要求较高；次要劳动力市场不能享受到公共财政给付，多为自由竞争的开放行业,对从业者综合素质要求较低。次要劳动力市场中的从业者多为外地农村户籍人口。劳动力市场多重分割下,进城务工人口的职业类型与工资收入的描述分析显示:农村户籍务工人口多集中在服务类和低技能类职业,这两类职业中的务工人口文化程度一般为初中水平或者更低。工作年限多集中在 5 年以下。工资收入的分布从总体上看,各行业间的差异并不大,封闭行业的工资均值总体上高于开放行业。工作年限在 10~15 年的高级技术类从业者,其工资收入会显著高于其他职业类型。统计描述的总体结果显示了进城务工人口的人力资本缺乏回报。统计分析表明,人力资本水平较高的务工人口,进入正规部门的比重较大;务工人口的工作年限对工资影响不大,务工人口的工资主要由职业类型决定。

  从初职和现职单位性质看,务工人口集中分布在私营企业和个体从业者之间,代际上的差异很小。从初职和现职就业途径看,虽然就业渠道多元化趋势已经显现,但进城务工人口仍主要依靠亲戚朋友、老乡同事等获得工作,其首要选择仍是亲朋老乡等传统社会关系网络。职业的描述性统计分析显示,初职就业职业的入职门槛较低,人力资本专用程度不高。

  从职业流向来看,根据初职和现职就业的对比,进城务工人口已经出现了较为明显的职业分化,部分拥有良好教育水平和职业技能的进城务工人口,在经过一定年限的工作经验积累后,职业发生上行变动,然而进城务工人口的上行变动缺乏教育和工作经验回报。

# 第五章 进城务工人口就业部门选择分析

从理论分析和数理模型（第三章第三节）中推知，进城务工人口就业部门选择是有约束条件下的选择行为，在劳动力市场行业分割存在的背景下，在自身人力资本和社会资本约束下，务工人口选择就业部门的原因较复杂。在已有的理论分析基础上，本章基于就业风险①、社会资本、市场分割对进城务工人口的就业部门选择行为进行分析。

## 第一节 就业风险、社会资本与进城务工人口就业部门选择

### 一、基于前景理论的就业部门选择分析

根据前景理论，我们将进城务工人口就业部门选择行为视为一个常规前景，用 $\pi(p_s)$ 表示务工人口对于其能够获得正规部门就业可能性的估计与评价，即获得正规部门就业的权重函数，同样，$\pi(p_{is})$ 表示务工人口对于其能够获得非正规部门就业的权重函数。$v(w_s)$ 表示务工人口在正规部门就业获得的价值，$v(w_{is})$ 表示务工人口在非正规部门就业获得的价值，则务工人口在正规部门和非正规部门就业的总价值分别表示为：

$$V_S = \pi(p_s) \times v(w_s) \quad (5-1)$$

$$V_{IS} = \pi(p_{is}) \times v(w_{is}) \quad (5-2)$$

---

① 在《风险、不确定性和利润》中，Knight F. 将风险概括为涉及已知概率或可能性形式出现的随机问题，具体而言，对未来可能发生的事件以及事件的概率有准确的认识，但对于哪一事件会发生一无所知。不确定性指知道未来的可能状态，但对每种状态发生的概率不清楚。现实中，人们根据主观概率或设定一个概率分布来推测未来结果发生的可能性，学界把主观概率或设定的概率分布视为风险。

根据已有文献（谢嗣胜、姚先国，2006），正规部门的工资收入大于非正规部门，可以表述为：$w_s > w_{is}$。由于务工人口对于就业选择价值的评价是基于参照点的比较之上，参照点不同会影响收益的评价。务工人口可以参照在家乡务工的收入，或者是曾经工作的工资收入。从权重函数看，在劳动力市场行业分割存在的条件下，务工人口获得哪类部门就业的概率并不确定，由于个体禀赋、人力资本、社会关系等的不同，务工人口对于其获得哪类部门就业的概率评价是不同的。对于获得的收益和可能的损失相比较，人们更倾向于规避损失，相对正规就业而言，务工人口倾向于选择非正规部门从业以规避风险。也可能务工人口偏好正规部门就业，且其获得正规部门就业的概率是确定的，但出现偏好与选择不一致的"偏好逆转"情况。基于此，在对就业部门选择的分析中，有必要引入就业风险、人力资本、社会资本和市场分割因子。

从本书第二章第二节的论述中可以看出，很多关于劳动人口迁移或流动的文献研究中，就业风险是主要考察因素。另外，国内学界关于农村劳动人口就业风险的研究较多地关注不同部门的工资差异、城市对务工人口的就业排斥等，而缺少对劳动人口风险类型的剖析。分割性劳动力市场的存在使进城务工劳动人口的就业搜寻成本增加，相关的工作搜寻模型并不能有效解释其就业过程，劳动力市场政策性分割所造成的不同就业部门工资的差异生成了务工的就业风险，即求职失败的风险，以及工资收入降低的风险。从现实中可以发现，部分拥有技能，或者本地的务工人口进入正规部门的概率会更大，风险偏好型务工人口更有可能选择正规部门就业。

在前述理论基础上，将不同风险类型的务工人口进行分类，将预期就业风险因素引入就业部门选择行为中，根据上述分析，本章作出如下假设：

假设 5-1：就业风险通过个体风险类型影响就业部门选择。

假设 5-1 推论：风险规避型务工人口倾向于选择非正规部门就业。

## 二、基于社会资本的就业部门选择分析

亚历山德·罗波茨（2005）认为，社会资本的一个重要功能是解释就

业和职业阶梯上的流动。作为关系存在的社会资本，其负载两种基本社会功能，一是信息传递，二是行动预期。进城务工群体与群体内部成员间的交往互动属于"梯次交往模式"，这种交往发生在社会地位较为接近的毗邻阶层间，而其与城市群体的交往属于"阶层互渗模式"，即此种交往模式不受阶层归属的限制（边燕杰，2005）。由此，我们得出一个有意义的启示，具有梯次维度的"强关系"，由于在日常生活中的频繁互动，会积累和释放大量的信息，这些信息会影响务工群体的就业决策行为；同时，由于和不同阶层交往所生成的"弱关系"的存在，务工群体也会得到更多的"异质性信息"，这些有助其做出更有利的就业选择。

**（一）信息传递**

信息传递因介质不同传递的模式是不同的，职业阶层内部和阶层之间信息传递的效果和成本是不同的。假设存在两个阶层 $O_A$ 与 $O_B$，$O_A > O_B$，A 阶层拥有的职业信息为 $Inf_A = (i_1, \cdots, i_n)$，B 阶层拥有的职业信息为 $Inf_B = (y_1, \cdots, y_n)$。当信息在同质阶层内部传递时，由于 $Inf_A = (i_1, \cdots, i_n)$ 和 $Inf_A' = (i_1', \cdots, i_n')$ 同质，即 $i_1 = i_1'$，阶层内部信息传递的路径是畅通的，信息传递成本很低；当信息在不同阶层传递时，须有一个前提条件，即至少有一个信息是两个阶层都知晓并认同的，即 $i_x = y_g$，而其他 $i \neq y$ 存在，否则信息无法传递。从常识判断，阶层之间信息传递的路径与阶层之间的交往距离有关，距离越小，传递路径越通畅，传递成本越低。

**（二）行动预期**

社会资本的另一个基本功能是人们基于社会网络关系获得的行动预期。务工人口在与亲戚、老乡及同事等的交往中生成的信任和互惠机制，在现实生活中对其就业决策的影响既是直接的也是间接的。直接的影响体现在就业帮助方面，很多务工人口凭借亲朋乡邻的介绍获得工作，如帮助联系务工单位、给予资金等；间接的影响体现在就业信息的传递方面，基于信任和互惠，亲朋乡邻传递的就业信息滤除了不必要的信息杂质，务工人口对于预期收益的测算会更加精确，进而有效地指导就业行动。将务工人口经常联系的亲朋老乡所从事的职业和务工人口的关键求职途径引入就业部门选择分析中。分别从预期就业风险和社会关系视角探讨进城务工人口就业部门选择行为的微观影响因素。一般而言，组织空间越大，越有利于个人成长，没有注册登记的小规模企业对个体成长提供的空间是有限的。同时，不排除部分务工人口因为个人社会关系网络的作用，选择非正规部门从业。

根据上述分析，本节提出如下假设：

假设 5-2：务工人口与他人交流就业信息越频繁，对其就业选择行为影响越大。

假设 5-3：社会资本通过就业途径影响就业部门选择。

假设 5-3 推论：在非正规部门从业的亲戚、老乡和朋友影响务工人口选择非正规部门从业。

## 第二节 就业风险测算与分类

### 一、就业风险测算

根据风险理论假定，进城务工人口预期收入和实际收入的差是其外出务工面临的主要风险。本章在这一理论假定下，测算务工人口在正规部门正规就业、正规部门非正规就业，以及非正规部门就业的预期收入和实际收入的差值（见表5-1），以此作为就业风险的替代变量。期望效用的计算，使用获得该份工作的概率按照该行业就业人数占总人数的比例，对应的收入是实际收入，而 $1-p$ 概率对应的收入用该行业的平均收入代替，表示该就业人员在不从事该职业就业时获得同行业平均收入水平的大小。在收入水平细化上，区别了本岗位实际收入和本行业平均收入，一个代表从事本行业本岗位的预期最高收入，另一个代表从事本行业的均值收入。此分析方法基于如下假设，进城务工人口受技术水平限制，他们在选择工作时会多考虑在本行业内选择不同的职务，以规避跨行业择业风险。具体公式如下：

$$r = p_i y_i + (1-p_i)\bar{y} - y_i \tag{5-3}$$

其中，$p_i$ 表示从事某一职业的第 $i$ 个务工人口，占某类部门某种就业方式全部人数的比例。$p_i$ 表示为：

$$p_i = \frac{n_{ij}}{\sum_j N_{jh}} \quad (5-4)$$

其中，$j$ 为职业类型。$j$（1，2）表示正规部门和非正规部门，$h$（1，2）表示正规就业和非正规就业。$y_i$ 表示第 $i$ 个务工人口的实际工资收入，$\bar{y}$ 表示某类部门某种就业方式的工资收入均值。

表 5-1　就业风险值

| 风险 | 正规部门 | | 非正规部门 | 正规部门 | | 非正规部门 |
|---|---|---|---|---|---|---|
| | 正规就业 | 非正规就业 | 非正规就业 | 正规就业 | 非正规就业 | 非正规就业 |
| 1 | -1273.6809 | 880.2825 | -67.2335 | -38.6327 | 2111.7639 | 2555.6236 |
| 2 | 396.3411 | 1621.9680 | 947.5313 | 396.3411 | 1621.9680 | 418.4807 |
| 3 | 624.5252 | 2013.8047 | 1343.7480 | 1746.3411 | 2209.7231 | -1514.8291 |
| 4 | 126.4035 | 1621.968 | 612.7665 | 126.4036 | 936.2537 | -536.5683 |
| 5 | -364.59 | -3418.8557 | 844.7336 | -493.5483 | -289.8149 | 441.6926 |
| 6 | -1273.6809 | 599.0325 | -4449.6117 | 1287.6831 | 443.8884 | 410.4147 |
| 7 | -1273.6809 | 411.5325 | 1343.748 | 1382.4199 | 467.2809 | -1514.8291 |
| 8 | 936.3411 | 411.5325 | -536.5683 | -512.3170 | 1349.0325 | -1514.8291 |
| 9 | 1746.3411 | -5539.8149 | -4331.0248 | 362.6827 | 2605.2919 | -536.5683 |
| 10 | 1382.41989 | 1349.0325 | -1514.8291 | 1382.4200 | 443.8884 | 1389.9093 |

## 二、就业风险分类

关于风险的实证研究中，如何判断人们的风险态度是件困难的事情。对于现实生活而言，研究者很难观察到人们真实的风险偏好，因为不能准确地度量受试者真实的风险概率分布，同样研究者也不能清楚地知道受试者的信仰。Dohmen 等（2005）认为，转移就业面临的一般性风险意味着行为中包含着风险，如控股股票、自主创业或是选择受雇他人。因而风险问题可以定义为在行为上对于行为人面临风险时的潜在态度的有效测度。David A. Jaeger（2007）运用德国社会经济面板数据分析转移就业倾向和风险态度间的关系，以受访者自己对于风险的态度作为风险变量的替代指标，设计的问题是"你是如何看待自己的：一般而言，你是更愿意冒风险还是更倾向于规避风险？"对于选项，采用了11点量表法对于就业风险变量进行描述，从"非常不愿意"到"非常愿意"共10个维度。其研究得出的结论是：转移就业的务工人口相较德国本地务工人口而言，更倾向于风险规避；就业风险指数增加1单位，个体在劳动力市场的转移就业概率增加0.62。

笼统地将风险划分为预期找不到合适工作以及收入下降的风险，再将风险统一作为解释或控制变量，缺乏针对不同个体风险特征的细致刻画。具有不同风险类型的人会有不同的迁移决策行为。在对风险界定的基础上，我们接下来对风险类型进行分类。根据期望效用假定，决策后的各种可能情况下的不同的收益对应着不同的效用，这些效用的加权平均就是期望效用，而不同收益的加权平均值就是期望值。

$$r' = U(EX) - E[U(X)] \tag{5-5}$$

其中，$r'$为风险类型，$U(EX)$为期望值效用，$E[U(X)]$为期望效用。若期望值效用大于期望效用，说明务工人口的效用曲线是凹的，即二阶导数是小于0的，这说明得到一单位的效用比失去一单位的效用低，即他更在意失去，属于风险厌恶型；若效用曲线的二阶导数大于0，则认为务工人口属于风险偏好型；若效用曲线的二阶导数等于0，则认为务工人口属于风险中性。

期望值效用表示为：

$$U[W] = U[p_i y_i + (1-p_i)\bar{y}] \tag{5-6}$$

$$p_i = \frac{w_{ij}}{\sum_j w_{jh}} \tag{5-7}$$

其中，$p_i$为第$i$个务工人口在某部门某种就业方式下，从事某一职业所获得的月工资收入与同一部门同一就业方式下，该职业全部工资收入的比例。$y_i$表示第$i$个务工人口获得的工资收入；$\bar{y}$表示某部门某种就业方式下，某职业的工资收入均值。$j(1,2)$表示正规部门和非正规部门，$h(1,2)$表示正规就业和非正规就业。

期望效用表示为：

$$EU = EU[p'_i y_i + (1-p'_i)\bar{y}] \tag{5-8}$$

$$p'_i = \frac{n_{ij}}{\sum_j N_{jh}} \tag{5-9}$$

其中，$p'_i$ 为进城务工人口从事某职业在某部门某种就业方式下从业者的比例，$y_i$ 为务工人口月工资收入；$\bar{y}$ 为某部门某种就业方式下，某职业的工资收入均值。$j(1,2)$ 为正规部门和非正规部门，$h(1,2)$ 为正规就业和非正规就业。

通过式（5-6）~式（5-8）可得出：

$$r' = [p_i y_i + (1-p_i)\bar{y}] - [p'_i y_i + (1-p'_i)\bar{y}] \tag{5-10}$$

式（5-10）即为就业风险类型。

依据式（5-10）对就业风险值进行测算，若期望值效用大于期望效用，务工人口为风险厌恶型；若期望值效用小于期望效用，务工人口为风险偏好型；若期望值效用等于期望效用，务工人口为风险中性。

## 第三节 样本描述与变量设定

本章的样本来源与第四章第一节相同。

### 一、样本描述

从连续变量看，务工人口工作年限均值为 8 年，教育程度均值为 9 年，年龄均值为 34.88 岁，对数月工资均值为 7.995，其经常联系[①]的亲友乡邻从事医生、公务员和教师的人数均值为 1.88（见表 5-2）。从分类变量看，单位所有制性质、行业性质、户籍和地域方面，务工人口选择不同就业部门的数量差异很大。

---

[①] 本书依据边燕杰（2005）《中国城市的职业、阶层和关系网》一文中，根据 1998 年中国津、沪、汉、深 4 市 400 户家庭的社会交往资料，分析春节拜年行为，测量各社会阶层间的社会纽带的强度和异质性。作者认为，关系密切的亲友在春节期间不相互拜年是说不过去的（边燕杰和李煜，2001）。春节期间社会交往，是以事件为基础的、测量社会关系网的核心成员及其强度和构成的重要手段。

表 5-2 连续变量描述分析

| 变量定义 | 观察值 | 均值 | 标准差 | 最小值 | 最大值 |
| --- | --- | --- | --- | --- | --- |
| 经常联系的人为公务员、医生、教师以及当大老板的人数 | 406 | 1.879 | 3.817 | 0 | 27 |
| 工作年限 | 406 | 8.216 | 6.883 | 0.5 | 44 |
| 教育程度 | 406 | 9.325 | 2.927 | 0 | 16 |
| 年龄 | 406 | 34.879 | 11.346 | 16 | 60 |
| 月工资 | 406 | 7.995 | 0.535 | 6.908 | 9.903 |

表 5-3 为主要变量的定义及基本解释，通过简单的统计分析可以发现，风险偏好型务工人口比重较大，占 53.20%，大部分没有接受过正规职业培训。其就业动机以生存动机为主，占 68.47%。在其就业求职过程中，依靠的关键求职途径主要是亲戚和老乡，两者分别占到 39% 和 30.79%。务工人口经常联系的亲友老乡中，在政府部门、医院和教育行业中从事公务员、医生和教师的人数，均值为 1.879，可见，务工人口较亲近的社会关系中都存在就职于较高职业阶层的人士，但数量非常少，说明务工人口基于其拥有的亲密社会网络寻求工作的职业质量并不高。

表 5-3 分类变量描述分析

| 变量及定义 | 变量分类 | 观察值 | 频数 | 百分比（%） |
| --- | --- | --- | --- | --- |
| 关键的就业途径 | 亲戚 | 406 | 162 | 39 |
| | 老乡 | | 125 | 30.79 |
| | 市场途径 | | 71 | 17.49 |
| | 其他 | | 48 | 11.82 |
| 就业动机 | 生存 | 406 | 278 | 68.47 |
| | 发展 | | 66 | 16.26 |
| | 享受 | | 62 | 15.27 |
| 风险类型 | 厌恶 | 406 | 105 | 25.86 |
| | 偏好 | | 216 | 53.20 |
| | 中性 | | 85 | 20.94 |

续表

| 变量及定义 | 变量分类 | 观察值 | 频数 | 百分比（%） |
|---|---|---|---|---|
| 职业培训 | 岗前培训 | 406 | 149 | 36.70 |
| | 技能培训 | | 91 | 22.41 |
| | 没有培训 | | 166 | 40.89 |
| 单位性质 | 享受公共财政给付 | 406 | 66 | 16.26 |
| | 不享受公共财政给付 | | 340 | 83.74 |
| 行业性质 | 封闭行业 | 406 | 53 | 13.05 |
| | 开放行业 | | 353 | 86.95 |
| 户籍 | 农村 | 406 | 196 | 87.89 |
| | 城市 | | 27 | 12.11 |
| 地区 | 外地 | 406 | 159 | 71.30 |
| | 本地 | | 64 | 28.70 |

## 二、变量设定

Herberla（1938）和 Mitchell（1946）分别提出劳动力迁移是原居住地推力和迁移目的地拉力共同作用的结果。推力包括自然灾害、基础设施缺乏、耕地及就业容量有限等，拉力包括目的地基础设施便利、就业机会较多，容量较大、更好的医疗教育条件等。E. S. Lee（1966）在此基础上，构建了劳动力迁移的理论框架，提出影响迁移的四大因素：迁出地、迁入地、障碍因素和个体因素。本节根据研究目的和研究对象，构建以下变量：

### （一）被解释变量

根据上述运用的计量模型，工资收入和就业部门是实证模型检验的两个被解释变量。从务工人口决策行为，抑或是就政策层面，工资反映了个体的劳动生产率。我们选取月工资收入，将其取对数作为被解释变量。就业部门的界定参照第一章第六节中的划分，务工单位所有制性质包括国有与私营企业、合资与外资企业、个体从业与机关事业社团组织六类，且经过登记注册。对于私营企业，按照其所雇用的员工数量来做划分，通常的文献将雇员10人以下的私营企业划分为非正规部门。据此，本章中采用二值变量,将正规部门设为1,非正规部门设为0。

这样的设定基于以下考虑:①由于劳动力市场行业分割的存在,不同所有制性质的单位在公共财政政策的获得方面是不同的,这直接或间接影响了单位从业人员就业福利的获取,待遇好的单位入职门槛较高,较高的入职门槛对进城务工人口就业选择会产生影响;②调研中,我们设计对于"是否加班""是否出现工伤,若出现工伤,谁来付费""是否经常拖欠工资"等问题,目的在于考察进城务工人口就业保障情况,就现实情况而言,这类问题在机关事业和国有企业等部门是很少存在的。因此,有必要对就业部门细分以探讨进城务工人口对就业部门选择的考虑。

### (二) 核心解释变量

本章的核心解释变量包括以下两个:

第一个是反映就业风险的风险值和风险类型。其中,就业风险值和风险类型由上文测算得出。

风险偏好型务工人口选择正规部门就业的人数占风险偏好型务工人口总数的59.26%,风险规避型务工人口选择正规部门就业的人数占风险规避型务工人口总数的41.90%。从统计意义看,风险偏好型务工人口倾向于选择正规部门就业。

第二个是反映社会网络关系[①]的关键就业途径、经常联系的亲友乡邻的职业类型、经常交流工作和求职信息的对象。一个群体拥有的社会资本越多并不意味着他们在择业过程中实际动用了其社会资本,存在"潜在的"和"已经动用的"差别。就职业选择问题而言,实际动用的社会资本更具分析意义(符平,2012)。因而本章的社会资本是指农民工在获取该工作时所动用的个人的社会关系,为进城务工人口实际动用的社会资本。

---

① 对于社会关系的分析,实质上刻画的是一种动态的社会结构状态。学界关于社会网络关系的研究概言之有两个视角:一是基于资源禀赋和技能等构成的社会地位,由于地位差异导致生成不同的社会阶层(Wright,1997;边燕杰,2005)。这种社会关系呈现出较为稳固的结构化状态。二是基于群体内部与外部的交互作用而生成的关系模块,这种关系模式的运作机理往往更为复杂,涉及劳动力、土地和资本要素的相互作用,在要素交互作用过程中,以前分属于不同阶层的群体开始互动起来,逐渐分化生成新的社会阶层。Portes提出在经验分析之前,应对"阶层结构"进行建构,只有如此,才能将"阶层"概念有效地用于对各种现象的分析(Portes,2000)。

进城务工人口的关键就业途径变量中，将调研问卷进行整理，将亲戚、老乡分开统计，最终，本章的关键就业途径包括经由亲戚、老乡获得工作，经由市场途径（传媒、招聘会、中介等）及其他四类就业途径。经常联系的亲友乡邻的职业类型参照李春玲（2005）关于中国职业阶层的划分方法，根据研究目的，选出9种在职业声望上高低不同的职业。为了方便比较，将中层以上管理人员和高级技术类人员划分为较高职业阶层，将企业办事类人员、技能类、农村经纪人等划分为中级阶层，将从事粗糙简单劳力的务工和务农人员划分为较低阶层。从统计分析中可以发现，务工人口的首要择业途径是熟人老乡等传统社会网络，从经常联系的亲朋老乡从业的职业来看，除从事"其他"职业外，亲朋老乡为企业管理或办事人员、农村经纪人、务工与务农人员以及技术人员的，进城务工人口选择正规部门就业的比例稍多于非正规部门，但两者间并没有明显的规律可循；经常联系的亲朋老乡在政府部门从业的人数与进城务工人口就业部门选择之间也没有明显的联系。

（三）控制变量

根据既有的文献和本章的研究目标，本章的控制变量设为三类：

一是反映个体特质的变量。从性别来看，女性务工人口选择正规部门就业的人数稍多于男性；从年龄来看，老一代务工人口选择正规部门就业的人数稍多于新生代，将年龄再细分可以发现，"90后"务工人口选择正规部门就业的比例要低于其他三个年代；从婚姻状况来看，更多已婚务工人口选择正规部门就业，未婚和离异务工人口选择两部门就业的人数大体持平。个体特征方面的统计分布符合样本的现实状况，女性和已婚务工人口在就业部门选择的过程中更关注工作的稳定、可靠，因而选择正规部门从业居多。上文已将就业动机分为三类：生存、发展和享受。

二是反映人力资本的变量。由于务工人口大多从事体力性、服务性工作，对文化程度的要求不高，很多工作对务工人口的技能提出要求。从职业技能培训状况看，没有受过培训的务工人口选择非正规部门就业的比例较大，接受过岗位培训的务工人口选择正规部门就业的比例较大，而接受过职业技能培训的务工人口选择两部门就业的比例大体持平，可以发现，职业技能培训对于进城务工人口就业部门选择的影响作用没有发挥。从文化程度看,除初中文化水平外,其他文化水平的务工人口选择正规部门就业的比例要大于非正规部门;从工作经验看,工作年限与就业部门选择间的关系不明显。

三是反映劳动力市场分割的变量。考虑到中国劳动力市场的现实状况,结合上述分割因子的分析,本章将单位性质、职业类型作为劳动力市场分割的替代指标。其中,单位性质包括国有企业、私营企业、外资与合资企业、个体从业和机关事业单位。职业类别包括自雇、管理、服务、技能等类别。从就业部门的选择来看,83.74%的务工人口进入不享受公共财政给付的非正规部门从业,农村户籍和外地务工人口选择正规部门从业的比例分别为87.89%和71.30%。

## 第四节 模型设定与估计

### 一、模型设定

胡凤霞、姚先国(2012)在分析城镇居民非正规就业选择时采用Logit模型估计务工人口就业决策,将就业细分为正规就业与非正规就业。本章借鉴这一做法,不同在于本章样本为截面数据,对于进城务工人口而言,其在就业市场上就业的可能性是一个潜变量,用 $y_i$ 表示第 $i$ 个劳动力的就业状况。$j=1,2$ 分别代表正规部门与非正规部门。用二值因变量来表示,当务工人口选择正规部门就业时为1,选择非正规部门就业为0,则有:

$$y_i = \alpha_j + \theta_j x_i + \varepsilon_i \quad (5-11)$$

其中,$x_i$ 为一系列影响务工人口就业决策的变量,包括性别、年龄、收入、文化程度、职业培训等。$\alpha_j$ 为非观测效应,不随时间变动,它可以反映务工人口的异质性;$\varepsilon_{ij}$ 为剩余误差。假设关键在于控制住 $\alpha_j$,对于所有的 $j$,$x_i$ 和 $\varepsilon_i$ 无关。$\alpha_j$ 与 $\varepsilon_i$ 服从标准正态分布,且相互独立。$\theta_j$ 为待估参数。由于收入解释变量具有内生性,将其代入方程会产生有偏且不一致的估计量,因此有必要引入替代变量。对此,本章运用OLS对收入进行估计，再将估计的工资率代入 Logit 方程。

$$\ln w_j = \beta M_j + \sigma_j + \mu_j \qquad (5-12)$$

其中，$\beta$ 为待估参数，$M_j$ 为一系列影响工资收入的变量，包括年龄、性别、文化程度、教育培训、企业性质等变量（Blau & Kahn，1992）；$\sigma_j$ 为不随时间变化的随机误差；$\mu_j$ 为测量误差；$\sigma_j$ 与 $\mu_j$ 分别服从标准正态分布且两者不相关，且有 $E(\mu_j \mid M_j, \sigma_j)=0$。则经过估计的工资率可以有如下表达：

$$\ln w_j^\rho = \beta M_j + \sigma_j = \ln w_j \qquad (5-13)$$

式（5-13）剔除了测量误差 $\mu_j$。考虑到进城务工人口就业部门的选择行为也会受到以往就业经历的影响，因而有必要将进城务工人口的初职就业代入方程中进行考察，以期得到劳动力先前的就业经历对其就业选择行为的影响。

$$y_i = \alpha_j + \theta_j x_i + \phi \ln w_j^\rho + \varepsilon_i \qquad (5-14)$$

$$\ln w_j = \beta M_j + \sigma_j + \mu_j \qquad (5-15)$$

其中，$\phi$ 为待估参数。

接下来构建二值选择模型。上文中我们构建了预期风险对进城务工人口就业选择行为的数理模型。由于理论无法覆盖务工人口就业行为的复杂性，现实中个体行为还会受到很多其他因素的影响。个体就业选择行为受制于个体特征、家庭特征、制度因素等的影响（王春超，2011；纪韶，2012），在预期风险和社会关系的影响下，本章加入个体特征、人力资本因素、劳动力市场分割因素、估计的工资率等控制变量，最终构建进城务工人口就业部门选择行为模型，如下：

$p_i$ 表示选择正规部门就业的概率，$1-p_i$ 表示没有选择进入正规部门就业的概率。$\frac{p_i}{1-p_i} = e^{\beta_1 + \beta_2 x_i}$，两边取对数，得到 $L_i = \mathrm{Ln}\left(\dfrac{p_i}{1-p_i}\right) = \beta_1 + \beta_2 X_i + \mu_i$，将模型扩展，得到：

$$L_i = \mathrm{Ln}\left(\frac{p_i}{1-p_i}\right) = \beta_0 + \beta_1 \kappa + \beta_2 SN + \beta_3 \chi + \beta_4 \gamma + \beta_5 h + \beta_6 w_j + \varepsilon$$

其中，$\kappa$ 代表风险，$SN$ 代表社会关系，$\chi$ 代表个体特征，$\gamma$ 代表人力资本特征，$\eta$ 代表劳动力市场分割，$\omega$ 为估计的工资率，$\varepsilon$ 表示误差项。

在下面的实证检验中，本章将对就业风险和社会关系分步进行研究，并分别对估计的模型进行稳定性讨论。

## 二、OLS 估计结果

首先我们运用 OLS 法对进城务工人口的工资率进行估计，对模型回归后，检验多重共线性，采用膨胀因子方法。

表 5-4　膨胀因子

|  | VIF | 1/VIF |
| --- | --- | --- |
| 工作经验 | 8.48 | 0.1179 |
| 工作经验平方项 | 7.34 | 0.1362 |
| 个体组织 | 6.23 | 0.1064 |
| 私营企业 | 5.98 | 0.1673 |
| 服务类人员 | 2.89 | 0.3457 |
| 低技能人员 | 2.81 | 0.3558 |
| 年龄 | 2.53 | 0.3955 |
| 机关事业单位 | 2.32 | 0.4301 |
| 自雇人员 | 2.07 | 0.4828 |
| 高技能人员 | 2.06 | 0.4866 |
| 未婚 | 2.04 | 0.4899 |
| 个体从业人员 | 2.00 | 0.4994 |
| 外资企业 | 1.68 | 0.5960 |
| 管理人员 | 1.67 | 0.6000 |
| 没有受过培训 | 1.59 | 0.6305 |
| 合资企业 | 1.58 | 0.6324 |
| 教育程度 | 1.40 | 0.7161 |
| 受过技能培训 | 1.34 | 0.7444 |
| 男性 | 1.23 | 0.8125 |
| 初职月对数工资 | 1.22 | 0.8180 |
| 离异 | 1.13 | 0.8835 |
| 丧偶 | 1.04 | 0.9660 |
| Mean VIF | 2.76 | |

表 5-4 显示模型的膨胀因子平均值为 2.76，与经验值相差不大。最大值为 8.48，小于经验值 10，模型不存在多重共线性。经过逐步回归，得到如下结果：

表 5-5　工资收入估计方程

| 变量 | OLS 模型 | |
| --- | --- | --- |
|  | 系数 | 标准误 |
| 工作年限 | 0.0267*** | 0.0090 |
| 工作年限平方 | −0.0006*** | 0.0003 |
| 年龄 | 0.0019 | 0.0030 |
| 未婚（基组＝已婚） | 0.0345 | 0.0656 |
| 离异（基组＝已婚） | −0.0259 | 0.1450 |
| 丧偶（基组＝已婚） | −0.4866 | 0.3070 |
| 文化程度 | 0.0058 | 0.0086 |
| 性别（1＝男，0＝女） | 0.1055** | 0.0484 |
| 接受过职业技能培训 | 0.0928 | 0.0588 |
| 没有接受过培训 | −0.0443 | 0.0544 |
| 自雇（基组＝灵活就业类） | 0.7525*** | 0.0988 |
| 高级技术类（基组＝灵活就业类） | 0.7306*** | 0.0922 |
| 服务类（基组＝灵活就业类） | −0.1572* | 0.0832 |
| 企业办事类（基组＝灵活就业类） | 0.2033** | 0.1003 |
| 技能类（基组＝灵活就业类） | 0.1194 | 0.0815 |
| 管理类（基组＝灵活就业类） | 0.5435*** | 0.1157 |
| 其他（基组＝灵活就业类） | 0.4547 | 0.4818 |
| 私营企业（基组＝国有企业） | 0.1772* | 0.1048 |
| 外资企业（基组＝国有企业） | 0.3406** | 0.1686 |
| 合资企业（基组＝国有企业） | 0.0732 | 0.1714 |
| 个体从业（基组＝国有企业） | 0.0956 | 0.1077 |
| 机关事业单位（基组＝国有企业） | −0.0057 | 0.1366 |
| 初职工资收入 | 0.0305 | 0.0273 |
| 常数项 | 1.3964*** | 0.2894 |
| 样本数 | 403 | |
| Adj R-squared | 0.4456 | |
| p | 0.0000 | |
| F (22, 380) | 15.69 | |

注：***、**、*分别代表在1%、5%、10%的水平上显著。

表 5-5 的计量结果表明，教育程度估计结果并不显著，教育缺乏回报；代表工作经验的从业年限通过显著性检验，工作经验对收入水平的影响呈倒 U 形，说明在从业者的工作经验难以有效转化为人力资本价值，工作年限的增加并不能带来工资收入的同步提高，进而难以实现生活质量的提升；从进城务工人口的技能水平看，接受过职业技能培训和没有受过培训均没有通过显著性检验，但没有接受过培训系数为负，说明进城务工人口的职业技能培训对于其工资收入的增加并没有产生显著影响；从职业类型看，职业为自雇、高级技术、企业办事类人员，其职业对工资收入的增加有正向影响，职业为服务类人员对工资收入的影响为负；从单位性质看，相对就职于国有企业而言，在私营企业和外资企业从业，对其工资收入的影响为正；从性别看，进城务工的男性劳动人口收入仍高于女性。

有必要对模型进行检验，生成残差对预测值的标汇图，如图 5-1 所示，预测值非常接近实际值。但预测值大于或小于实际值的状况也存在，说明此模型并非最优。

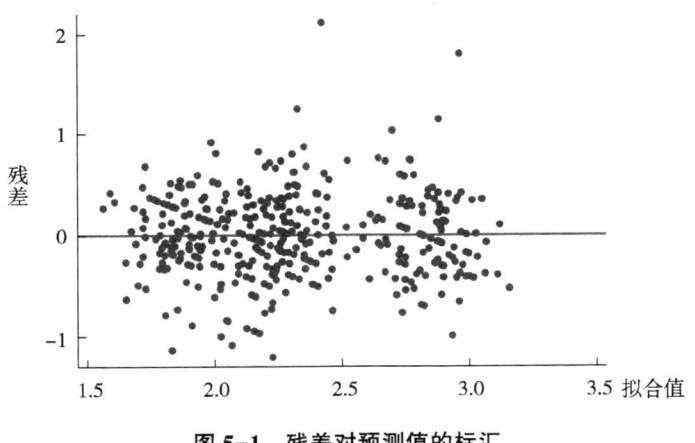

图 5-1　残差对预测值的标汇

## 三、就业风险的 Logit 回归方程

### （一）就业风险对就业部门选择的影响

务工人口在不同就业部门从业的风险水平是不同的。

由于风险类型是因个体特质而存在的，即特定的个体特征是风险类型的实施载体。泛泛地将风险分类只能粗略地刻画风险对行动决策的影响，难以将风险类型对行为选择的影响机理进行细致的描述。进而，我们引入分类的个体特质，考察人力资本、个体特征和就业动机差异下的风险分类，进而得出风险类型影响务工人口就业部门选择的运行机理。一般而言，个体的能力越强，其能够承受风险的能力越强，具有较高文化水平和职业技能的个体，在选择就业时，更愿意也更有能力去选择入职门槛较高的正规部门从业，即便这意味着个体面临被拒绝的风险，以及以更低的成本进入非正规部门的机会成本。具有发展动机的务工人口，为了实现更好的发展，可能会更愿意冒险去寻求稳定的就业。因而，可以假设：就业风险对务工人口就业部门选择的影响依赖于个体的文化程度和职业技能水平和就业动机，同时，与个体的年龄也有关系。基于上述分析，本模型假定：

（1）文化程度较高的风险偏好型务工人口，倾向于选择正规部门就业。

（2）拥有技能的风险偏好型务工人口，倾向于选择正规部门就业。

（3）具有发展动机的务工人口，倾向于选择正规部门就业。

根据假设，我们设定六个方程分别估计风险数值水平、风险类型、风险类型与文化程度交互项、风险类型与职业培训交互项、风险类型与年代交互项、风险类型与就业动机交互项来探讨风险因素影响务工人口就业部门选择的行为机理（见表5-6）。

模型（1）表示就业风险因素与就业部门选择的关系。就业风险因素对于务工人口就业部门的选择具有显著影响。随着风险水平的增加，务工人口选择正规部门就业的概率增大。

模型（2）将风险分类，从风险分类看，相对于风险厌恶型务工人口，务工人口风险偏好增加一个单位，其选择正规部门就业的对数发生比会提高0.69个单位，风险中性增加一个单位，务工人口选择正规部门就业的对数发生比会增加0.99个单位。对于风险偏好型务工人口，其个体的风险承受能力较强，对于可能的损失较不敏感，对于进入正规部门就业这一决策事件，风险偏好型务工人口赋予的主观权重并不大，没有高估既存的风险决策，更多地考虑正规部门从业的稳定性和较高的工资水平，愿意承受风险去选择正规部门。

模型（3）为风险类型和文化程度的交互项。风险偏好_大专及以上文化程度的务工人口倾向于选择正规部门就业，相较于其他风险和文化程度的交互项而言，具有风险偏好_大专及以上文化的务工人口增加一个单位，选择正规部门就业的对数发生比会增加 2.69 个单位。从估计结果看，风险偏好和风险中性的务工人口，倾向于选择正规部门就业，然而只有其文化达到一定水平时，才会将这种倾向付诸实践，即风险类型附载于文化程度之上，依靠文化程度对就业行为产生影响。依据前景理论对此可以解释如下：相较于风险规避_小学文化者，对于具有较高学历的风险偏好型务工人口而言，其对正规部门价值的评价较高，而且获得正规部门就业的权重要大，进入正规部门就业会获得较大的总价值。

模型（4）为风险类型和职业培训的交互项。相对于基组，即风险规避_接受过岗位培训的务工人口，风险规避_无职业培训的务工人口倾向于选择非正规部门就业，这样的务工人口增加 1 个单位，其选择正规部门就业的概率会降低 1.04 个单位。但按照前景理论的推理，由于不确定性的存在，对于较大可能事件，个体倾向于规避风险，进而选择次优的行动方案，风险偏好_岗位培训务工人口选择正规部门就业的概率较低，说明出现了"偏好逆转"效应，即偏好与选择之间不一致，具有风险偏好，且受过岗位培训的进城务工人口最终选择非正规部门就业。

模型（5）为风险类型与年代的交互项。风险偏好_新生代务工人口增加一个单位，其选择正规部门就业的概率会增加 1.36 个单位。

模型（6）为风险类型与就业动机的交互项。风险规避_享受动机务工人口增加一个单位，其选择正规部门就业的概率会增加 1.10 个单位，风险偏好_享受动机务工人口增加一个单位，其选择正规部门就业的概率会增加 0.99 个单位。

表 5-6 就业风险与就业部门选择估计

| | (1) 部门 | (2) 部门 | (3) 部门 | (4) 部门 | (5) 部门 | (6) 部门 |
|---|---|---|---|---|---|---|
| 就业风险值 | 0.0007*** <br> (0.0002) | 0.0008*** <br> (0.0002) | 0.0009*** <br> (0.0002) | 0.0008*** <br> (0.0002) | 0.0008*** <br> (0.0002) | 0.0008*** <br> (0.0002) |
| 风险偏好 | | 0.6910* <br> (0.3694) | | | | |
| 风险中性 | | 0.9852*** <br> (0.3871) | | | | |
| 风险规避_初中 | | | −0.3092 <br> (0.5821) | | | |
| 风险规避_高中 | | | 0.1282 <br> (0.7263) | | | |
| 风险规避_大专 | | | −0.0188 <br> (0.6556) | | | |
| 风险偏好_初中 | | | 0.9153 <br> (0.7246) | | | |
| 风险偏好_大专 | | | 2.6857** <br> (1.1493) | | | |
| 风险中性_小学 | | | 1.3273 <br> (0.9859) | | | |
| 风险中性_大专 | | | 0.4382 <br> (1.0887) | | | |

续表

| | （1）部门 | （2）部门 | （3）部门 | （4）部门 | （5）部门 | （6）部门 |
|---|---|---|---|---|---|---|
| 风险规避_受过技能培训 | | | | -0.6705<br>(0.5190) | | |
| 风险规避_没有受过培训 | | | | -1.0390**<br>(0.5165) | | |
| 风险偏好_岗位培训 | | | | -0.4795<br>(0.6151) | | |
| 风险偏好_没有受过培训 | | | | -0.6871<br>(0.5302) | | |
| 风险规避_没有受过培训 | | | | -0.7246<br>(0.6829) | | |
| 风险规避_新生代 | | | | | 0.2492<br>(0.4998) | |
| 风险规避_老一代 | | | | | 0.5341<br>(0.4824) | |
| 风险偏好_新生代 | | | | | 1.3550**<br>(0.6003) | |
| 风险规避_发展动机 | | | | | | 0.3690<br>(0.3826) |
| 风险规避_享受动机 | | | | | | 1.1045***<br>(0.4031) |

续表

| | （1）部门 | （2）部门 | （3）部门 | （4）部门 | （5）部门 | （6）部门 |
|---|---|---|---|---|---|---|
| 风险偏好_生存动机 | | | | | | 0.6896<br>(0.5367) |
| 风险偏好_享受动机 | | | | | | 0.9896**<br>(0.4989) |
| 风险中性_享受动机 | | | | | | 0.7802<br>(0.8352) |
| 年龄 | 0.0202<br>(0.0156) | 0.0190<br>(0.0158) | 0.0160<br>(0.0162) | 0.0119<br>(0.0156) | -0.0011<br>(0.0217) | 0.1367<br>(0.1592) |
| 男性 | 0.4729*<br>(0.2580) | 0.4882*<br>(0.2611) | 0.5749**<br>(0.2701) | 0.4920*<br>(0.2574) | 0.5400**<br>(0.2619) | 0.5518**<br>(0.2612) |
| 文化程度 | 0.1114**<br>(0.0493) | 0.1090**<br>(0.0497) | -0.0182<br>(0.0712) | 0.1215***<br>(0.0489) | 0.1114**<br>(0.0500) | 0.0666<br>(0.0486) |
| 工作经验 | -0.0767<br>(0.0469) | -0.0771<br>(0.0478) | -0.0745<br>(0.0483) | -0.0696<br>(0.0463) | -0.0900<br>(0.0477) | -0.0751<br>(0.0477) |
| 工作经验平方项 | 0.0027*<br>(0.0015) | 0.0028*<br>(0.0015) | 0.0028*<br>(0.0015) | 0.0023<br>(0.0015) | 0.0031**<br>(0.0015) | 0.0029**<br>(0.0015) |
| 已婚 | 0.1910<br>(0.3142) | 0.3045<br>(0.3209) | 0.5803*<br>(0.3387) | 0.2649<br>(0.3234) | 0.1902<br>(0.3184) | 0.6295**<br>(0.2835) |
| 受过技能培训 | -0.3027<br>(0.3173) | -0.3282<br>(0.3218) | -0.4314<br>(0.3338) | | -0.3081<br>(0.3213) | -0.3306<br>(0.3218) |

续表

| | (1) 部门 | (2) 部门 | (3) 部门 | (4) 部门 | (5) 部门 | (6) 部门 |
|---|---|---|---|---|---|---|
| 没有受过培训 | -0.8483*** | -0.7849*** | -0.8198*** | | -0.7916*** | -0.7198*** |
| | (0.2733) | (0.2770) | (0.2894) | | (0.2763) | (0.2737) |
| 享受公共财政给付的单位 | 4.6295*** | 4.6299*** | 4.6497*** | 4.6470*** | 4.6294*** | 4.5830*** |
| | (1.0462) | (1.0469) | (1.0429) | (1.0409) | (1.0477) | (1.0314) |
| 封闭行业 | -0.6080 | -0.6023 | -0.3240 | -0.6775 | -0.6337 | -0.6031 |
| | (0.4295) | (0.4329) | (0.4524) | (0.4340) | (0.4300) | (0.4300) |
| 对数月工资 | 2.3817*** | 2.9749*** | 3.0642*** | 2.4323*** | 2.7394*** | 2.8761*** |
| | (0.8266) | (0.8760) | (0.8955) | (0.8484) | (0.8628) | (0.8545) |
| 农村户籍 | -0.1303 | -0.2328 | -0.2974 | -0.1062 | -0.2394 | -0.3072 |
| | (0.4240) | (0.4349) | (0.4463) | (0.4210) | (0.4321) | (0.4349) |
| 城市 | 0.0630 | 0.0110 | 0.0202 | 0.0747 | 0.1191 | 0.1175 |
| | (0.2804) | (0.2833) | (0.2946) | (0.2798) | (0.2819) | (0.2860) |
| 常数项 | -20.5943*** | -25.9317*** | -25.3467*** | -20.6107*** | -23.0238*** | -24.4658*** |
| | (6.6351) | (7.100) | (7.2171) | (6.8821) | (6.9278) | (6.9193) |
| N | 405 | 405 | 405 | 405 | 405 | |
| Log likelihood | -218.0447 | -214.6223 | -209.2254 | -220.7489 | -214.9000 | |
| Pseudo $R^2$ | 0.2175 | 0.2298 | 0.2491 | 0.2078 | 0.2288 | |

注：***、**、* 分别代表在1%、5%、10%的水平上显著。

## (二) 稳健性讨论

从就业风险的估计来看,估计结果符合我们预期的假设。即年青一代、拥有较高文化程度的风险偏好型务工人口选择正规部门就业的概率大,这里存在互为因果关系,即风险偏好型务工人口是因为其各方面条件较好,或者各方面的综合条件较高使其具备了风险偏好的性质,因而对于这种互为因果关系需要进行内生性检验。由于风险偏好和个体能力间互为作用,因而可以设定联立方程组模型来刻画这种影响机理。

$$sect = a_{01} + b_{12}risk + x_{1i}\gamma_1 + \mu_{1i}$$
$$risk = a_{02} + b_{21}age + x_{2i}\gamma_2 + \mu_{2i}$$

其中,sect 和 risk 表示就业部门和就业风险,它们为系统中的两种内生变量,$x_1$、$x_2$ 为系统中除文化程度外的其他外生控制变量,是两种内生变量的解释变量,$\mu_1$ 和 $\mu_2$ 为模型中的扰动项,$x_1$ 由务工人口单位所有制性质、行业类型、其求职的关键途径构成,$x_2$ 由个体特征、户籍、地域等变量构成。这些变量的选取保证模型可以识别。上述联系方程模型由三阶段最小二乘法估计,表 5-7 报告此估计结果。从 chi2 和 P 值看,方程整体上显著,即我们前面估计的风险偏好对就业部门选择的影响结果是稳健的。

表 5-7 就业风险、就业部门的联立方程估计

| Equation | Obs | Parms | RMSE | "R-sq" | chi2 | P |
| --- | --- | --- | --- | --- | --- | --- |
| 就业部门 | 406 | 4 | 0.4736 | 0.094 | 52.70 | 0.0000 |
| 风险类型 | 406 | 5 | 0.7329 | -0.1537 | 15.86 | 0.0072 |
| | Coef. | Std. Err. | z | P>\|z\| | [95% Conf. Interval] | |
| 就业部门 | | | | | | |
| 风险类型 | 0.1858 | 0.1708 | 1.09 | 0.277 | -0.1491 | 0.5206 |
| 职业类型 | -0.0739 | 0.0751 | 0.98 | 0.325 | 0.0751 | 0.0734 |
| 单位性质 | 0.5267*** | 0.0876 | 6.01 | 0.000 | 0.3549 | 0.6983 |
| 择业途径 | -0.0739 | 0.0751 | -0.98 | 0.325 | -0.2212 | 0.0734 |
| 风险类型 | 0.1858 | 0.1708 | 1.09 | 0.277 | -0.1491 | 0.5206 |
| 常数项 | -0.0176 | 0.0234 | -0.75 | 0.452 | -0.0634 | 0.0283 |

续表

| Equation | Obs | Parms | RMSE | "R-sq" | chi2 | P |
|---|---|---|---|---|---|---|
| 风险类型 | | | | | | |
| 出生年代 | 0.5525 | 0.6046 | 0.91 | 0.361 | 0.6324 | 1.7374 |
| 教育程度 | 0.0577 | 0.0419 | 1.38 | 0.169 | -0.0245 | 0.1399 |
| 性别 | -0.1145 | 0.0924 | -1.24 | 0.216 | -0.2956 | 0.0667 |
| 地域 | 0.2110*** | 0.0832 | 2.54 | 0.011 | 0.0480 | 0.3740 |
| 户籍 | -0.0049 | 0.1778 | -0.03 | 0.978 | -0.3535 | 0.3436 |
| 常数项 | 1.1548* | 0.6372 | 1.81 | 0.070 | 0.0941 | 2.4038 |

注：①内生变量是就业部门、风险类型、教育程度；外生变量是出生年代、择业途径、性别、户籍、地域、单位性质。

②***、**、*分别代表在1％、5％、10％的水平上显著。

构建联立方程，运用3OLS，拟合模型：

$Bumen = 0.1735 + 0.1858 riskcla - 0.0176 tujing - 0.0739 prof + 0.5267 nature$

$Riskcla = 1.1548 + 0.5525\ agcla + 0.0577\ educ - 0.1145\ gend + 0.2110\ area - 0.0049\ huji$

### （三）中介效应检验

从就业风险的估计来看，估计结果符合我们预期的假设。即年青一代、拥有较高文化程度的风险偏好型务工人口选择正规部门就业的概率大，现实中个体能力的高低和就业部门选择之间并非完全的直接因果关系，两者间存在着中间影响变量。如父亲职业阶层，或者个体的风险类型等，都可能成为就业部门选择中的间接影响因素，因而可以进行中介效应检验来刻画这种影响机理。模型如下：

$$sect = jx + e_1$$
$$M = hx + e_2$$
$$sect = j'x + bM + e_3$$

其中，$sect$ 为因变量；$x$ 为务工人口个体能力，包括文化程度、职业技能；$M$ 为中介变量，包括风险类型和父亲职业阶层；$e_1$、$e_2$、$e_3$ 为模型中的误差项。

本章采用依次检验法①，首先检验 j，结果显示，职业技能变量具有显著影响，其自由度的熵为 0.000；其次检验系数 h 和 b，教育对风险类型影响显著，自由度的熵为 0.021，但风险类型和父亲职业阶层对务工人口就业部门选择影响不显著；再次，我们进行 sobel 检验，h 显著，自由度的熵为 0.033；最后检验 j′，职业技能显著，自由度的熵为 0.000，说明存在不完全中介效应，即职业技能和风险类型显著地影响务工人口就业能力，进而影响其就业部门的选择。

### 四、社会资本的 Logit 回归方程

#### （一）社会资本对就业部门选择的影响

从务工人口求职过程中依靠的关键渠道来看，相对于通过亲戚获得工作的，通过老乡获得工作对务工人口就业选择的帮助更大些，由于老乡与务工人口之间的联系属于"梯次交往"模式，他们同属一个阶层，其传递的信息、给予的人力、财力帮助非常有限，因而，即便务工人口在就业搜寻过程中需依靠同乡的帮忙，但对于其进入正规部门就业的帮助非常有限。

从务工人口选择经常性交流工作和求职信息的对象来看，老乡、朋友和同事的信息对于务工人口求职及选择正规部门就业的帮助是显著的。这也反映出务工人口在城市求职过程中的主要信息来源。通过老乡介绍，告知招工信息，通过一起工作的工友或同事了解用工需求，通过聊天交往的朋友获取务工信息，这反映了作为工具的社会资本，在务工人口就业信息传递过程中，简单互惠机制和强有力的信任机制发挥了重要作用。

从务工人口经常联系的亲朋乡邻职业类型看，同样为进城务工的低端职业从业者和在家乡务农者对于务工人口选择正规部门就业的影响显著为负。经常联系的亲朋乡邻如果是包工头或农村经纪人，对其选择正规部门就业的帮助也不大，同样为负，但不显著。

一般而言，亲密亲友的职业和他们对务工人口求职的帮助间存在相依关系，进一步地，我们将亲友职业类型和务工人口关键求职途径进行交互分析，结果显示，如果近亲属从事包工头或农村经纪人等具有管理经营性

---

① 对于本书样本而言，中介效应较为明显，因而选择在统计中容易操作的依次检验法较为合适。

质的职业，那么，这些亲戚对务工人口的就业帮助非常大，他们会影响务工人口进入非正规部门就业。样本中进城务工人口的社会关系网络质量并不高，或者说这种"强关系网络"对于其能否进入正规部门就业发挥的作用不大，劳动力市场的筛选机制发生作用，进城务工人口直接被次级劳动力市场接收，被选择进入非正规部门就业（见表5-8）。

**表5-8　社会关系与就业部门选择估计**

| 变量 | 系数 | 标准误 | 变量 | 系数 | 标准误 |
|---|---|---|---|---|---|
| 求职关键途径 | | | 亲友职业阶层 | | |
| 通过老乡获得工作 | 0.4335 | 0.8270 | 中间阶层 | 0.9272* | 0.5095 |
| 市场途径求职 | -0.5786 | 0.6923 | 较低阶层 | 0.9832 | 0.7511 |
| 其他途径求职 | -0.2294 | 0.5102 | 交流求职信息＆亲朋职业类型 | | |
| 经常交流职业信息的对象 | | | 亲戚_中间阶层 | -1.8729** | 0.9138 |
| 老乡 | 0.9956*** | 0.3869 | 亲戚_较低层 | -0.3902 | 0.7675 |
| 亲戚 | 0.0512 | 0.5221 | 亲戚_高层 | -0.1744 | 1.0359 |
| 朋友 | 0.7686* | 0.4112 | 老乡_较低层 | 0.0512 | 0.5221 |
| 同学 | 0.8405*** | 0.3563 | 男性 | 0.4798* | 0.2617 |
| 同事 | 0.1347 | 0.6883 | 年龄 | 0.0189 | 0.0161 |
| 其他人 | 0.7686* | 0.5926 | 已婚 | 0.3477 | 0.3381 |
| 工作经验 | 0.0028* | 0.0015 | 教育程度 | 0.1192** | 0.0508 |
| 工作经验平方项 | -0.0807* | 0.0472 | 单位享受公共财政给付 | 4.7713*** | 1.0696 |
| 技能培训 | 0.4680 | 0.3331 | 封闭行业 | 0.2926 | 0.4592 |
| 没有受过培训 | 1.0005*** | 0.2840 | 户籍 | 0.3535 | 0.4536 |
| 常数项 | -1.20675 | 0.9766 | 地区 | 0.3098 | 0.2985 |
| Log likelihood = -209.4123 | | | Pseudo $R^2$ = 0.2441 | N = 402 | |

注：***、**、*分别代表在1%、5%、10%的水平上显著。

### （二）自选择偏误

在社会资本的实证研究中，通常采用个体或群体拥有的社会网络的类型、密度和质量。由于社会资本与个体获得的职业类型间具有很强的内生性，因此从事的职业本身会决定其所拥有的社会资本类型和含量。从社会关系对务工人口就业部门选择的影响来看，务工人口依赖社会网络的就业选择往往是选择非正规部门就业。务工人口的社会网络关系以其亲戚、老乡和打工的朋友为主，这种现象的背后可能存在两种推论：一是这种"自生自发"的亲缘、地缘和业缘关系网络使务工人口的社会交往局限于此；二是务工人口在社会交往过程中的先入为主，使他们更倾向于选择同乡、同工的人做朋友。因而，社会关系对就业部门选择的影响中存在务工人口的自选择偏误。我们采用"倾向评分匹配"法来减轻由于自选择带来的估计偏误。

根据样本特征，用务工人口父亲职业类型、教育程度、务工来源地、户籍、行业类型进行匹配。将亲友中从事公务员、医生、教师职业的人数（1=有人从事，0=无人从事）进行分组，匹配后发现，务工人口经常联系的亲朋乡邻的职业类型、其求职的关键途径对于其就业部门选择的影响仍然显著。匹配结果支持估计的结论，即在排除自选择问题后，社会关系对就业部门选择的影响结果仍然是成立的。利用 K-nearest neighbors 匹配的结果如表 5-9 所示：

表 5-9　社会关系的匹配结果

| n. treat | n. contr. | ATT | Std. Err | t |
| --- | --- | --- | --- | --- |
| 215 | 79 | 0.030 | 0.141 | 0.211 |

注：此处仅报告匹配后的 ATT 值和 t 值，对于匹配的检验结果略；t 值>1.96 或 t 值<-1.96 表示 ATT 值在 95% 的显著性水平上是显著的。

### 五、控制变量解释

从就业风险和社会资本对就业部门选择行为的影响看，控制变量的估计结果非常接近。

个体特征方面，男性务工人口选择正规部门就业的概率高于女性，可能的原因在于男性样本较多，且男性务工人口多集中于加工制造业、建筑业等领域。婚姻状况对于务工人口就业部门的选择没有显著影响。年龄变量的影响不显著。

纯粹的动机因素对于进城务工人口就业部门选择的影响并不显著。从动机的功能来解释：①动机对个体差异的识别功能并不显著，本章中动机因素的影响不显著，说明样本中进城务工人口的就业动机具有趋同性，不同类型的就业动机对务工人口的行为解释力非常有限，很难仅通过动机识别出进城务工人口的就业选择倾向。②就业动机对务工人口就业目标的导向功能和就业结果的持续功能没有体现。就常识而言，持有发展动机的务工人口，更倾向于选择正规部门就业，将风险类型和就业动机交互分析，发现持有享受动机的务工人口倾向于选择正规部门就业。③动机的系统行动控制功能并没有体现。由于务工人口的就业流动性较大，其就业动机对就业行为的支撑功能较弱，很难支撑务工人口沿着既定的目标上行流动，这使得就业动机在务工人口工作回报中的支撑功能变得更加模糊。Giuliano Bonoli 和 Karl Hinrichs（2010）在论述低技能工人的统计歧视和雇主的招聘方式中指出，就业中心和工人较低的动机水平往往导致就业决策行为不明朗。

人力资本方面，我们用教育程度、工作经验及经验平方项、职业技能状况三个替代变量来刻画。除风险与教育程度和风险与就业动机交互项估计带来的共线性导致教育变量不显著外，其余估计结果表明教育程度变量在1%水平上显著，这意味着随着教育程度的提高，进城务工人口选择正规就业的概率增大。接受过职业技能培训没有通过显著性检验，而没有受过培训在1%水平上显著为负，说明职业技能培训并没有使进城务工人口就业部门选择的优势增大。工作经验也没有通过显著性检验，然而随着工作年限的增加，进城务工人口选择正规部门就业的概率增加，即估计的工作经验平方项显著为正，说明务工人口人力资本专用性随之增强，其拥有的工作经验对于职业上行流动有帮助，但是非常有限。人力资本可以看成是初始人力资本和专用性人力资本的复合函数，初始人力资本属于个体的先天禀赋，专用性人力资本的生成是时间的函数，初始人力资本通过学习和培训会获得职位所需的专业素质和技能，进而人力资本的专用性生成。由于人力资本禀赋的不同，人力资本培训方式、培训内容的不同会导致人力资本水平的差异。

从分割因子看，本章的估计结果说明，劳动力市场分割下，在能够享受公共财政给付的单位工作，务工人口更倾向于选择正规部门就业。开放行业中的职业类型对于进城务工人口的就业结构而言，尚未形成阶层固化，进城务工人口曾经的就业经历相较于其现在所拥有的人力资本存量、即将获得的工作对他的吸引程度等而言，所发挥的影响仍然较小。封闭行业中务工人口的就业出现了较为明显的阶层固化现象。但行业分割变量的估计结果均不显著。从这两个估计结果可以观察到，目前影响劳动力市场中务工人口就业行为的因素仍主要是二元的财政给付制度，由于制度惯性的作用，这种影响仍然很强大。

### 六、引入分割因子的就业部门选择

个体的就业决策行为不仅仅受微观因素的影响，宏观因素的影响同样不可忽略。第四章第四节中通过聚类分析找出劳动力市场分割的影响因子，这种二元性的劳动力市场存在，会不会造成二类市场自身的固化，或者说，这种分割性劳动力市场的存在是否具有内生性，导致这种内生性存在的结构性因素除了制度外，对个体特质抑或家庭特征的因素有必要进行考察（贺秋硕，2007）。进而，我们将政策因子和行业因子分别代入选择方程中，考察分割因子对进城务工人口就业部门选择的影响（见表5－10）。

构建模型：

$$L_i = \mathrm{Ln}\left(\frac{p_i}{1-p_i}\right) = \beta_0 + \beta_1 \chi + \beta_2 \gamma + \beta_3 h + j_i + \varepsilon$$

$\chi$ 代表个体特征，$\gamma$ 代表家庭特征，$h$ 代表人力资本，$j$ 代表社会资本，$\beta_i$ 代表分割性因子，其中 $i=(1, 2)$ 分别表示劳动力市场的政策性分割和行业分割。$\varepsilon$ 为误差项。

政策性分割本身对进城务工人口就业部门的选择没有产生显著影响。政策性分割作用下，工作经验和工作经验平方项，以及职业技能变量对务工人口就业选择没有产生显著影响，说明劳动力市场的政策性分割使人力资本缺乏回报。行业分割因子中，对从业者综合素质要求较高的行业对进城务工人口进入正规部门就业影响显著。行业分割作用下，务工人口的文化程度变量没有通过显著性检验，工作经验在10%水平上负显著，即工经验增加一年,选择正规部门就业的对数发生比降低 0.081。

表 5-10 分割因子与就业部门选择估计

| 变量 | 政策性分割 | | 行业分割 | |
| --- | --- | --- | --- | --- |
| | 系数 | 标准误 | 系数 | 标准误 |
| 工作经验 | -0.0578 | 0.0413 | -0.0814* | 0.0452 |
| 工作经验平方 | 0.0015 | 0.0013 | 0.0019 | 0.0015 |
| 文化程度 | 0.1164*** | 0.0415 | 0.0592 | 0.8383 |
| 男性 | 0.2363 | 0.2256 | 0.0670 | 0.2427 |
| 年龄 | 0.0480*** | 0.0149 | 0.0458*** | 0.0154 |
| 接受过职业技能培训 | -0.2769 | 0.2854 | -0.3721 | 0.3169 |
| 没有接受过职业技能培训 | -0.9832*** | 0.2498 | -0.6968*** | 0.2660 |
| 未婚 | 0.0912 | 0.3160 | 0.2654 | 0.3315 |
| 离异 | -0.2650 | 0.6747 | 0.0071 | 0.7102 |
| 城市户籍 | -0.0368 | 0.3791 | | |
| 本地人口 | 0.1008 | 0.2501 | | |
| 封闭行业 | | | 0.2897 | 0.0480 |
| 对从业者素质要求较高 | | | 0.6835*** | 0.0452 |
| 常数项 | -1.9763*** | 0.7841 | -1.8011** | 0.0015 |

注:***、**、*分别代表在1%、5%、10%的水平上显著。

## 第五节 就业部门选择与收入回报

Osberg L.,Gordon D. 和 Zheng(1994)的研究表明,劳动者行业间就业流动主要受制于可获得的雇佣小时数,而且工资差异变量在行业间流动的原因中具有显著性,而可获得的受雇小时与工资差异并非是劳动力进行区域间迁移的主要决定因素。Anderson 等(1987)认为,不同产业的工资水平并不相同,工资差异的原因在于工人进入了不同的产业。国内目前关于务工人员工资差异的研究多基于比较视角对城镇职工与外来工之间工资差异展开(王美艳,2005)。邢春冰(2007)从职业流动视角对国有部门和非国有部门间的收入决定做了分析,其研究显示,劳动力在不同部门间的流动是导致不同部门间收入分布差异的重要原因。本章运用 Heckman 两阶段模型对工资方程进行估计,研究目的在于明确不同就业部门工资收入的差异。进而提出假设:

假设 5-4:正规部门和非正规部门就业回报存在差异。

假设 5-5:就业风险对工资收入影响显著。

假设 5-5a:非正规部门就业风险的工资差异大于正规部门。

## 一、模型引入

对于模型,若只能观测到总体中被解释变量的一个子集,能否观测到被解释变量的决定规则并不直接取决于其结果。这就是计量中的断尾问题。通常在总体模型中添加一个明确的选择方程:

$$y = x\beta + u, \quad E(u|x) = 0 \quad (5-16)$$

$$s = 1[z\gamma + v \geq 0] \quad (5-17)$$

式(5-16)、式(5-17)中若观测到 $y$,则 $s=1$,务工人口进入正规就业,否则为 0,进入非正规就业。假定 $(u,v)$ 独立于 $z$,以 $z$ 和 $v$ 对方程(5-16)取期望,得到:

$$E(y|z,v) = x\beta + E(u|z,v) = x\beta + E(u|v)$$

$u$ 和 $v$ 是联合正态,均值为零,则有参数 $\rho$ 使 $E(u|v) = \rho v$,因此:

$$E(y|z,v) = x\beta + \rho v \quad (5-18)$$

由式(5-18)可计算出方程 $E(y|z,s)$,$E(y|z,s) = x\beta + \rho E(v|z,s)$。

由式(5-17)可知,$s$ 和 $v$ 相关,且 $v$ 为标准正态分布,当 $s=1$ 时,$E(v|z,s)$ 即逆米斯比 $\lambda(z\gamma)$。从而得到方程:

$$E(y|z,s=1) = x\beta + \rho\lambda(z\gamma) \quad (5-19)$$

方程(5-19)表明,给定 $z$ 及 $y$ 的可观测性,$y$ 的期望值等于 $x\beta$ 加上逆米斯比的取值。若 $u$ 和 $v$ 不相关,则有 $\rho=0$,则不会出现,且对利用选择样本做 OLS 就能一致地估计 $\beta$。如果直接运用 OLS 来估计样本数据,将遗漏非线性项,导致不一致的估计。由于 $\gamma$ 未知,因此不能对每个 $i$ 计算 $\lambda(z_i\gamma)$,根据已做的假定,$s$ 在给定 $z$ 时服从一个 Probit 模型:$P(s=1|$

$z)=\phi(z\gamma)$。因此,可以利用全部样本将 $s_i$ 对 $z_i$ 做 Probit 来估计,第二步可以估计(Heckman,1976;Wooldridge,1999)。

根据上文分析可知,务工人口选择正规就业与非正规就业是个体特征、家庭特征、制度性因素及其他因素综合作用的结果。因而其工资方程的估计可能因就业选择产生内生问题,造成样本选择偏误。学界通常采用 Heckman 模型来纠正样本选择偏误(Heckman,1976;Wooldridge,1999;常进雄、王丹枫,2010)。

选择方程一般可表示为:

$$H^* = Sk + \xi \quad (5-20)$$

其中,$S$ 为影响务工人口选择的变量,$k$ 为系数,$\xi$ 为随机误差项。若 $H^* > 0$,务工人口选择正规就业;否则选择非正规就业。相应地,工资方程为:

$$\ln w_{if} = X_{if}\alpha_i + \mu_{ii}, \text{ 如果 } S_i k + \xi_i > 0 \quad (5-21)$$

$$\ln w_{ii} = X_{ii}\alpha_i + \mu_{if}, \text{ 如果 } S_i k + \xi_i \leq 0 \quad (5-22)$$

其中,$\ln w$ 为对数工资,$X$ 为个体特征、家庭特征等影响务工人口就业方式选择的向量,$\alpha$ 为相应系数,$\mu$ 为随机误差项。$f$ 和 $i$ 表示正规就业和非正规就业。首先估计选择方程(5-20),求得逆米斯比,再将其代入工资方程中,以此解决选择性偏误问题。最终的工资方程可以表示为:

$$\ln w_{ij} = X_{ij}\alpha_j + \pi_{jk}\lambda_j + v_{ij}, \quad j = f, i \quad (5-23)$$

$$\lambda_f = \frac{\phi(S_i k)}{\phi(S_i k)}, \quad \lambda_i = \frac{\phi(S_i k)}{1 - \phi(S_i k)}$$

## 二、部门工资方程估计

用 Heckman 两阶段模型对工资方程进行估计。第一步,用 Probit 模型估计正规部门和非正规部门选择的影响因素,因变量:将正规部门设为1,非正规部门设为0。自变量包括个体特征和其他影响就业选择的因素:年龄、性别、婚姻状况、文化程度、工作经验及工作经验的平方、技能状况等。为了解决内生性问题,结合前述研究结论,本章加入能够影响务工人口就业方式选择的变量,就业风险和就业动机,这几个变量与工资方程没有关联,因而可以很好地解决内生性问题。

## （一）Probit 模型估计结果

估计结果如表 5-11 所示。

表 5-11 Probit 模型估计

| 变量 | 系数 | 标准误 | 变量 | 系数 | 标准误 |
| --- | --- | --- | --- | --- | --- |
| 男性 | 0.2050 | 0.1406 | 就业风险 | 0.0001*** | 0.0000 |
| 工作经验 | -0.0169 | 0.0260 | 发展动机（基组=生存） | 0.1965 | 0.1965 |
| 工作经验平方 | 0.0004 | 0.0008 | 享受动机（基组=生存） | 0.0091 | 0.1701 |
| 未婚（基组=已婚） | 0.0275 | 0.1936 | 技能培训（基组=岗前培训） | -0.1165 | 0.1787 |
| 离异（基组=已婚） | 0.1014 | 0.4221 | 没受过培训（基组=岗前培训） | -0.5836*** | 0.1564 |
| 年龄 | 0.0283*** | 0.0091 | 文化程度 | 0.0690*** | 0.0254 |
| 常数项 | -1.3047*** | 0.4793 | | | |
| LRchi2（12）= 45.62 | | | | | |
| Pseudo $R^2$ = 0.0820 | | | | | |
| Prob>chi2 = 0.0000 | | | | | |
| Loglikelihood = -255.4335 | | | | | |

注：***、**、*分别代表在 1%、5%、10%的水平上显著。

## （二）工资决定方程

接下来第二步，分别对正规部门和非正规部门就业的工资方程进行估计。根据 Probit 模型结果，生成逆米斯比，即选择性偏差修正项。将其分别代入正规部门与非正规部门工资方程中进行 OLS 分析。因变量为月工资对数，自变量除上述变量外，加入逆米斯比。其中，模型一表示正规部门的工资决定方程；模型二表示非正规部门的工资决定方程。从估计结果来看，两个模型中的逆米斯比并不显著，说明样本不存在选择性偏误（见表5-12）。

从估计结果可以发现以下特征：①工资的性别差异显著，估计结果显示，非正规部门男性工资比女性工资高。值得注意的是，两部门中男性工资并不显著，非正规部门的性别工资差异更大。②教育程度、职业技能和工作经验的差异较显著。但正规部门文化程度对工资的影响为负，说明正规部门中文化程度缺乏回报。非正规部门文化程度的影响显著为正。正规部门职业技能和工作经验的回报率高于非正规部门，这一检验结果与Winter 和 Gindling（1992）及吴要武（2009）的研究结论相吻合。特别是工作经验平方项，在两个部门均缺乏回报。③不同部门中就业风险的工资差异显著，就业风险对于非正规部门的影响大于正规部门。④就业动机在不同部门间回报不同，持有发展动机的务工人口对正规部门工资获得具有显著影响，持有享受动机的务工人口对于不同就业部门工资的获得均没有影响。⑤婚姻状态对不同部门工资收入均没有显著影响。

总体上看，非正规部门的工资水平偏低，职业技能、工作经验等人力资本因素在非正规部门的回报率低于正规部门，估计结果验证了假设5-1；文化程度的回报率在非正规部门较高；就业风险对非正规部门的工资影响显著，结果验证了假设5-2a。就业动机对正规部门的工资水平有显著影响。

表5-12 正规部门和非正规部门工资差异

| 变量 | 模型一 | 模型二 | |
| --- | --- | --- | --- |
| | 正规部门 | 非正规部门 | 差异 |
| 男性 | −0.0484 | 0.0292 | −0.0777* |
| 年龄 | −0.0100* | 0.0010 | −0.0110** |
| 未婚 | 0.0057 | −0.0262 | 0.0319** |
| 离异 | 0.0249 | −0.0199 | 0.0449** |
| 文化程度 | −0.0229* | 0.0078** | −0.0307** |
| 技能培训 | 0.0705** | 0.0425 | 0.0280** |
| 没受过培训 | 0.1985* | −0.0324 | 0.2309 |
| 工作经验 | 0.0118*** | 0.0115*** | 0.0003*** |
| 工作经验平方 | −0.0004*** | −0.0004*** | 0.0001*** |

续表

| 变量 | 模型一 | 模型二 | |
|---|---|---|---|
| | 正规部门 | 非正规部门 | 差异 |
| 就业风险 | -0.0003 | -0.0002*** | -0.0001*** |
| 发展动机 | -0.1195*** | -0.0120 | -0.1075 |
| 享受动机 | -0.0184 | -0.0116 | -0.0068*** |
| 选择性偏误（Lambda） | -0.7096** | 0.0241* | -0.7336 |
| 常数项 | 9.0036*** | 7.8471*** | 1.1565 |
| Prob > F | 0.0000 | 0.0000 | |
| R-squared | 0.9297<br>F(13, 207) = 210.60 | 0.8698<br>F(13, 389) = 199.84 | |
| 样本数 | 221 | 403 | |

注：***、**、* 分别代表在1%、5%、10%的水平上显著。

### 三、部门人力资本回报

一般而言，具有较高人力资本的劳动力更容易做出迁移决策行为，获得更高的就业回报既取决于其较高的人力资本水平，又取决于流动性（Faggian A., McCann P., Sheppard S., 2007）。Simon C J.（1996）在《人力资本与大都市就业增长》中探讨了人力资本对就业的影响，其研究显示，人力资本水平较高的城市经历着就业的快速增长，且不同城市就业增长的差异可以由人力资本水平的差异来解释。Boston（1990）考察了白人和黑人的流动性问题，首先利用因子分析法找到表征"分割性"的因子，其研究表明，白人向上流动性要高于黑人，即便不同人种的年轻人同样处于次要劳动力市场中，但经过一段时间后，黑人留在次要劳动力市场的比例要高于白人。Boston的检验结果发现，原因在于不同人种的教育回报存在差异，对于白人而言，教育回报对白人的职业流动是正向的。职业的选择问题依赖于教育程度和劳动力市场状况（姚先国，2006；刘家强，2011）。

以上研究内在揭示出就业回报应该具有结构性特征，即人力资本水平应细分为文化程度、职业技能和工作经验，三者在不同就业部门有不同的就业回报。从现实中可以发现，工作经验和技能水平经过一段时间的积累，所生成的专用性人力资本对于务工人口具有较高的回报。因此有必要将教育和工作经验与技能水平分开来看。因而本章提出：

假设 5-6：无论在正规部门还是非正规部门，进城务工人口缺乏教育回报。

假设 5-6a：正规部门务工人口的工作经验回报率比非正规部门高。

假设 5-6b：务工人口工作经验回报呈倒 U 形。随着工作经验的增加，其工资收入提高。但经过一定年限后，其工资收入会降低。

运用 OLS 模型分别对发生职业流动的样本、正规部门就业的样本和非正规部门就业的样本进行估计。因变量为月对数工资，自变量为文化程度、工作经验、职业技能，控制变量为性别、年龄、婚姻、初职职业类型、初职工资收入、初职单位性质。

模型一是发生职业流动的全部样本。估计结果证明了人力资本回报的存在。具体表现在工作经验回报和职业技能回报方面。符合常识的结果表明，务工人口收入随着工作年限的增加有所增长，但当工作年限增加到一定程度时，务工人口的收入水平会下降，即工作年限与收入水平呈倒 U 形关系。工作经验与职业技能回报体现了专用性人力资本对于收入的正向效应，专用性人力资本越强，务工人口的收入水平越高；务工人口的职业变换对于工资收入的提高没有产生显著性影响，即职业流动缺乏回报。相关文献论证过职业流动对收入提升的正向效应（吴愈晓，2011），务工人口可以通过工作变换这一途径来寻求收入较高的工作，但务工人口的职业变换多属于平行或下行流动，其为改善收入水平不断变换工作，这种不稳定的就业状态使工作质量和收入的提升受到损害，是一种"低水平流动"。

将就业部门分开来看，模型二显示职业技能和工作经验在非正规部门中缺乏回报，估计结果表明，非正规就业务工人口人力资本的价值缺乏回报。无论正规部门还是非正规部门，由于务工人口的就业流动性较大，工作处于不稳定状态中，其工作经验很难转化为专用性人力资本，进而提升其工资水平；非正规部门中的务工人口，从事的多为不需要特殊职业技能的操作类、服务类工作，因而其缺乏技能回报。估计结果也反映出非正规部门中的务工人口更倾向于变换工作，频繁的工作变换不利于人力资本的积累，对收入水平提升的作用不大。

模型三显示，随着工作年限的增加，务工人口积累的工作经验不断丰富，其工资收入随之增加，当工作年限达到一定程度时，工资收入会下降，即工作经验的回报呈倒 U 形；接受过技能培训的务工人口收入水平会增加，文化程度在正规部门缺乏就业回报，务工人口进入正规部门就业获得工资收入，更多的是凭借自身的职业技能水平，职业技能在正规部门中的就业回报是正向的（见表5-13）。这些可能与务工人口的单位性质和所属行业相关，同时也说明从事正规就业的务工人口，其教育水平缺乏回报（Winter & Gindling，1992；吴要武，2009）。

表5-13 人力资本回报

| 变量 | 发生工作变换的样本 模型一 | 非正规部门 模型二 | 正规部门 模型三 |
| --- | --- | --- | --- |
| 工作变换次数 | -0.0344<br>（0.1290） | 0.1818<br>（0.2296） | -0.0713<br>（0.1612） |
| 工作变换次数平方 | 0.0077<br>（0.0288） | -0.0361<br>（0.0530） | 0.0156<br>（0.0351） |
| 工作年限 | 0.0209**<br>（0.0100） | 0.0165<br>（0.0171） | 0.0317**<br>（0.01305） |
| 工作年限平方 | -0.0007***<br>（0.0003） | -0.0003<br>（0.0004） | -0.0011***<br>（0.0004） |
| 初职工资收入 | 0.0878***<br>（0.0312） | 0.1516***<br>（0.0529） | 0.0192<br>（0.0415） |
| 自雇（灵活就业=1） | 0.6999***<br>（0.1091） | 0.7366***<br>（0.1471） | 0.2926<br>（0.2137） |
| 高级技术类 | 0.6524***<br>（0.0976） | 0.8246***<br>（0.1673） | 0.4174***<br>（0.1255） |
| 服务类 | -0.1047<br>（0.0970） | -0.1538<br>（0.1554） | -0.3025**<br>（0.1295） |

续表

| 变量 | 发生工作变换的样本 模型一 | 非正规部门 模型二 | 正规部门 模型三 |
| --- | --- | --- | --- |
| 企业办事类 | 0.1687 (0.1101) | 0.1798 (0.1716) | 0.0131 (0.1539) |
| 低技能类 | 0.1854* (0.0898) | 0.1780 (0.1463) | 0.0121 (0.1191) |
| 管理类 | 0.7610*** (0.1332) | 0.7960*** (0.2131) | 0.5980*** (0.1748) |
| 私营企业（国有企业=1） | 0.2768** (0.1249) | — | — |
| 外资企业 | 0.3140* (0.1775) | — | — |
| 合资企业 | 0.2091 (0.1840) | — | — |
| 个体从业 | 0.2184 (0.1345) | — | — |
| 机关事业单位 | 0.0670 (0.1592) | — | — |
| 受过技能培训（受过岗位培训=1） | 0.1571** (0.0649) | 0.1535 (0.1236) | 0.1427* (0.0776) |
| 没有受过培训 | 0.0841 (0.0619) | 0.0822 (0.1135) | 0.0518 (0.0780) |
| 性别 | 0.1428*** (0.0521) | 0.0295 (0.0848) | 0.1791** (0.0741) |
| 年龄 | -0.0045 (0.0035) | -0.0090 (0.0059) | -0.0028 (0.0048) |
| 教育程度 | 0.0003 (0.0096) | -0.0042 (0.0181) | -0.0089 (0.0120) |
| 未婚 | -0.1490* (0.0802) | -0.2012* (0.1172) | -0.0513 (0.1227) |

续表

| 变量 | 发生工作变换的样本 模型一 | 非正规部门 模型二 | 正规部门 模型三 |
|---|---|---|---|
| 离异 | 0.0582<br>(0.1380) | 0.0858<br>(0.1863) | 0.2073<br>(0.2590) |
| 丧偶 | -0.0528<br>(0.3915) | 0.2376<br>(0.4566) | — |
| 常数项 | 7.4456***<br>(0.2889) | 6.5990***<br>(0.5401) | 7.7651***<br>(0.4446) |
| 样本数 | 284 | 136 | 146 |
| Prob > F | 0.0000 | 0.0000 | 0.0000 |
| Adj R-squared | 0.5323 | 0.5910 | 0.5187 |

注：括号内数字为标准误差。\*\*\*、\*\*、\*分别代表在1%、5%、10%的水平上显著。

### 四、部门工资差异

#### （一）工资变动特征

在分析就业决策与就业回报间关系的基础上，有必要深入考察具有相同文化程度、工作经验以及职业技能的务工人口，在不同部门就业的工资差异。正规部门与非正规部门就业的工资差异在条件分布由低到高的过程中可能存在某种变化规律（Montenegro，1998；Angrist，Chernozhukov & Fernandez-val，2006；魏下海、徐玲铮，2012）。Osberg L.，Gordon D. 和 Zheng（1994）的研究表明，劳动者在行业间就业流动主要受制于可获得的受雇小时数，而且工资差异变量在行业间流动的原因中具有显著性，而可获得的受雇小时与工资差异并非劳动力进行区域间迁移的主要决定因素。国内的研究多基于比较视角对城镇职工与外来工之间工资差异展开（谢嗣胜、姚先国，2006）。谢嗣胜、姚先国（2006）的研究表明，与城市劳动者相比，农村进城务工人口44.8%的工资差异由个体特征来解释，55.2%的工资差异由政策或就业制度的歧视所造成。为数不多的关于工资分布差异的研究中，邢春冰（2007）从职业流动视角对国有部门和非国有部门间的收入决定做了分析,其研究显示,劳动力在不同部门间的流动是导致不同部门间收入分布差异的重要原因。

魏下海(2012)关于城镇正规就业和非正规就业工资差异的研究中,采用了分位数回归①与分解方法,探究工资分布不同位置的变动规律。本章借鉴这一方法,与其不同的是,本章研究目的在于揭示正规部门与非正规部门就业在教育和工作经验回报率方面的差异,即教育和工作经验的回报率从低到高会呈现什么样趋势。

考察工资变动特征,即探究工资密度分布有何不同,以及两种就业部门在不同分布下的工资差异(工资差异在哪个位置较大,是中低端还是高端),这里的工资差异用正规部门就业对数工资减去非正规部门就业对数工资表示。

分位数回归表明,位于10%和25%最低收入水平的务工人口为风险规避型,位于10%和25%最高收入的务工人口属于风险偏好型。工作经验在任何分位点均不显著,位于10%收入最低的务工人口,随着工作经验的增加,其收入回报为负,说明进城务工人口的工资在工作经验层面缺乏回报,很难通过工作经验的积累增加收入,已有的工作经验无法变现为专有的人力资本;文化程度和接受过职业技能培训两个变量仅在具有25%最高收入的分位点在5%水平上正向显著,在其他分位点均不显著,即务工人口的收入缺乏人力资本回报;男性务工人口在收入最高的25%和10%分位点显著为正,说明性别的工资差异更多地体现在较高收入层面;丧偶变量在10%和25%最低收入分位点显著为正(见表5-14)。总体而言,进城务工人口教育和工作经验缺乏回报,位于较低分位点的收入水平更多地受个体和家庭特征影响,位于较高分位点的收入水平更多地受人力资本因素影响。从回报率的变动趋势看,工作经验的回报率在工资分布的低端呈下降趋势,在75百分位突然上升,在工资分布的高端呈上升趋势;随着工资水平的提高,性别的回报率差异逐渐增大,出现性别"天花板效应"(Glass Ceiling Effects)(Albrecht, et al., 2003)。

---

① 分位数回归,即一种基于被解释变量 y 的条件分布来拟合自变量 x 的线性函数的回归方法,是在均值回归上的拓展,随着分位数取值由 0 到 1,可得所有 y 在 x 上的条件分布轨迹。

表 5-14  就业部门工资分布特征

| 变量 | OLS | 0.1 | 0.25 | 0.5 | 0.75 | 0.9 |
|---|---|---|---|---|---|---|
| 工作经验 | -0.1262 | -0.0138 | -0.0203 | -0.1908 | 0.0098 | 0.0202 |
| 工作经验平方 | 0.0031 | -8.8102*** | 0.0010 | 0.0105 | -0.0006 | -0.0007 |
| 文化程度 | 0.4127 | 0.0265 | 0.0475 | 0.1161 | 0.0224* | 0.0216 |
| 男性 | 1.1504 | 0.0141 | 0.0201 | 0.0540 | 0.1963** | 0.1937** |
| 年龄 | 0.1552 | 0.0005 | -8.7458*** | 0.0485 | 7.6498*** | 0.0015 |
| 风险规避 | 2.9290 | 0.9596*** | 0.8962*** | 2.0147 | -0.5195*** | -0.6477*** |
| 风险中性 | 2.7754 | -0.0307 | 0.6937 | 2.0682 | -0.1423 | 8.1081*** |
| 接受过职业技能培训 | -0.7922 | -0.0739 | -0.2395 | 3.2451 | 0.1457* | 0.0488 |
| 没有受过培训 | -3.4579 | -0.3411** | -0.3576 | -13.4329** | -0.2002** | -0.0487 |
| 未婚 | -0.3747 | -0.1026 | -0.2495 | -0.2264 | 0.0247 | 0.0754 |
| 离异 | -1.0945 | 0.1171 | -0.2228 | -1.6295 | 0.2526 | 0.2840 |
| 丧偶 | 5.0199 | 15.5577** | 14.4474** | 0.8942 | 0.1741 | -0.0329 |
| 常数项 | -8.9582 | 0.0004 | 0.0048 | -0.2141 | 0.0089** | 0.0039 |
| Pseudo R$^2$ | 0.1151 | 0.0459 | 0.0344 | 0.1206 | 0.0192 | 0.0369 |

注：***、**、*分别代表在1%、5%、10%的水平上显著。

### （二）工资差异分解

运用 Oaxa-Blinder 法对工资差异进行分解。工资差异的分解如表 5-15 所示。系数差异为 119.1%，特征差异为 2.5%。

表 5-15  工资差异分解

| 变量 | 总差异 | | 系数差异 | | 特征差异 | |
|---|---|---|---|---|---|---|
| | 系数 | % | 系数 | % | 系数 | % |
| 工作经验 | 0.0910 | 74.2 | -0.051 | 72.9 | 0.1420 | 1.3 |
| 工作经验平方 | -0.0028 | -34.3 | 0.002 | -32.3 | -0.0048 | -2 |
| 教育程度 | 0.0256 | 23.6 | -0.019 | 23.1 | 0.0446 | 0.5 |
| 男性 | 0.2844 | 17.9 | -7.065 | 16.6 | 7.3494 | 1.3 |
| 年龄 | 7.6848 | 6.0 | -0.010 | 24.5 | 7.6948 | -0.6 |

续表

| 变量 | 总差异 | | 系数差异 | | 特征差异 | |
|---|---|---|---|---|---|---|
| | 系数 | % | 系数 | % | 系数 | % |
| 未婚 | 6.9019 | 1.2 | -0.172 | 4.9 | 7.0739 | 0.9 |
| 离异 | 0.0530 | 0.1 | 0.140 | 0.1 | -0.0870 | -0.1 |
| 丧偶 | -0.5530 | -0.5 | 0.000 | -0.5 | -0.5530 | 0.0 |
| 接受过职业技能培训 | 0.4412 | 9.6 | -0.272 | 0.0 | 0.7132 | -0.5 |
| 没有受过培训 | 0.0951 | 23.9 | -0.152 | 4.9 | 0.2471 | 0.7 |
| 常数项 | 0.1687 | 6.0 | -0.073 | 8.9 | 0.2417 | 1.1 |
| 总计 | | 121.7 | | 119.1 | | 2.5 |

表5-16 工资分解结果

单位:%

| Amount attributable | 121.7 |
|---|---|
| —due to endowments（E） | 2.5 |
| —due to coefficients（C） | 119.1 |
| Shift coefficient（U） | 1474.0 |
| Raw differential（R）{E+C+U} | 1595.7 |
| Adjusted differential（D）{C+U} | 1593.1 |
| Endowments as % total（E/R） | 0.2 |
| Discrimination as % total（D/R） | 99.8 |

注：U为不可解释差异，D为歧视占比。"+"表示封闭行业占优势，"-"表示开放行业占优势。

从分解结果看（见表5-16），表征工作经验、文化程度和职业技能的人力资本因素在封闭行业是缺乏回报的，正规部门的从业人员较非正规部门从业人员的收入优势多出1474%，收入回报的总差异为1595.7%，其中特征差异占2.5%，系数差异占119.1%。99.8%的差异是由于歧视及劳动力市场分割造成的。本章的研究结果与Carneiro和Henley（2001）以及Mendes和Almeida（2001）关于巴西正规就业和非正规就业工人工资差异的研究结果相一致，即收入差异很大程度上是由不可解释的因素决定的。

# 本章小结

本章对进城务工人口就业部门的选择行为进行了细致描述和分析。首先,引入就业风险和社会资本变量,从微观视角分析了进城务工人口就业部门选择的影响因素;其次,引入市场分割因子,考察宏观因素对于务工人口就业部门选择行为的影响;最后,对于不同就业部门的工资差异进行分解,考察不同就业部门务工人口的收入回报。得出的结论如下:

(1) 就业风险是进城务工人口就业部门选择的重要影响因素。本章的估计结果表明,风险规避型务工人口倾向于选择非正规部门就业。将就业风险与个体特征和就业动机交互分析,发现由于偏好逆转效应的存在,会出现个体偏好和实际选择不一致的现象,原本由于风险偏好而选择正规部门就业的务工人口,由于文化、技能以及行业分割方面的限制,选择了非正规部门就业;基于亲朋乡邻的传统关系网络对务工人口就业选择行为具有正向影响,由于网络质量水平不高,务工人口所凭借的传统网络对于其职业上行流动帮助不大。

(2) 在劳动力市场分割作用下,无法获得良好家庭和社会资源支持的务工人口更多地在开放的竞争性行业实现"低水平流动",最终生成行业间的固化现象。分割性的劳动力市场导致转移就业人口和城市人口分属于不同的就业规则和就业机制下,封闭行业的从业者下行流动的空间和概率很低,因为会损失人力资本专用性和机会成本;开放行业的从业者上行流动的空间和概率很低,因为职业固化已经形成。不同类型的劳动人口无法畅通地流动,势必降低资本运行效率,不利于劳动力市场健康良性运行。

(3) 分位数回归的结果表明,进城务工人口就业缺乏人力资本回报,位于收入低端的务工人口具有风险规避倾向,位于收入高端的务工人口具有风险偏好倾向;两部门工资分解的结果表明,因劳动力市场分割形成的部门工资差异的确存在,99.8%的工资差异是由歧视性因素造成的。工资差异的分解表明,正规部门与非正规部门中的差异有些是由非市场因素决定的,由于劳动力市场分割的存在,这种不可解释的差异一般被认为是不合理的。

# 第六章　进城务工人口就业方式选择分析

近些年在全球化和城镇化进程的双重影响下，中国社会转型程度不断加深，社会经济政策不断调整渐变，一些大型的、经过登记①的组织被分化或重组为小型、灵活且更为专业化的非正规部门。随着我国就业形势的日益严峻，当国家或社会无法为快速增长的人口提供足够的就业机会时，非标准化的合同安排以及非正规的工作正在取代正规部门的正规工作，非正规就业就成为当前中国就业机会的主要形式。虽然有少数非正规就业，如技能熟练的技工会获得比正规就业更多的支付，但在缺少失业救济以及其他社会福利的条件下，非正规就业仍是这部分技能熟练者的唯一选择，非正规就业提供了劳动人口的基本生存需求。但由于非正规就业仍然被排除在正式的法律及就业制度之外，缺乏必要的社会保障和正规的职业培训，非正规就业的从业者就业状况并不稳定，工作间的频繁流动，失业与劳动力参与的变化不定，相较正规就业而言，非正规就业有着天然的脆弱性。

进城务工人口就业方式的选择是无奈的。一方面，因为没有获得可以提升的技能，缺少技能的男性劳动力和他们的下一代被束缚在报酬低的就业部门（Mill，1885）②。在一些盎格鲁—撒克逊国家，移民就业政策相对更自由，但他们倾向于挑选那些具有潜力的技术型移民。另一方面，制度或政策也是一个主要的影响因素。这种劳动力市场的自然或人为状态被McNabb R. 与 Ryan P.（1990）解释为就业领域从更广阔的劳动力市场中被分隔或隔离。基于中国劳动力市场分割的现实状况（赖德胜，1996；蔡昉等，2001），务工人口对于就业方式的选择一方面基于自身比较优势，

---

① 在中国很多登记的组织是需要行政许可或行政审批的。
② McNabb R.，Ryan P.（1990）在《分割性劳动力市场》一文中，引用了 Mill 关于亚当·斯密所认为的，劳动力市场对没有竞争优势群体是有利的论述的驳斥。

另一方面也受制于劳动力市场分割的约束（Arias & Khamis，2008）。进城务工人口就业方式的选择除受制于个体特征与家庭背景外，制度性因素对其也会产生重要影响。在现实中可以观察到，一些就业于正规部门的务工人口，由于劳动力市场强有力的制约机制不健全，缺少正规的劳动合约安排，也处于非正规就业状态。

# 第一节　就业方式选择理论分析

### 一、城市劳动力供需模型

假设城市中存在两类就业部门，正规部门和非正规部门；两类进城务工人口，技能型和劳力型。技能型务工人口可选择在两类部门就业，劳力型务工人口只能选择非正规部门就业，且正规部门的失业率高于非正规部门。务工人口经过短暂的失业后，大多数获得非正规就业，部门技能型务工人口在此基础上获得正规就业，如图6-1所示。

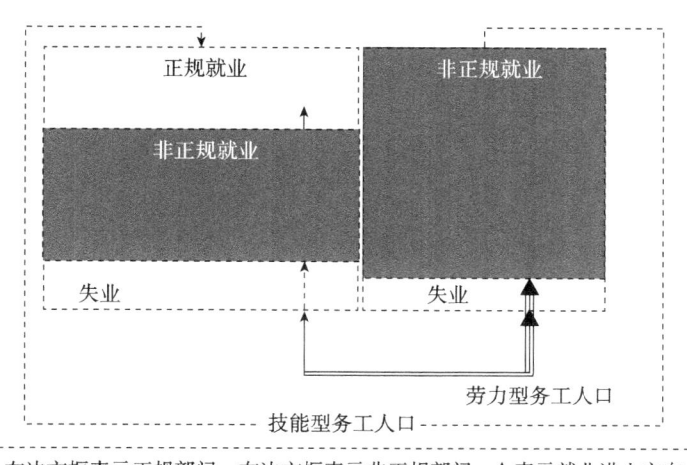

图6-1　进城务工人口就业选择示意图

假设一个城市资源所能容纳的全部人口数量为 N，外来增量人口总数为 L，L<N。假设存在两种类型的外来人口：一是技能型的 $l_1$，二是劳力型的 $l_2$。技能型人口是指那些拥有城市发展所需要的某种管理、操作技能，为城市经济社会发展带来较高正向收益的劳动人口；劳力型人口是指缺乏或没有城市相关组织所需的某种技能，单纯依靠出卖低水平劳动力获取报酬的劳动人口。按照边际理论原理，增加的劳动力数量所带来的社会的边际收益等于边际成本时，城市才会接纳劳动力进入。根据中国现存劳动力状况和特点，我们假设，城市既要吸收一部分 $l_1$，也要吸收一部分 $l_2$，以满足不同领域发展的需要。从图 6-1 中可以观察到，技能型务工人口就业选择空间和余地较大，当其选择进入非正规部门，面对具体的就业方式，技能型务工人口与劳力型务工人口既可以有同样的顺序，也可以直接选择正规就业；若其选择进入正规部门，也存在三种不同状态的就业方式，也可以直接选择正规就业。技能型务工人口基于不同就业部门的选择，存在的差异在于获得工作的概率。图 6-1 中较粗箭头表示就业概率较大，较细箭头表示就业概率较小。而劳力型务工人口只能选择进入非正规部门。$l_1$ 的边际产出为 $w_1$，也可以看作城市对 $l_1$ 的分配工资；$l_2$ 的边际产出为 $w_2$。边际收益分别为 $MPl_1$ 和 $MPl_2$，且城市增加一个技能型劳动人口所获得的边际收益要大于增加一个劳力型人口所获的边际收益。这种收益可以是相应领域的知识溢出，或是生产效率或管理效率的提升。假设城市相关部门控制就业政策的配置，劳动部门将能够控制的就业数量分配给外来增量人口，每一增量人口能获得的就业数量可以表示为：

$$g=\frac{G}{L^\sigma},\ \sigma\in(0,1) \quad (6-1)$$

其中，$L^\sigma$ 表示就业政策的歧视程度，$\sigma$ 为 1 表示就业政策完全歧视，即城市不接收任何劳力型的劳动人口。$G$ 表示城市政府或相关劳动部门的就业投入。外来增量人口的就业方式选择可分为正规就业和非正规就业，相应地，其就业效用可以表示为：

$$u=(v,\ g) \quad (6-2)$$

用 $Y$ 表示城市的就业产出，$u_1=(0,\ g)$，$u_2=(v,\ 0)$

$\frac{\partial^2 u(v,g)}{\partial v\times\partial g}\geq 0$，且假定集合 $\{L\in[1,\ \bar{L}:\ \frac{(Y-G)}{L}]\geq \bar{w}\}$ 非空，从公

式中可以发现，外来劳动人口若全部选择正规就业，城市仍有接纳的空间和余地。

## 二、不同就业方式及其伴生的就业福利

假定城市政府设定的最优增量人口规模为 $L^Q$，$L^Q<N$，根据萨缪尔森条件，有：

$$u_v = L^{1-\sigma} u_g \tag{6-3}$$

$$MPL = MPL^Q > MPC \tag{6-4}$$

即只要进入的劳动人口所产生的边际收益等于最优增量人口产生的边际收益，且大于增加的边际成本时，劳动力进入是可接受的。$MPl_1+MPl_2$ 只要满足式（6-4），城市劳动就业部门就会允许不同类型不同素质水平的外来劳动者进入。而在市场机制的自主选择下，没有区别的就业政策仍会以一种自洽的方式逐渐演化为有区分的就业政策，即劳动者会根据自身特征、求职难易程度等自主选择就业方式，就业市场在无政策影响的情况下会自动分成两类，一类是技能型劳动者市场，另一类则是劳力型劳动者市场，两类市场有各自运行逻辑和较明晰的边界。假定市场中存在两类部门[①]：一类为技能型劳动人口选择进入的 $S_1$，为高端技术创新部门或者需要使用技能的其他部门；另一类为劳力型劳动人口选择进入的 $S_2$，为低端组装加工等部门或力工、零工等。且有 $w_1>w_2$。假定城市就业政策具有人力资本倾向性，对于技能型劳动力供给而言，会有相应的福利制度来对接[②]，如正规的劳动合同、必要的保险或休息权等；而劳力型劳动力供给则缺少与就业安排伴生的相关福利。政府的诱致性制度安排引致劳动力市场的人为分割，进而导致增量劳动人口有差异的福利获取。

就本章的研究视角而言，个体人力资本状况、拥有的社会关系和劳动力市场分割状态是可以考察的影响因素。从现实的就业现象中可以观察到，由于存在市场分割，关于就业保障及福利，不同行业有各自的标准和

---

① 萨缪尔森（1954）提出帕累托最优下的公共品供给条件为 $\sum_{i=1}^{I} MRS_{xy}^i = MRT_{xy}$，其中 $x$ 为纯公共物品，$y$ 为纯私人物品。

② Tiebout（1956），地方政府可以通过调整地方公共服务内容、力度和方式，达到影响外来迁移的目的。

规则，在行业细分的背景下，职业技能较高的务工人口更为市场所偏爱，拥有较高职业技能的专用型人力资本在就业选择中择业空间较大，他们选择正规就业的概率较大。人力资本对于务工人口就业方式选择的微观作用受到行业因素的规范和制约，因而将行业分割因素加入分析，可以更加深入地厘清务工人口就业方式选择的微观机理。

正规就业的就业保障和就业福利水平要高于非正规就业。从就业风险层面来看，选择正规就业会降低个体的就业风险。

由于本书调研对象的社会关系网络主要以传统的乡朋亲友为主，很多务工人口，特别是"90后"务工人口，建构中的社会关系网络呈碎片化，无法明晰地呈现出明显的阶层特性，新型关系网络对于就业信息的传递和就业支撑作用非常微弱，因而社会关系在就业方式选择的分析中不予考察。

因此，根据上述理论分析，我们有理由得出如下假设：

假设6-1：就业风险影响就业方式选择。

假设6-2：人力资本影响就业方式选择。

假设6-3：行业分割影响就业方式选择。

## 第二节 正规部门的非正规就业

在第四章中我们定义了就业方式，将那些进入正规部门就业，但没有与单位签订劳动合同且没有享受单位缴纳保险的务工人口定义为正规部门非正规就业。现实中很多中小企业雇用劳务派遣工，或者采用口头协议方式用工，以规避用工风险，很多务工人口对劳动合同的作用并不知晓，或者因就业歧视的存在，默认企业的做法，没有同用工单位建立正常的劳动关系，也无法享受单位的劳动保障，处于非正规就业状态。造成这种非正规就业状态的原因是复杂的（蔡昉，1998；李强、唐壮，2002；陈成文、王修晓，2004）。

### 一、样本描述与变量解释

本章的样本来源与第四章相同。

### (一) 样本描述

我们将正规部门的非正规就业进行统计分析,共 161 个样本。

从均值看,年龄为 35.9 岁,文化程度 8.9 年,工作年限为 7.9 年,工资收入为 3154 元。分类变量中,如表 6-1 所示,开放行业务工人口占正规部门非正规就业总人数的 88.2%,农村户籍务工人口占 90.06%,家在外地务工人口占正规部门非正规就业总人数的 74.53%。职业类型中,服务人员和低技能人员占比较大,持有生存动机的务工人口占 63.35%,进城前没有任何手艺的占 85.71%,未来打算继续从事当前工作的务工人口占 49.07%。

表 6-1 变量描述

| 变量 | 变量解释 | 频数 | 百分比(%) | 变量 | 变量解释 | 频数 | 百分比(%) |
|---|---|---|---|---|---|---|---|
| 行业类型 | 开放 | 142 | 88.2 | 职业类型 | 灵活就业人员 | 6 | 3.73 |
| | 封闭 | 19 | 11.8 | | 高级技术人员 | 25 | 15.53 |
| 户籍 | 乡村 | 145 | 90.06 | | 服务人员 | 49 | 30.43 |
| | 城市 | 16 | 9.94 | | 企业办事人员 | 16 | 9.94 |
| 地域 | 外地 | 120 | 74.53 | | 低技能人员 | 57 | 35.40 |
| | 本地 | 41 | 25.47 | | 管理人员 | 8 | 4.97 |
| 职业培训 | 受过岗位培训 | 64 | 39.75 | 务工动机 | 生存动机 | 102 | 63.35 |
| | 受过职业技能培训 | 35 | 21.74 | | 发展动机 | 35 | 21.74 |
| | 没有受过培训 | 62 | 38.51 | | 享受动机 | 24 | 14.91 |
| 进城前是否学过手艺 | 没学过 | 138 | 85.71 | 未来流动意愿 | 继续从事此工作 | 79 | 49.07 |
| | 学过 | 23 | 14.29 | | 变换工作 | 23 | 14.29 |
| | | | | | 返乡 | 21 | 13.04 |
| | | | | | 不确定 | 38 | 23.60 |

### (二) 变量解释

1. 被解释变量

非正规就业是指在正规部门中没有订立书面劳动合同或雇佣单位不提供养老、医疗、失业三险的就业方式。统计显示,正规部门中正规就业占全部就业人数的 27.80%，非正规就业占全部就业人数的 82.20%。

2. 核心解释变量

（1）第一为人力资本。从文化程度看，如图 6-2 所示，小学及以下和初中文化程度务工人口选择非正规就业比重要高于其占正规部门全部就业比重（22.36%>18.39%；52.80%>48.43%）；高中和大专及以上文化程度务工人口选择非正规就业比重要低于其占正规部门全部就业比重（18.01%<21.52%；6.83%<13.90%）。从接受职业培训看，接受过岗位培训和职业技能培训的务工人口选择非正规就业的比重要小于其选择正规部门全部就业的比重（39.75%<43.50%；21.74%<24.22%）；没有接受过任何培训的务工人口选择非正规就业的比重较大（38.51%>32.29%）。从进城务工前是否有手艺看，有手艺的务工人口选择非正规就业的比重小于其选择正规部门全部就业的比重，而没有手艺的务工人口选择非正规就业的比重要大些。

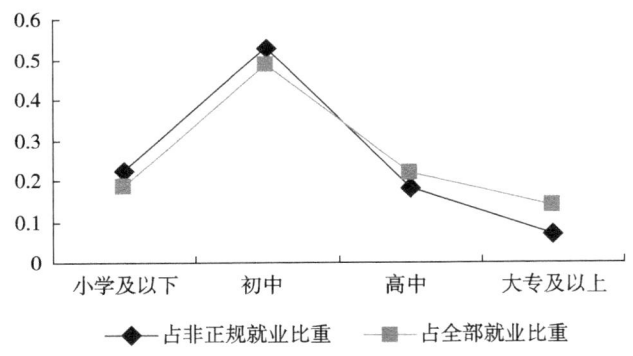

图 6-2 文化程度与就业方式分布

（2）第二为行业分割。务工人口在开放行业从事非正规就业的人数占全部非正规就业从业人数的 88.20%，而在封闭行业从事正规就业的人数占全部正规就业从业人数的 24.19%。进入没有工会组织单位从事非正规就业的人数占全部非正规就业人数的 83.23%。从职业类型看（见图 6-3），我们将不同职业从事非正规就业人数占全部非正规就业人数比重与不同职业就业人口占正规部门全部就业人数比重进行比较，可以观察到，从事非正规就业人数较多的职业有灵活就业类（3.73%>3.14%）、服务类（30.43%>26.46%）、低技能类（35.40%>34.08%）。

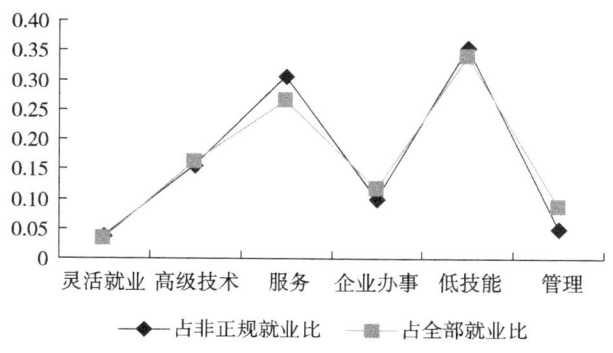

图6-3　职业类型与就业分布

3. 控制变量

（1）个体特征。从年龄分类看，将不同年代务工人口选择正规部门非正规就业（本章中以下称为"非正规就业"）的比重与不同年代务工人口选择正规部门全部就业的比重，"90后"和"50~60后"务工人口选择非正规就业占全部非正规就业比重分别为23.60%和29.19%，"70后"和"80后"务工人口选择非正规就业占全部非正规就业比重分别为22.98%和24.22%。可以发现，"90后"和"50~60后"务工人口选择非正规就业的比重较"80后"和"70后"务工人口大；从性别看，男性选择非正规就业的比重（65.84%）稍高于男性选择正规部门全部就业的比重（64.57%），而女性后者的比重要稍高于前者（34.16%<35.43%）；从婚姻状况看，已婚务工人口选择非正规就业的比重（66.46%）低于已婚务工人口选择正规部门全部就业的比重（68.61%），而未婚务工人口反之（29.81%>28.25%）。

（2）分割因子。从地域看，外地务工人口非正规就业占正规部门全部就业人数的74.53%；从户籍看，农村户籍务工人口非正规就业占正规部门全部就业人数的90.06%。

（3）初职月工资。务工人口初职月工资收入对其现职就业也会产生影响,且影响机理更为复杂。就现实情况而言,可能产生两种效应:一种是互补效应,经由初职高工资获得的资本积累使务工人口不必担心现职较低的工资收入,让其无压力地选择更适合的工作;另一种是替代效应,由于初职工资较高,务工人口更倾向于选择较高工资收入和有可靠保障的正规就业。从统计来看,对数月工资均值为 7.35,标准差为 0.86。

## 二、模型估计与检验

### (一) Logit 模型估计

根据理论分析和变量设置,务工人口就业方式选择的 Logit 模型如下:

$$L_i = \text{Ln}\left(\frac{p_i}{1-p_i}\right) = \beta_0 + \beta_1 \kappa + \beta_2 \delta + \beta_3 h + \beta_4 \chi + \beta_5 \gamma + \beta_6 w + \varepsilon$$

其中,$\kappa$ 为就业风险,$\delta$ 为行业分割,$h$ 为人力资本,$\chi$ 代表个体特征,$\gamma$ 为其他分割因子,$w$ 为对数工资,$\varepsilon$ 为误差项。

多次拟合后,结果如下:

单纯的就业风险对就业方式选择没有影响。我们将风险值和风险类型分别代入方程,结果显示,就业风险值越大,务工人口越倾向于选择正规方式就业;相对于风险规避型个体,风险偏好和风险中性务工人口选择正规方式就业的概率会降低,但两结果没有通过显著性检验。

接下来,我们分别对就业风险和教育程度以及年代进行交互分析。就业风险和教育程度交互项对就业方式的选择没有显著影响。除了风险规避_高中学历外,其余交互项系数均为负值,说明它们相较风险规避_小学程度务工人口选择正规方式就业的概率会降低;就业风险和年代的交互项同样没有通过显著性检验,相较于风险规避_"90 后"务工人口,其余选择正规方式就业的概率会降低。

从行业分割变量看,行业封闭与开放对务工人口就业选择影响并不显著,供职于拥有工会组织的单位,务工人口选择正规方式就业的概率要高一些,作为行业分割替代变量的工会对务工人口就业方式选择的影响在 1% 水平上显著。

从人力资本变量看,估计结果符合常识推论和本章的前述假说。教育程度、工作经验变量显著,职业技能变量不显著。教育程度越高;务工人口选择正规方式就业概率越高，工作经验对就业方式选择的影响呈倒 U 形，随着工作年限的增加，务工人口选择正规就业概率却下降。

最终我们将风险类型、教育程度、工作经验及经验平方项、职业培训、行业特征、有无工会组织作为核心解释变量统一代入 Logit 方程中进行回归，将个体特征和初职月工资对数作为控制变量（见表 6-2）。

**表 6-2　就业方式选择的 Logit 估计**

| 变量 | 系数 | 标准误 | 变量 | 系数 | 标准误 |
| --- | --- | --- | --- | --- | --- |
| 风险偏好 | 0.3886 | 0.7045 | "80 后" | 0.3816 | 0.7225 |
| 风险中性 | 0.4074 | 0.6811 | "70 后" | 1.3020 | 0.9443 |
| 初中 | 0.5546 | 0.6783 | "50～60 后" | 1.2181 | 1.0164 |
| 高中 | 2.7080*** | 0.8046 | 未婚 | 0.3079 | 0.7460 |
| 大专及以上 | 4.0471*** | 0.9811 | 丧偶 | 2.4622 | 1.6189 |
| 工作经验 | 0.4526*** | 0.1366 | 男性 | 0.3580 | 0.4462 |
| 工作经验平方项 | -0.0155*** | 0.0055 | 初职月对数工资 | 0.5803 | 0.6383 |
| 技能培训 | 0.1989 | 0.5388 | 工作变换次数 | 0.4700*** | 0.2001 |
| 没受过培训 | -0.6575 | 0.5591 | 封闭行业 | 0.7914173 | 0.5758 |
| 地区 | 0.6972 | 0.5233 | 户籍 | 1.4348** | 0.7320 |
| 常数项 | 0.4692 | 5.1117 | 单位有工会组织 | 1.8486*** | 0.5269 |
| Log likelihood = -81.7958 | | | Pseudo $R^2$ = 0.3716 | | N = 218 |

注：\*\*\*、\*\*、\* 分别代表在 1%、5%、10%的水平上显著。

## （二）IV 法检验

上述模型中反映务工人口能力的人力资本变量在现实中是难以估测的。文献中常用教育程度作为其替代变量，由于个体能力和教育程度存在高度相关性，导致模型设定偏误，一般常通过寻找教育变量的工具变量，利用 IV 法检验教育的内生性。因而针对上述模型，有必要引入工具变量来修正模型偏误。劳动经济学常引用父亲或母亲教育程度作为个体教育水平的工具变量，根据本书调研数据，本章引用父亲教育程度、家庭中子女个数、家庭中子女受教育程度作为务工人口教育程度的工具变量，选择 2SLS 法对教育程度与扰动项不相关的原假设进行检验。结果如下：加入父亲教育程度、家庭中子女个数以及家庭中子女受教育程度后,外生性检验的卡方统计量为 chi (2) = -7.12,Hausman 检验的结果(见表 6-3)表明接受原假设,即教育程度是外生的。对于这种外生性,可以这样解释,由于务工人口的受教育程度呈正态分布,其就业方式的选择更多的是由行业分割生成的就业背景以及由于出身背景等原因造成的自选问题,其个人能力对就业方式的选择影响并不大,对于个人能力无法准确衡量可能引起教育变量的内生性而带来的估计偏误并不会形成很严重的问题,所以,估计中将教育作为外生变量基本可信。

**表 6-3 教育内生性的 Hausman 检验**

|  | (b) IV_reg | (B) LS_reg | (b-B) Difference | sqrt (diag (V_b-V_B)) S. E. |
|---|---|---|---|---|
| educ | 0.0513 | 0.0532 | 0.0019 | 0.0186 |
| risk | 0.0000 | 2.20e-07 | -0.0000 |  |

b=consistent under Ho and Ha; obtained from ivregress

B=inconsistent under Ha, efficient under Ho; obtained from regress

### (三) 条件 Logit 模型估计

#### 1. 模型设定

由于务工人口就业方式的选择具有随机性和不确定性,且受其他因素的影响较大,如备选因素的特征变量对务工人口就业方式的选择影响很大。若采用多值 Logit 模型可能会影响分析结果。基于此,本章采用条件 Logit 模型解决解释变量中存在选择特征的问题。根据条件概率定义,条件 Logit 模型可表示为:

$$p(y_i = j) = \frac{e^{x_i'\beta_j}}{\sum_{j=1}^{J} e^{x_i'\beta_j}} (j = 2, \cdots, J)$$

#### 2. 变量解释

被解释变量为正规与非正规就业,为 0~1 二分变量。核心解释变量为风险类型,将风险规避型设为 1,其余为 0;务工单位没有工会组织设为 1,其余为 0;从事行业为开放行业设为 1,封闭行业为 0;工作小于 5

年设为 1，其余为 0；文化程度小于 10 年设为 1，其余为 0；月工资小于 2000 元设为 1，其余为 0；未受过职业技能培训设为 1，其余为 0；父亲为低层次职业设为 1，其余为 0；经常联系的亲朋乡邻没有在机关事业单位从事管理类工作，或者自己为大老板的设为 1，其余为 0；个体特征方面，新生代设为 1，未婚设为 1，本地人口设为 1，城市户籍人口设为 1。

（四）估计结果

如表 6-4 所示，个体特征方面，性别与年龄变量均不显著。男性增加一位，选择非正规就业的概率相对正规就业的概率会降低 0.61；年龄增加一岁，选择非正规就业的概率相对正规就业的概率会增加 0.22。

人力资本方面，工作经验和文化程度因素在 1% 水平上显著，职业技能和进城务工前是否有手艺因素没有通过显著性检验。5 年以下工作年限的务工人口，工作年限增加一年，务工人口选择正规就业的概率下降 1.27 个单位，务工人口多接受一年教育，其选择非正规就业的概率相对正规就业的概率会增加 2.20。没有接受过职业技能培训的人数增加一位，其选择非正规就业的概率相对正规就业的概率会增加 0.35。

行业分割方面，工会、行业类型变量分别在 1% 和 10% 水平上显著。没有工会的单位增加一个，务工人口选择正规就业的概率会降低 1.78 个单位；开放行业增加一个单位，务工人口选择正规就业的概率相对于非正规就业的概率会下降 0.9 个单位。

社会资本方面，父亲职业类型和务工人口经常交往的人所从事的工作类型两个变量均未通过显著性检验。父亲从事灵活就业类、低技能类和服务类等职业，务工人口选择非正规就业的概率相对正规就业的概率会增加 0.28，根据第五章的描述，家庭中父亲职业类型和务工人口所积累的社会关系网络会影响其就业选择行为。因而本章中不再赘述，在计量分析时将父亲职业类型和务工人口经常交往的人所从事的工作类型两个替代变量代入模型中检验。从统计描述看，父亲职业为灵活就业类（18.01% > 15.25%）、企业办事类（13.66% > 12.11%）和低技能类（16.15% > 14.80%）。从父亲职业类型看，父亲职业类型与子女受教育程度间的规律并不明显，原因可能在于样本分布情况，样本中父亲从事农业生产劳作的比例较大，占全部样本的 28%，其次为灵活就业人员和企业办事人员和低技能人员，高级技术人员和管理类人员占比很小。父亲职业为保洁、保安等服务性质的职业，企业办事人员或务农，其子女进入正规就业的概率会降低。经常交往的人为务工、务农人员或者农村经纪人的，务工人口选择正规就业的概率相对非正规就业的概率会降低0.49个单位。

表6-4 条件 Logit 估计结果

| 变量 | 系数 | 标准误 |
| --- | --- | --- |
| 无工会 | -1.7769*** | 0.4469 |
| 开放行业 | -0.8967* | 0.5201 |
| 就业风险 | 0.0898 | 0.5097 |
| 工作年限 | -1.2726*** | 0.5049 |
| 教育程度 | -2.2570*** | 0.4583 |
| 男性 | -0.3556 | 0.4089 |
| 年龄 | 0.2569 | 0.5494 |
| 工资 | 0.1652 | 0.5042 |
| 父亲为较低职业阶层 | -0.2852 | 0.5743 |
| 社会关系 | -0.4907 | 0.4222 |
| 受过培训 | -0.3538 | 0.4393 |
| 农村户籍 | -0.7943 | 0.5828 |
| 常数项 | 0.6988*** | 0.4203 |
| Loglikelihood = -88.7671 | LR chi2（13）= 75.75 | |
| Pseudo $R^2$ = 0.2991 | Prob > chi2 = 0.0000 | |

注：***、**、*分别代表在1%、5%、10%的水平上显著。

## 本章小结

本章对进城务工人口就业方式选择行为进行了描述分析和实证检验。

描述分析表明，"90后"和"50~60后"、男性、未婚务工人口，初中以下文化程度、没有接受过任何职业培训、进城务工前没有手艺的务工人口，在开放行业从业、从事灵活就业、服务类、低技能类的务工人口会更多地选择非正规就业。

本章运用 Logit 和条件 Logit 模型的估计结果表明，务工人口就业方式的选择原因更为复杂。单纯的风险因素对就业方式的影响较为微弱，不同文化程度与年龄段的务工人口，在不同风险类型的交互作用下，会选择不同的就业方式。由于劳动力市场行业分割的存在，务工人口初始人力资本难以通过工作经验的积累有效转化为专用性人力资本，低下的人力资本水平难以通过工作年限的积累实现财富的增加，逐渐形成不良的闭路循环。由于当前以父亲职业类型和社会关系网络为表征的社会关系在个体求职中的关键作用，缺乏此类资源的务工人口只能选择非正规方式就业，劳动力市场的行业壁垒和职业固化现象得以生成并加固，不利于务工人口就业质量的提升。

不同就业方式的背后是就业福利的差异，在既定的城市资源条件下，具有较高素质与职业技能，或者拥有良好社会禀赋资源的务工人口，在寻求有劳动合同且有就业保险的工作时，具有相对优势。本章的分析结果从一个侧面回应了当前城市的"积分入户"政策，很多城市采取"积分入户"政策，为外来务工人口开辟了一条进入城市的通道，但"积分"有利于那些综合素质较高，且具备一定技能的务工人口，对于缺乏技能、文化程度不高的务工人口而言，"积分入户"遥不可及。运用积分政策吸纳了部分较为优秀的务工人口的同时阻止了大多数劳动人口的进入。在现在的就业背景下，务工人口人力资本和社会资本的质量就成为其就业方式选择的根本性支撑力量。

# 第七章　进城务工人口就业选择效应研究

由前几章的分析可以得知，在有约束的就业政策条件下，进城务工人口凭自身很难找到正规部门的工作，城市中留给他们的工种岗位是被城市户籍人口筛选下来的"次优"岗位，迫使其只能进入非正规部门①从业。由于非正规部门大多属于中小企业或个体组织，其作为企业整体的存续性并不高，现实中员工离职现象经常可见，陷入"低水平流动"② 的就业格局。进城务工人口具有较高的流动性，58%的男性农民工和52%的女性农民工进城从事非农工作后的第一份工作不是当前所从事的工作（姚先国，2013）。职业，已经成为个人身份和社会地位的识别器（索维，1982），职业质量是进城务工人口生活质量的一个关键替代指标，只有职业稳定了，进城务工人口才可能获得较稳定的收入来源。进城务工人口收入稳定增长的关键在就业，新型城镇化的关键也是使人口在城镇能够实现稳定就业。对于进城务工人口而言，稳定的就业和收入，一方面增强了其适应城市生活的可能性，增加了其享受城市基本公共服务的可能性；另一方面，降低了进城务工人口市民化的心理成本。

不同的就业选择行为势必带来不同的就业结果，因而有必要对就业行为引发的就业结果进行考察。本章考察两类效应：一类是进城务工人口初职就业和现职就业间的依存效应，另一类是就业的稳定效应。务工人口初次就业经历对其就业选择行为会有直接或间接影响，有些务工人口初职与现职从事的是同一行业，有些则变换了若干行业，那么，在变动与不变之

---

① 非正规就业部门，即非正规就业。参见 Prealc（1998）认为，非正规就业是指在小型工厂从事的非农就业、自我雇佣以及家政服务等工作条件不好，对工人的要求也较低的部门就业。也指那些未注册和不受管制小规模活动（企业），主要为城市贫民创造收入和就业（Sabine Bernabè，2002）。

② "低水平流动"在本书中指虽然工作发生变动，但是工资收入和生活质量等并没有因此得到改善。

间,初职就业对就业选择的影响是怎样的,有必要进行细致考察。

# 第一节 初职与现职就业的依存效应

从现实的就业选择来看,初次就业的就业经历会影响以后的就业行为选择,人们供职的首份职业对其今后的职业生涯路径会有很大影响(宋健、白之羽,2012)。进城务工人口的初职就业与其现职就业间存在什么样的联系,初职就业对现职就业的影响与其人力资本、社会资本和家庭特征之间存在什么样的关系?由现实经验可知,人们的初职就业对现职就业会有一定影响,特别是一些需要技能的岗位,初职就业积累的技能与经验会在未来的工作中发挥功用。

据此,提出以下假设:

假设7-1:务工人口初职就业对现职就业有影响。

假设7-1a:初职就业对于具有较强岗位技能要求的现职而言,影响更大。

## 一、职业转换矩阵

建立职业转换矩阵来刻画从初职到现职的变动关系,通过流动性指数等指标结果来说明务工群体初职就业对现职就业的影响(Blau and Ducan,1967;孙文凯等,2007)。首先建立从初职到现职的职业矩阵,假设进城务工人口从事 n 种职业类型,根据样本数据,构建从初职就业到现职就业的职业转换矩阵 $A=(a_{ij\,n\times n})$,其中,$a_{ij}$ 表示初职就业类型为 $i$ 的样本,他们的现职就业类型为 $j$ 的频数。如果初职就业和现职就业没有任何的依存关系,即职业是完全流动,则频数分布的观察值为 $\dfrac{a_{ij}}{\sum_{i=1}^{n}\sum_{j=1}^{n}a_{ij}}$ 与独立假设下的理论期望值 $\dfrac{\sum_{i=1}^{n}a_{ij}\sum_{j=1}^{n}a_{ij}}{\sum_{i=1}^{n}\sum_{j=1}^{n}a_{ij}\cdot\sum_{i=1}^{n}\sum_{j=1}^{n}a_{ij}}$ 之比应该接近于1,否则该比值远离1。

我们用观察值与期望值之比定义职业流动性指数（$i \neq j$）和封闭性指数（$i=j$），如表 7-1 所示。

**表 7-1　观察值与期望值之比**

| 灵活就业类 | 自雇类 | 高级技术类 | 服务类 | 企业办事类 | 低技能类 | 管理类 |
| --- | --- | --- | --- | --- | --- | --- |
| 5.37 | 0.45 | 0.93 | 0.53 | 0.49 | 0.32 | 0.28 |
| 0.00 | 6.80 | 0.35 | 0.17 | 0.43 | 0.34 | 0.73 |
| 0.00 | 0.51 | 5.40 | 0.45 | 0.00 | 0.44 | 0.94 |
| 0.09 | 0.74 | 0.22 | 2.51 | 0.88 | 0.46 | 0.90 |
| 0.62 | 0.39 | 0.17 | 0.51 | 4.83 | 0.17 | 3.59 |
| 0.28 | 0.79 | 1.52 | 0.40 | 0.28 | 2.23 | 0.00 |
| 0.00 | 0.00 | 0.00 | 0.00 | 0.00 | 0.00 | 16.88 |

## 二、测算结果

从结果来看，7 个职业类型的封闭指数均大于 1，说明职业与职业间的确存在一定程度的固化现象，务工人口初职选择了某一职业，再次寻求工作时，会首先选择熟悉的行业和职业，职业封闭性程度最高的为管理类职业，管理类职位需要从业者较高的素质、较长时间工作经验的积累，两者在职业生涯周期内不断完善，最终职位的人力资本专用性不断得到强化，因而，一旦从管理类职位离职，务工人口选择其他职业的概率会很小，只要条件允许，仍会谋求管理类职位。服务类职业的封闭或固化程度相对较低，原因是该类职业入职门槛并不高，且职业的人力资本专用程度也不高，务工人口进入与退出相对更自由。从流动指数看，初职对现职影响较大的职业类别有技能类到高级技术类的转换，企业办事类到管理类的转换。技能类从业者经过一段时期工作经验、工作所需技能等方面的积累，最终转换为高级技术类人才的可能性会很大，同样，企业办事类人员，如会计、后勤等，转换成为管理类职位的现象也比较常见。分析数据中接近 1 的几个职业转换，可以发现统计分析的结果非常符合现实情形，初职就业与现职就业间没有任何依存关系。如灵活就业类职业转换为高级技术类职业的可能性非常小，服务类职业转换为高级技术类职业的可能性也较低。

接下来，我们再考察初职就业和现职就业的关系，判断初职就业转换为现职就业的程度（见表 7-2）。

$$b_{ij} = a_{ij} \frac{\sum_{i=1}^{n} \sum_{j=1}^{n} a_{ij}}{\sum_{i=1}^{n} a_{ij} \sum_{j=1}^{n} a_{ij}}$$

如果 $b_{ij}>1$，说明初职就业类型为 $i$ 的样本进入现职就业类型为 $j$ 的可能性大；反之；如果 $b_{ij}<1$，说明可能性小。

表 7-2　初职与现职职业转换程度

| 灵活就业类 | 自雇类 | 高级技术类 | 服务类 | 企业办事类 | 低技能类 | 管理类 |
|---|---|---|---|---|---|---|
| 5.374707 | 0.452683 | 0.929508 | 0.525889 | 0.485806 | 0.322298 | 0.276639 |
| 0 | 6.80336 | 0.352174 | 0.174344 | 0.42948 | 0.341916 | 0.733696 |
| 0 | 0.511364 | 5.4 | 0.445545 | 0 | 0.436893 | 0.9375 |
| 0.086097 | 0.739651 | 0.216964 | 2.506188 | 0.881969 | 0.456397 | 0.904018 |
| 0.615502 | 0.391683 | 0.17234 | 0.511902 | 4.833939 | 0.167321 | 3.590426 |
| 0.277492 | 0.794637 | 1.515108 | 0.403875 | 0.28426 | 2.234756 | 0 |
| 0 | 0 | 0 | 0 | 0 | 0 | 16.875 |

从结果矩阵看，位于对角线位置的 7 个数据全部大于 1，除此之外，初职为企业办事类职业进入现职为管理类职业，以及初职为低技能类职业现职为高级技术类职业，说明企业办事类与管理类、低技能类与高级技术类职业间相互依存性较大，同时说明初职就业进入现职就业的可能性较大。

### 三、就业的动态考察

根据统计分析得出，初职就业对现职就业选择存在影响。现实中，我们不能忽略进城务工人口的职业特征，即就业不稳定性。很多务工人口变换了不止一次职业,可能存在这样的情况,对某些务工人口而言,由于务工时间短暂或其他原因,初职就业的意义并不大,第二份、第三份职业对现职就业的影响可能非常大。但由于调研的局限,不可能将进城务工人口每份工作变动的特征全部穷尽,因而只能选择初职就业来替代。由于务工人口职业变换频繁,这里面涉及就业部门和就业方式的变动。由于就业方式更多地体现行业分割,就业部门体现了劳动力市场多重分割,因而,以就业部门为代表,考察进城务工人口就业的动态特征,深入研究其初职就业对现职就业的影响。

(一)初职与现职就业特征

从文化程度看,初职就业中,初中及以下文化务工人口在非正规部门就业人数占全部非正规部门就业人数比为76.64%,此文化程度务工人口在正规部门就业人数占全部正规部门就业人数比为66.94%。现职就业中,高中及以上文化务工人口在非正规部门就业人数占全部非正规部门就业人数比为22.31%,此文化程度务工人口在正规部门就业人数占全部正规部门就业人数比为31.65%(见表7-3)。

表7-3 就业部门与文化程度分布

| | 就业部门 | 小学及以下 | 初中 | 高中 | 大专及以上 |
|---|---|---|---|---|---|
| 初职 | 非正规部门 | 26 | 102 | 22 | 17 |
| | 正规部门 | 24 | 57 | 29 | 11 |
| 现职 | 非正规部门 | 19 | 82 | 20 | 9 |
| | 正规部门 | 31 | 77 | 31 | 19 |

从单位性质看,和初职相比,在私营企业、个体组织、外资及合资企业以及机关事业单位中供职的务工人口,正规部门就业的比例增加,特别是私营企业和个体组织,由于行业管理的规范化,很多非正规部门经过法定登记或权属变更后成为正规部门。

表 7-4 就业部门与单位性质分布

| | 单位性质 | 国有企业 | 私营企业 | 外资企业 | 合资企业 | 个体组织 | 机关事业单位 |
|---|---|---|---|---|---|---|---|
| 初职 | 非正规部门 | 0 | 39 | 0 | 3 | 125 | 0 |
| | 正规部门 | 30 | 79 | 5 | 3 | 0 | 4 |
| 现职 | 非正规部门 | 0 | 11 | 0 | 1 | 118 | 0 |
| | 正规部门 | 14 | 109 | 10 | 9 | 0 | 6 |

从表7-4可知，近七成以上进城务工人口的初职就业进入不能享受公共财政给付的单位，集中分布于私营企业和个体组织，属于低端职业范畴。初职就业中，进入正规部门从事高端职业的占34%；现职就业中，进入正规部门从事高端职业的比例为26.35%，反而比初职就业还低。一个符合逻辑的解释是，进城务工人口的工作经验没有很多地转化为专用性人力资本，其与职业间的契合程度较为松散。经过频繁的就业变换，进城务工人口职业所属层级的分布发生了变化，集中体现在低端职业和高端职业从业人员的比例上。具体而言，从事低端职业的务工人口比例并没有下降，高端职业的从业者比例降低8%。从统计分析中可以发现，进城务工人口现职与初职分布特征的变化过程也是该群体内部不断分化的过程。少数务工人口已经发展成为务工群体中的较高职业阶层，而大多数仍维持"水平流动"的就业状态。

（二）初职与现职工资比较

如表7-5、图7-1、图7-2所示，初职为非正规部门，现职就业仍选择非正规部门从业，其初职工资均值约为1670元，现职工资均值约为3865元；现职就业选择正规部门从业，初职工资均值约为1466元，现职工资均值约为3124元。总体上看，自雇类小业主的存在，提高了非正规部门就业的工资水平，两部门现职工资差异并不大。

表 7-5 现职就业部门工资分布

单位：元

| | 样本数 | 现职为非正规部门 | | | | 样本数 | 现职为正规部门 | | | |
|---|---|---|---|---|---|---|---|---|---|---|
| | | 均值 | 标准差 | 最小值 | 最大值 | | 均值 | 标准差 | 最小值 | 最大值 |
| 初职就业 | 90 | 1670.333 | 1871.407 | 80 | 10000 | 76 | 1466.261 | 1085.657 | 36.8 | 6000 |
| 现职就业 | 91 | 3864.835 | 2672.675 | 600 | 20000 | 76 | 3123.684 | 1586.936 | 800 | 10000 |

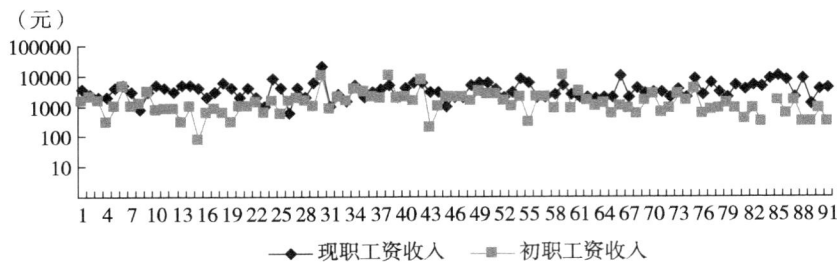

图 7-1 初职为非正规部门，现职为非正规部门

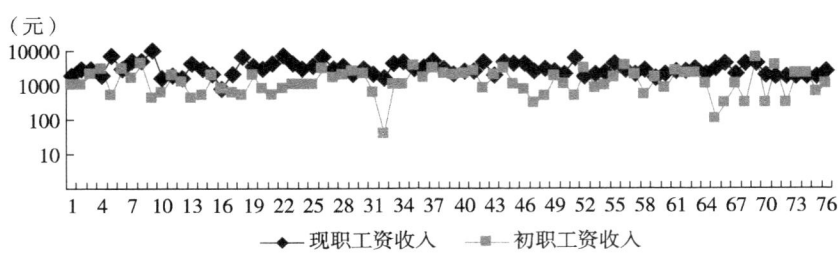

图 7-2 初职为非正规部门，现职为正规部门

## （三）现职就业部门选择的影响因素

### 1. 模型设定与变量解释

在第五章我们已经从静态视角深入探究了进城务工人口就业部门选择的影响机理。本节从动态层面分析进城务工人口现职就业部门选择的影响因素。从上述统计描述中可以发现，初职就业经历，包括初职职业类型、初职所在行业、初职工资收入、初职工作强度，这些因素均会以直接或间接的方式影响进城务工人口后续的职业选择。少部分进城务工人口实现了职业上行流动，为进一步考察影响现职就业选择的初职因素，我们将现职就业部门作为被解释变量，引入反映初职特征、个体特征、人力资本、社会资本、家庭因素以及市场分割因子的变量考察其对现职就业部门选择的影响。构建 Logit 模型进行检验。

被解释变量为现职就业部门。就业部门的划分同第一章第六节和第五章第四节，设正规部门为 1，非正规部门为 0。

核心解释变量：初职职业类型，划分同第三章第一节。不同职业的分布比例如下：自雇和高级技术类占比很低，服务类占比26.04%，低技能类占比38.54%。初职单位性质，划分同第四章第四节，在私营企业和个体组织就业的分别占比40.28%和43.40%；在国有企业就业占比11.11%；调研样本在其他单位就业的比例非常低，就业人数非常少。初职行业性质，划分同第四章第四节，在开放行业就业占比86.11%，在封闭行业就业占比13.89%。初职工资均值为1621元，初职工作强度为9.81小时/天。初职工作经验和工作经验平方项。

控制变量。个体特征：包括性别、年龄、婚姻、风险类型。人力资本：包括文化、职业技能、工作经验。社会资本：包括经常联系的亲友职业类型（管理或技术人员，包工头或经纪人，务工或务农人员）、经常交流职业信息的对象（家人、亲戚、老乡、朋友、同事）。家庭特征：父亲职业类型，首先根据调研问题的结果将父亲职业类型划分为九类，在此基础上，将务农、小摊贩等灵活就业人员划为低层级（47.57%），将较低技能、服务类职业划分为较低层级（14.58%），将企业办事人员、自雇类小业主划分为中间层级（23.26%），将管理人员、高级技术人才划分为较高层级（14.58%）。分割因子：户籍（城市为1，农村为0）和区域（本地为1，外地为0）。

模型如下：

$$L_i = \text{Ln}\left(\frac{p_i}{1-p_i}\right) = \beta_0 + \beta_1\delta + \beta_2\chi + \beta_3 h + \beta_4 j + \beta_5\gamma + \beta_6\rho + \beta_7\theta + \beta_8\mu + \varepsilon$$

其中，$\delta$表示初职因素，$\chi$表示个体特征，$h$表示人力资本，$j$表示社会资本，$\gamma$表示家庭特征，$\rho$表示分割因子，$\theta$表示父亲职业类型和交流职业信息交互项，$\mu$表示亲友职业类型和交流职业信息交互项，$\varepsilon$为误差项。

2. 结果分析

初职职业类型对现职就业部门选择的影响较为显著，其余初职影响因素均不显著。

运用逐步回归法进行多次拟合，结果如下（见表7-6）：

初职为高级技术人员和低技能人员的进城务工人口，对其现职就业选择正规部门具有显著正向影响，此结果与第七章第一节得出的结果是一致的。初职为高级技术人员，其现职选择正规部门就业的发生比会增加

104%；初职为低技能人员，其现职选择正规部门就业的发生比会降低8%。技能类职业初职就业对现职就业的影响较大，技能类从业者经过一段时期工作经验、工作技能的积累，最终转换为高级技术类人才的可能性会很大，有助于其选择正规部门就业。应该说，技能类务工人口在某种意义上脱离了"体力型"劳工阶层，其职业阶层的社会地位较高。

初职单位性质对进城务工人口现职就业部门的选择没有显著影响。本章尝试对初职职业类型和初职单位性质的交互项进行估计，结果出现严重的多重共线性。这说明进城务工人口同其所供职的单位之间的关联并不紧密，进城务工人口同单位间的人身依附关系非常低。

初职月工资收入、初职职业培训、初职工作经验以及初职工作强度等反映初职工作状况的变量对进城务工人口的现职就业选择均没有显著影响。一方面说明很多务工人口初职就业具有盲目性；另一方面说明进城务工人口职业流动的频繁性，频繁的职业流动，对于其后续职业质量的提升帮助非常有限。

从个体特征看，相较已婚务工人口，未婚的进城务工人口现职选择正规部门就业的发生比会降低23%。具有初中文化程度的进城务工人口，其现职选择正规部门就业的发生比比小学及以下文化程度者降低11%。相较风险规避型务工人口，风险偏好和风险中性务工人口，其现职选择正规部门就业的发生比分别会增加1.6%和14%。

从家庭特征和社会资本看，相较父亲为低职业阶层的进城务工人口，父亲为较高职业阶层的，其选择正规部门就业的发生比会增加5.7%；经常联系的亲友乡邻为包工头或经纪人职业的，其选择正规部门就业的发生比会降低253%。将进城务工人口经常交流职业信息的对象与父亲职业类型交互估计，结果表明，经常与家人交流就业信息，且家人为销售、企业办事人员等中间职业阶层的进城务工人口，其选择正规部门就业的发生比高出家人从事低级职业85%。将经常交流职业信息的对象与经常联系的亲朋职业类型交互估计，结果表明，经常联系的亲朋从事管理或技术工作，且务工人口经常与其交流职业信息，那么，务工人口选择正规部门就业的发生比会增加480%，经常联系的亲戚或老乡为包工头或经纪人职业的，务工人口现职选择正规部门就业发生比分别增加211%和372%。

表7-6 现职就业部门选择影响因素

| 变量 | 系数 | 标准误差 | 变量 | 系数 | 标准误差 |
|---|---|---|---|---|---|
| 初职为封闭行业 | -0.6950 | 1.1000 | 父亲职业类型与职业信息交互项 | | |
| 初职职业类型 | | | | | |
| 自雇 | 1.0339 | 0.9821 | 家人_较低职业阶层 | 0.5249 | 1.0016 |
| 高级技术 | 2.0422** | 0.9321 | 家人_中间职业阶层 | 1.8535** | 0.8984 |
| 服务人员 | 0.0466 | 0.4796 | 家人_较高职业阶层 | 0.7279 | 0.6023 |
| 企业办事人员 | 0.7276 | 0.6544 | 亲戚_低职业阶层 | -0.5721 | 1.3122 |
| 低技能人员 | 0.9250** | 0.4586 | 亲戚_较低职业阶层 | 2.2031 | 1.4070 |
| 初职单位性质 | | | 亲戚_较高职业阶层 | 2.3178 | 1.4774 |
| 私营企业 | 0.5793 | 1.5354 | 老乡_较高职业阶层 | 1.0958 | 0.9693 |
| 外资企业 | -0.6897 | 1.1355 | 朋友_中间职业阶层 | 0.5806 | 1.5300 |
| 合资企业 | 0.1197 | 1.6936 | 同事_较高职业阶层 | -2.3103 | 1.5059 |
| 个体组织 | -0.2821 | 1.5652 | 亲友职业类型与职业信息交互项 | | |
| 机关事业单位 | -0.8546 | 1.2831 | 家人_包工头或经纪人 | 1.5597 | 1.4478 |
| 初职工作强度 | -0.1265* | 0.0711 | 家人_务工或务农 | -0.0406 | 0.8437 |
| 初职月工资收入 | -0.1071 | 0.1733 | 亲戚_管理或技术人员 | 0.7265 | 1.0631 |
| 接受过技能培训 | 0.01695 | 0.4193 | 亲戚_包工头或经纪人 | 3.1131* | 1.5934 |
| 没有受过培训 | 0.2177 | 0.3646 | 亲戚_务工务农 | 0.7098 | 1.0171 |
| 初职工作经验 | -0.0505 | 0.0687 | 老乡_包工头 | 4.7267** | 2.1725 |
| 初职工作经验平方 | 0.0009 | 0.0023 | 朋友_管理或技术人员 | 5.8054*** | 2.2365 |
| 初职工作强度 | -0.1361 | 0.0845 | 朋友_务工务农 | 1.2082 | 1.0200 |
| 父亲职业类型分类 | | | 同事_务工务农 | 2.4732 | 1.5659 |
| 较低职业阶层 | -0.7328 | 0.9324 | 风险偏好 | 1.0164*** | 0.3685 |
| 中间职业阶层 | -0.4269 | 0.8554 | 风险中性 | 1.1412** | 0.4517 |
| 较高职业阶层 | 1.0572* | 0.5692 | 男性 | 0.3801 | 0.3418 |
| 经常联系的亲友职业类型 | | | 新生代 | 0.5184 | 0.3967 |
| 包工头或经纪人 | -3.5326*** | 1.3046 | 文化程度 | | |
| 务工或务农 | -0.9253 | 0.7979 | 初中 | -0.8922** | 0.4173 |
| 未婚 | -0.7785* | 0.4650 | 高中 | -0.2325 | 0.5510 |
| 离异 | -0.6218 | 0.8394 | 大专及以上 | 0.006908 | 0.6858 |
| 区域 | 0.3334 | 0.3596 | 户籍 | -0.6679 | 0.5857 |
| 常数项 | 0.7644 | 1.8055 | Prob>chi2 = 0.0110 | | |
| Loglikelihood=-153.5527 | | | PseudoR$^2$ = 0.2112 | | |

注：* 表示 $p<0.05$；** 表示 $p<0.01$；*** 表示 $p<0.001$。

## 第二节　就业稳定性的部门差异

就业稳定性是衡量就业质量的重要指标。从某种意义上讲，稳定的就业意味着较好的薪酬、工作环境、事业发展前景等，而频繁更换工作往往意味着对现有工作的不满和无奈，影响专用性人力资本的积累和提升。根据怡安翰威特①调查结果，中国员工平均流动率为15.9%，在全球处于高位。流动率较高的行业，大多为劳动密集型企业，其基层员工流动性较大。本书关于进城务工人口就业的调研发现，他们多集中在劳动密集型企业，其就业呈现出"短工化"趋势：工作持续时间短、工作流动性大。65.9%的务工人口更换过工作，25%的人在近7个月内更换了工作，50%的人在近1.75年内更换了工作，务工人口平均每份工作的持续工作时间都不长，在两年左右，而两份工作的时间间隔长达8个月。

在政策性因素和人力资本的交互作用下，劳动力市场的行业分割特征会越来越明显，行业间的分界越来越清晰。不能达到某些行业入职门槛的务工人口往往在次要劳动力市场从事着非正规工作。由于非正规部门进入与退出的限制很低，接近于完全竞争市场状态，导致务工人口的就业稳定程度较差，不稳定的就业状态使得务工人口就业上行空间更加狭窄，加剧了劳动力市场的行业分割。次要劳动力市场由于入职门槛较低，失业率为零。这说明务工人口在次要劳动力市场的流动是一种自发自觉的流动，务工人口通过职业变换寻求理想的工作，获得自身经济地位的提升。同时职业变换很自然地导致职业的稳定性较差，职业不稳定容易中断特定的人力资本积累（Becker，1962），不利于务工人口经济水平的提升。本节侧重考察不同就业部门务工人口就业稳定性影响因素的差异及其作用机理。就业流动对于务工人口的回报具有相对性，适度的职业流动有助于务工人口增加职场经验，获得更加满意的报酬。但频繁的职业流动则会中断务工人口的人力资本积累，使工作处于非稳定状态，进而收入回报受损。从经验上看，职业流动与收入之间有着较为紧密的联系。非正规部门的从业者更

---

① 怡安翰威特是一家为全球不同国家和地区提供人力资源外包和咨询服务的公司。

有可能通过职业变换提升自身的经济地位。进而可以提出假设：

假设 7-2：工作年限对就业变换次数的影响呈倒 U 形。

假设 7-2a：非正规部门的务工人口更倾向于变换工作。

## 一、就业稳定程度测算

本节中将进城务工人口职业变换次数限定为四次，即初职就业、第二份工作、第三份工作、第四份工作、现职就业。将职业变换次数与务工年限相除计算，测算务工人口的职业变换频次，发现变换最频繁的是一年中变换两次工作，这种测算并不精确，它无法细致地考察工作年限和流动次数间的关系。首先，应求出流动次数与平均流动次数比率，工作年限与平均工作年限的比率，再计算流动次数比率和工作年限比率的比值。公式如下：$S$ 表示就业稳定程度，$M$ 表示职业流动次数，$Y$ 表示工作年限。$m_i$ 为第 $i$ 个务工人口的流动次数，$\bar{m}$ 为务工人口平均流动次数。$y_i$ 为第 $i$ 个务工人口工作年限，$\bar{y}$ 为务工人口平均工作年限。$S=\dfrac{M}{Y}$，其中 $M=m_i/\bar{m}$，$Y=y_i/\bar{y}$，有：

$$S=\dfrac{m_i/\bar{m}}{y_i/\bar{y}}$$

表 7-7 就业稳定程度值

| 流动次数比率 | 工作年限比率 | 就业稳定程度 |
| --- | --- | --- |
| 0.00 | 2.43 | 0.000 |
| 3.24 | 1.82 | 1.778 |
| 0.81 | 0.49 | 1.667 |
| 0.81 | 0.18 | 4.444 |
| 3.24 | 1.46 | 2.222 |
| 3.24 | 0.79 | 4.102 |
| 2.43 | 0.28 | 8.695 |
| 0.81 | 0.24 | 3.333 |
| 0.81 | 0.49 | 1.667 |
| 1.62 | 1.21 | 1.333 |

注：选取 10 名进城务工人口为例。

## 二、变量解释、模型设定与估计

我们剔除没有发生过职业流动的样本，得到 288 个发生过职业流动的样本，以此作为不同部门就业稳定性的估计样本。

### （一）变量解释

被解释变量为职业流动次数，是连续变量。

核心解释变量为初职工作强度、初职单位性质、初职职业类型。初职工作强度替代指标是每天工作小时数，为连续变量；初职单位性质即务工人口首次工作的单位属性，分为国有、私营、外资、合资、个体、机关事业单位六类；初职职业为务工人口首次从业职业，包括灵活就业、自雇、高级技术、服务、企业办事、低技能、管理七类。后两项均为分类变量。

控制变量为个体特征变量。由于初职时的工资收入会影响到务工人口的去留，同时，务工人口在初职岗位工作的时间越长，其变换工作的可能性就会降低，因而有必要引入初职工作年限和初职工资收入作为控制变量，考察务工人口就业稳定性。

### （二）模型设定与估计

由于因变量流动次数为计数变量，且模型中的数据具有离散性，本节首先运用负二项回归模型检验正规与非正规部门中就业稳定性的差异（见表 7-8），通过验证发现模型拟合效果差，原因在于数据并非过渡离散，进而选择 OLS 对模型进行估计。

模型一为发生职业变换的全部样本就业稳定性估计。

估计结果显示，初职职业类型和初职月工资收入均在 10% 水平上显著降低务工人口的职业流动次数。具体而言，初职为高级技术类职业的务工人口增加一位，能够使职业变换次数降低 0.53 次。初职月工资收入增加一单位，务工人口职业变换会降低 0.14 次。初职单位为外资企业在 10% 水平上显著增加务工人口的职业流动。从估计结果中可以发现，表征人力资本的文化程度和表征劳动力市场分割的单位性质对于职业流动的影响不大，这一结果与经典的 SLM（劳动力市场分割）理论假设不一致，可能的原因在于：一方面，无论在哪一就业部门，务工人口的人力资本缺乏回报；另一方面，由于非正规部门结构性供求矛盾的存在，很多务工人口在非正规部门实现"低水平的流动",抑制了其流动倾向。职业流动多以水平流动为主,职业流动并没有获得地位继承和地位积累(李强,1999)。

模型二为非正规部门就业稳定性影响因素估计。

估计结果表明,初职工作在合资企业中的务工人口增加一位,其职业变换次数会增加1.5次,接受过职业技能培训的务工人口增加一位,其职业变换次数会增加0.41次。风险偏好型务工人口增加一位,其职业变换次数会增加0.48次。工作经验和初职工资收入的增加分别在10%和1%水平上显著降低务工人口的职业变换次数。随着工作年限的增加,职业变换次数会增加,职业流动性降低,呈现倒U形特征。估计结果说明,初次就业时,工作年限、收入水平是影响务工人口职业稳定的重要因素,当务工人口经历工作变换后,不会因为一般原因选择离职,其职业流动的原因更为复杂,是多种因素综合作用的结果。

模型三为正规部门就业稳定性影响因素估计。

从务工单位性质看,只有"其他单位"在5%水平上显著为正,但可以发现,除"个体组织"和"其他单位"外,供职于主要劳动力市场中的其他任何单位均有助于降低务工人口的职业变换次数。职业类型的估计结果表明,在主要劳动力市场从事任何职业均会降低职业变换次数,自雇、服务类以及低技能类务工人口增加一位,其职业变换次数分别降低0.93次、0.58次和0.43次。初职工资收入在1%水平上显著降低职业变换次数。男性务工人口更倾向于职业变动。工作经验对职业变换的影响呈倒U形。

模型估计结果验证了假设,说明务工人口的职业变换缺乏教育回报,职业技能回报在两类就业部门中的差异不大。

表7-8 就业稳定性的部门差异估计

| 变量 | 发生职业变换的样本<br>模型一 | 非正规部门<br>模型二 | 正规部门<br>模型三 |
|---|---|---|---|
| 私营企业 | 0.1763<br>(0.1957) | 0.1883<br>(0.2527) | −0.0624<br>(0.2504) |

续表

| 变量 | 发生职业变换的样本 模型一 | 非正规部门 模型二 | 正规部门 模型三 |
| --- | --- | --- | --- |
| 外资企业 | 0.7318* (0.4409) | 0.1988 (0.5242) | -0.7065 (0.8961) |
| 合资企业 | 0.3874 (0.4172) | 1.5002** (0.6294) | -0.0879 (0.5066) |
| 个体组织 | 0.3167 (0.1943) | 0.3367 (0.2476) | 0.1272 (0.2410) |
| 机关事业单位 | -0.0587 (0.4933) | 0.6730 (0.6091) | -0.8691 (0.9113) |
| 其他组织 | -0.7207 (0.6785) | 0.3663 (0.6086) | 0.3532** (0.1746) |
| 自雇 | -0.0167 (0.3333) | -0.3553 (0.3966) | -0.9370** (0.4159) |
| 高级技术人员 | -0.5357* (0.3006) | -0.1966 (0.4996) | -0.4085 (0.3759) |
| 服务人员 | -0.1542 (0.1754) | -0.1645 (0.2049) | -0.5854** (0.2590) |
| 企业办事人员 | 0.0846 (0.2258) | 0.4368 (0.3354) | -0.1420 (0.2637) |
| 低技能人员 | -0.0393 (0.1695) | -0.1966 (0.2113) | -0.4303** (0.2175) |
| 管理人员 | 1.0271 (0.9231) | — | — |
| 工作强度 | 0.0312 (0.0237) | 0.0308 (0.0367) | 0.0360 (0.0402) |
| 对数工资 | -0.1382* (0.0719) | -0.2825*** (0.0786) | -0.4856*** (0.0941) |
| 工作经验 | -0.0236 (0.0262) | -0.0600* (0.0339) | -0.0710* (0.0422) |
| 工作经验平方项 | 0.0006 (0.0009) | 0.0016 (0.0010) | 0.0033* (0.0018) |

续表

| 变量 | 发生职业变换的样本<br>模型一 | 非正规部门<br>模型二 | 正规部门<br>模型三 |
|---|---|---|---|
| 文化程度 | -0.0221<br>（0.0221） | 0.01241<br>（0.0311） | -0.0175<br>（0.0280） |
| 年龄 | 0.0078<br>（0.0078） | 0.6531<br>（0.6325） | -0.0029<br>（0.0119） |
| 男性 | 0.1703<br>（0.1206） | 0.4083<br>（0.6248） | 0.4884***<br>（0.1732） |
| 未婚 | 0.2185<br>（0.1813） | 0.1618<br>（0.2061） | 0.3539<br>（0.2879） |
| 离异 | -0.2704<br>（0.3261） | -0.3209<br>（0.3321） | -0.2032<br>（0.6419） |
| 丧偶 | 0.1501<br>（0.9149） | 0.4646<br>（0.8206） | -0.0066<br>（0.0274） |
| 受过技能培训 | -0.0145<br>（0.1475） | 0.4067*<br>（0.2088） | -0.1867<br>（0.1914） |
| 没有受过培训 | -0.0371<br>（0.1316） | 0.1135<br>（0.1903） | -0.0747<br>（0.1919） |
| 风险偏好 | -0.1212<br>（0.1334） | 0.4774***<br>（0.1491） | -0.0726<br>（0.1924） |
| 风险中性 | 0.0415<br>（0.1616） | 0.3286<br>（0.2093） | -0.1515<br>（0.1880） |
| 常数项 | 2.2647***<br>（0.7126） | 2.4315***<br>（0.9271） | 5.3997***<br>（0.9743） |
| 样本数 | 285 | 138 | 147 |
| Prob > chi2 | 0.0000 | 0.0086 | 0.0001 |
| $R^2$ | 0.1073 | 0.3060 | 0.3452 |

注：* 表示 $p<0.1$；** 表示 $p<0.05$；*** 表示 $p<0.01$。

## 第三节 入职门槛、人力资本专用性与就业稳定性分析

职业的稳定程度与工资收入存在着相依关系，稳定就业与非稳定就业的外来务工人员平均工资存在较大差异（罗楚亮，2008；黄乾，2009）。现实经验揭示，职业稳定程度与行业入职门槛具有正向关系。诸如机关、国企和事业单位这样的职业，员工入职门槛较高，其员工离职率和流动率非常低，这源于中国城乡二元社会模式造成的分割性的劳动力市场，在职业进入渠道、劳动者福利及相关保障等方面仍存在制度锁定效应，而且，农村进城务工劳动人口由于"人力资本专向性较弱""人力资本价值偏低""农村进城务工劳动人口处于劳动力配置和流动的体制洞中"（边燕杰、张文宏，2001），这些因素的存在，导致进城务工人口被排除在主要劳动力市场外，在"次级劳动力市场"从事着并不稳定的工作。Gary S. Becker（1962）以及 Mortensen（1978）的研究表明，劳动人口在某一职位的工作时间和工资收入与就业稳定性呈正相关；相反，职业流动会造成特定的人力资本贬值。已有的研究表明，职业稳定程度与职业类型特性密不可分，一般而言，处于职业声望高的行业，其劳动人口的就业稳定性较强，职业流动不频繁。同时，个体的人力资本专用性与职业稳定程度有密切关系。

入职门槛可以有宏观和微观两种研究视角，宏观上指的是市场进入与退出的特定阈值，Bresnahan 和 Reiss（1991）探究了中心市场（Concentrated Market）的准入门槛。若劳动力市场的分割在长期中不能自发地恢复均衡状态，那么，分割的各部分之间必然存在流动性障碍，即次要劳动力市场中的从业者若想进入主要劳动力市场，会面临着较高的入职门槛。Carree 和 Dejardin（2007）针对比利时 13 个零售和消费服务业的研究显示，市场进入、退出和市场空间具有正向、负向的相关关系。微观上指的是行业或某一企业进入与退出的阈值，但研究中这两种视角并没有明确的研究界限。对特定市场的研究往往也是对某一特定行业的研究（Carree & Dejardin, 2007），而且若某一行业的市场集中度非常高，其行业特征也就鲜明地表

现为这类市场的共性特征。正因如此,微观视角的研究实质上反映的是结构性特征,超出了微观分析范畴,而从劳动人口层面对入职门槛的研究可以做到具体而微,劳动人口进入某一企业的难易程度直接反映了企业入职门槛的高与低。同时,现有的相关研究中忽视了行业入职门槛对于就业稳定性的影响,实证研究更为少见。关于人力资本专用性(Donald O. Parsons, 1972), Wasmer E.(2002)在对欧洲和美国的比较研究中,指出由于欧洲就业保护立法严厉,生产效率较美国高,从业者很少在行业和地域间流动。更为有意义的一点是,欧洲从业者对于专用性人力资本的投资更多,而美国的从业者对于通用性人力资本的投资更多,这些因素的作用导致欧洲从业者的就业稳定性更强。也有文献构造了人力资本收益模型,基于模型探讨人力资本、职业流动与工资差异的关系(Sorensen A. B. & Kalleberg A. L., 1981)。这些文献探讨了人力资本对职业流动的作用机理,关注的是由于人力资本差异产生的工资差异,但对人力资本专用性与就业稳定性间关系进行理论剖析并进行实证研究的文献很少。针对上面的论述,本节从理论与实证两方面对入职门槛、人力资本专用性与就业稳定性间的关系进行剖析与检验。

学界关于职业稳定的概念没有统一界定,而关于职业流动的定义非常多。Emerson(1998)认为,职业流动是心理状态付诸实践的行动,流动的体验包括为了一个较明确的目标,或是改变一种状态,或是为了预期的回报等。李强(1999)将农村劳动人口的职业流动界定为初次职业流动和再次职业流动,对农村劳动力在农村的第一份职业进行了调研,其研究表明,农村劳动人口的初次职业流动分为两种情形:一是从农业向非农行业的流动;二是发生在非农行业间的流动。黄英忠(1997)认为,离职倾向实质是劳动移动,包括地域间、职业间和产业间的移动。因而,进城务工人口的就业稳定性,可以表述为在其经历的职业生涯周期内,就业没有发生职业间、行业间以及地域间的转移。而入职门槛,学界并没有相关的定义。本章认为入职门槛即进入某一行业或职业的要求或条件,为一阈值,低于该值,则无法进入该行业。

## 一、理论分析

就业稳定与否是劳动力市场和务工人口相互选择的结果。假设主要劳动力市场中的就业部门的入职门槛为 $L_p$，次要劳动力市场中就业部门的入职门槛为 $L_s$，由于政策惯性的存在，结合上述分析，可以得出 $L_p > L_s$。劳动力市场中的从业者人力资本水平存在异质性（高文书，2009），由于人力资本水平是通过具体的职业体现出来的，因而可以从行业或职业视角，将人力资本水平差异简化为人力资本专用性较强和人力资本专用性较弱两类，分别表示为 $H_n$ 和 $H_L$，有 $H_n > H_L$。

Bulow 和 Summers（1986）运用双重劳动力市场理论分析产业政策、歧视与凯恩斯失业的关系时，假设经济社会中存在两个劳动力市场；主要劳动力市场工资报酬高，工作有保障；次要劳动力市场工资较低，缺乏必要的工作福利供给，员工进入退出更为自由。本节假定主要劳动力市场为 $M_p$，次要劳动力市场为 $M_s$，两类市场是制度、文化、政策等综合作用的函数，主要劳动力市场与次要劳动力市场中的企业对新入职者的条件要求分别为：$(x_1, x_2\cdots, x_m) \in L_p$，$(x_1, x_2\cdots, x_n) \in L_s$。$L_p$ 为主要劳动力市场入职门槛，$L_s$ 为次要劳动力市场入职门槛。$x_i$ 表示企业对新入职者的条件要求，如学历、工作经验、相关技能、身体状况、性别特征等。现实中可以观察到的情形是自从高考制度恢复以来，农村劳动人口能够进入主要劳动力市场的正规渠道是求学。为了便于分析，我们将制度、家庭等影响个体进入劳动力市场的因素剔除，因而可以假定个体的受教育程度是决定其进入不同类型劳动力市场的关键因素，进城务工人口由于户籍和教育程度的限制，一般被排除在主要劳动力市场之外。从这个意义上讲，能够进入主要劳动力市场的求职者，其个体的受教育程度要高于次要劳动力市场的求职者。或者可以说，主要劳动力市场中的从业者，其教育成本要高于次要劳动力市场中的从业者。

假设 $e_u$ 为进城务工人口受教育程度，$e_c$ 为主要劳动力市场中从业者的受教育程度，有：

$$e_c > e_u \tag{7-1}$$

进城务工人口若离职，其损失的教育成本为 $e_u$。若不同劳动力市场的从业者在离职的一段时期内会获得相同的收入 $V$，仅仅考虑教育损失，则主要劳动力市场中的从业者离职倾向较弱。因为：

$$V - e_u > V - e_c \tag{7-2}$$

当某一从业者要退出某一企业时，除考虑损失的教育成本外，还要考虑人力资本专用程度的损失，即从业者与企业间相互匹配的程度。这种匹配是随着从业者工作年限的增加，其个体的工作经验、对本领域工作的认识程度、相关技能水平、对组织的满意程度及人际关系等获得正向收益的过程，人力资本专用性会增强（Parsons，1972），较强的专用性人力资本增加了职业流动的成本，人力资本专用性越强，其职业流动性越差，职业越稳定。根据 E. Wasmer（2002）关于人力资本专用性投资的一般模型，人力资本可以表示为：$h=h^{g0}+i^g+i^s$，其中 $h^{g0}$ 表示从业者最后一份工作所获得的通用人力资本，$i^g$ 表示从业者当前工作所获得的通用人力资本，$i^s$ 表示从业者当前工作所获得的专用性人力资本。考虑到本书研究的特殊性，很多进城务工人口在外出前在家乡并没有从事过带有收入性的生产劳动，因而在此公式基础上，本节将从业者的人力资本表示为：

$$h=i^g+i^s \tag{7-3}$$

故而不同劳动力市场中从业者离职后的收益函数可以表示为：

$$r_c=V-e_c-(i^g_c+i^s_c) \tag{7-4}$$

$$r_u=V-e_u-(i^g_u+i^s_u) \tag{7-5}$$

其中，$r_c$ 为主要劳动力市场中从业者的收益，$r_u$ 为进城务工人口的收益。当从业者因离职造成的损失越大时，其职业越不易变动。为了检验专用性人力资本的作用，我们将表征基础知识和基础技能的通用人力资本一般化，使 $i^g_u=i^g_c$，则人力资本专用性越强，从业者离职倾向越低，其职业越不容易发生变动。因而职业稳定程度可以表示为：

$$S=f(e,h) \tag{7-6}$$

即职业稳定程度与入职门槛和人力资本专用性高低间存在相关关系。人力资本专用性的形成是时间的线性函数，通过特定时段内的"干中学"、特定的业务流程及沟通渠道以及特定的团队氛围与团队人际关系生成的专用性人力资本，体现了企业的核心竞争力。人力资本专用性的形成机制决定了一旦工作环境、工作流程或产业结构发生变动，人力资本专用性会变得很弱。拥有职业专用性人力资本的员工，若变换职业，其人力资本利用率较低，将会失去竞争优势（Ormiston，2007）。本章中人力资本专用性的

形成是企业和从业者共同努力的结果,将人力资本专用性进一步分解可以表示为:

$$i^s = i^r + i^t + i^\gamma \tag{7-7}$$

其中,$r$、$t$、$\gamma$ 分别代表随着工作年限的增加所增加的工作经验、企业或个人进行培训所获得的专业技能以及包括工作满意度等的其他可以表示为人力资本专用性的指标。

根据以上理论分析,本节提出以下假设:

假设7-3:劳动力市场分割生成的主要劳动力市场,其入职门槛较高,较高的入职门槛增加了务工人口离职的心理成本与实际成本,客观上生成较为稳定的职业状态。

假设7-4:进城务工人口与工作契合程度越强,则其人力资本专用性越强,其职业稳定性越强。

## 二、样本描述与变量设定

本章的样本来源与第四章第一节相同。

### (一)样本描述

本章第一节中已经对发生就业流动的样本进行了细致刻画,本节将运用全部样本(包含没有发生就业流动的样本)考察就业稳定性的影响因素。我们将年龄在34岁及以上的务工者称为老一代务工人员,将年龄在33岁及以下的务工者称为新生代务工人员。总体来看,全部调研对象中,没有外出务工的人占19.8%,已婚人员占全部调研总体的69.1%,初中文化程度者占54.5%,务工前有技术的占14.7%。根据不同职业及行业特征,本书将职业划分为七大类型:灵活就业类(包括力工、零工、小摊贩等),占比10.3%;自雇(拥有固定经营场所的小业主),占比11.3%;高级技术类(持有中级、高级技工证书),占比11.8%;服务类(服务员、保洁、保安等),占比24.4%;企业办事类(包括会计、销售、文员等),占比10.1%;低技能类(包括车床工、瓦工、持证的家政服务人员等),占比26.1%;管理类(机关、企事业单位中层及以上管理人员),占比5.9%。

从全部样本来看,7大类职业中,发生职业流动的比例要高于没有发生职业流动的比例。服务类和低技能类发生职业流动一次的频率最高,这种结果为：一方面是由于抽样的限制，随机调研的对象更多集中在这两个领域；另一方面在于这两类职业的进入与退出障碍较小，就业稳定性较差。从不同职业类型看，职业流动的频次是不同的，低技能类和服务类发生职业流动的频次最大（见表7-9）。本章所界定的低技能类务工人口为诸如瓦工、木工等没有取得或仅取得初级职业资格的务工人口，他们拥有的技能是未经系统培训的，有很多是在工作过程中逐步摸索获得的，原本拥有的不够扎实和深厚的工作经验又随着职业变化快速贬值，导致人力资本专用程度较低。

表7-9 职业类型与职业流动次数频数分布

| 职业类型 | 职业流动次数 | | | | |
|---|---|---|---|---|---|
| | 没有流动 | 流动一次 | 流动二次 | 流动三次 | 流动四次 |
| 灵活就业类 | 14 | 14 | 5 | 5 | 4 |
| 自雇 | 15 | 17 | 7 | 5 | 2 |
| 高级技术类 | 8 | 24 | 6 | 9 | 3 |
| 服务类 | 37 | 32 | 18 | 10 | 2 |
| 企业办事类 | 12 | 10 | 12 | 6 | 1 |
| 低技能类 | 24 | 42 | 30 | 5 | 3 |
| 管理类 | 9 | 6 | 7 | 1 | 1 |

单位性质与职业类型的交叉列表（见表7-10）显示，供职于私营企业的务工人口，多从事低技能类职业，这些职业往往没有经过职业培训，也没有取得相应的职业技术资格。可能令人费解的是机关事业单位中居然存在灵活就业类人员，这是调研中涉及的一类人口，即他们以接班或其他方式进入机关事业单位，但由于种种原因，原本可以转变的农业户籍没有改变，其与单位间的关系是松散的雇佣关系。这类从业者以机关事业单位为主要服务对象，间或从事其他职业。在国有企业和机关事业单位中供职的高级技术类务工人口仅占全部务工人口的0.9%，这两类性质的单位中，管理类务工人口占全部务工人口的0.5%。相较其他单位而言，国企和机关事业单位入职门槛较高，能够在这种类型的单位中从事管理类或技术类工作，

除了其他不便考察的因素外,说明进城务工人口自身的人力资本较强。

表 7-10 职业类型与单位性质交叉列表

| 单位性质 | 职业类型 | | | | | | |
|---|---|---|---|---|---|---|---|
| | 灵活就业类 | 自雇 | 高级技术类 | 服务类 | 企业办事类 | 低技能类 | 管理类 |
| 国有企业 | 0 | 0 | 3 | 7 | 6 | 4 | 1 |
| 私营企业 | 17 | 0 | 29 | 38 | 16 | 60 | 14 |
| 外资企业 | 0 | 0 | 2 | 1 | 0 | 5 | 3 |
| 合资企业 | 1 | 0 | 1 | 1 | 1 | 6 | 0 |
| 个体 | 18 | 46 | 14 | 40 | 15 | 28 | 5 |
| 机关事业单位 | 6 | 0 | 1 | 12 | 3 | 1 | 1 |

从年龄分布来看,可以有两种划分方法:一种是新生代与老一代进城务工人口的划分①,样本年龄均值为34.8岁,教育程度均值为9.3,流动次数均值为2.46,每天工作时间均值为10.09小时,月工资收入均值为3439.41,月休天数为2.72。新生代务工人口中,没有发生过职业流动的占全部进城务工人口的17.73%,发生过职业流动的占全部进城务工人口的23.31%;老一代务工人口中,没有发生过职业流动的占全部进城务工人口的11.33%,发生过职业流动的占全部进城务工人口的41.13%。另一种是对年龄进行年代上的细分。在不同年龄段职业类型的分布方面,工作年限均值最低的是"90后"进城务工人口,且工作年限随进城务工人口年龄的增加而递增。文化程度随年龄的增加递减,"90后"务工人口文化程度均值为10.49。工资收入均值最多的年龄段分布在"70后""90后"和"50~60后",工资收入水平低于"80后"和"70后"(见表7-11)。对不同年龄段职业类型的分析(见表7-12)发现,"90后""80后"进城务工人口多集中在美容、美发及其他工作类型的服务业领域,"70后""50~60后"进城务工人口多集中在低技能类职业领域,描述统计的结果

---

① 已有的文献大量采用这种分类方法。在20世纪80年代后出生的农村劳动人口,在城市从事非农工作,即称为新生代务工人口。相关的研究参见刘俊彦. 新生代:当代中国青年农民工研究报告[M]. 北京:中国青年出版社,2007.

大致符合相关文献研究得出的结论（吴红宇、谢国强，2006）。年龄段与职业类型的不同组合形成的独特的职业结构，40岁及以上的务工人口多集中在低技能类职业，对应的行业类型多为建筑、制造等需要付出更多体力的工作，"80后"和"90后"务工人口多集中在服务领域。年轻进城务工人口一般不愿在建筑、制造等领域寻求工作，一方面是由于缺乏相应技能，另一方面是因为不愿吃苦等，再加上怕丢面子等心理，造成服务业领域集中了大批新生代进城务工人口。

表7-11 不同年龄段进城务工人口的均值与标准差

| 年龄段 | 年龄 | 文化程度 | 工作年限 | 工资收入 |
| --- | --- | --- | --- | --- |
| "90后" | 19.94<br>（1.94） | 10.49<br>（2.25） | 2.38<br>（3.32） | 2548.78<br>（1351.11） |
| "80后" | 28.30<br>（2.87） | 10.38<br>（2.62） | 3.79<br>（3.39） | 3647.71<br>（2512.03） |
| "70后" | 38.30<br>（2.98） | 8.94<br>（2.61） | 4.71<br>（4.19） | 3811.21<br>（2131.29） |
| "50~60后" | 50.18<br>（4.96） | 7.66<br>（3.21） | 5.50<br>（5.93） | 3512.12<br>（2108.35） |

注：括号内为标准差。

表7-12 不同年龄段务工人口职业类型分布

| 年龄段 | 职业类型 | | | | | | |
| --- | --- | --- | --- | --- | --- | --- | --- |
| | 灵活就业类 | 自雇 | 高级技术类 | 服务类 | 企业办事类 | 低技能类 | 管理类 |
| "90后" | 6 | 3 | 6 | 32 | 12 | 21 | 2 |
| "80后" | 8 | 19 | 9 | 25 | 18 | 19 | 6 |
| "70后" | 12 | 10 | 20 | 13 | 9 | 33 | 10 |
| "50~60后" | 16 | 10 | 13 | 16 | 2 | 28 | 6 |

### （二）被解释变量

用流动频率和工作年限来度量进城务工人口的职业稳定程度。职业稳定程度的测度指标用职业流动次数（M）/工作年限（Y）表示。为了消除变量自身变异和数值大小对分析结果的影响，本章运用 Z-SCORE 法对流动次数与工作年限分别进行标准化处理（见表 7-13），具体公式为：$z=(x_i-\bar{x})/sd$，其中 $\bar{x}$ 为均值，$s$ 为标准差。职业稳定程度 $S$ 的测度指标：职业流动次数（$M$）/工作年限（$Y$），则有 $S=\dfrac{(m_i-\bar{m})/sd}{(y_i-\bar{y})/sd}$。（本节选取前 10 个样本的值呈现）

表 7-13 职业稳定程度标准化数值

| Z 流动次数 | Z 工作年限 | 职业稳定程度 |
| --- | --- | --- |
| -1.124909 | 1.69862895 | -0.66 |
| 2.51410116 | 0.97626306 | 2.58 |
| -0.2151565 | -0.6129419 | 0.35 |
| -0.2151565 | -0.9741249 | 0.22 |
| 2.51410116 | 0.54284352 | 4.63 |
| 2.51410116 | -0.251759 | -9.99 |
| 1.60434862 | -0.8585463 | -1.87 |
| -0.2151565 | -0.9018883 | 0.24 |
| -0.2151565 | -0.6129419 | 0.35 |
| 0.69459607 | 0.25389716 | 2.74 |

### （三）核心解释变量

1. 职业类型

根据职业分类表[①]对职业大类及小类的划分与排序，同时参照前面进城务工人口职业类型与流动频率，我们依据入职门槛和人力资本专用性的程度把样本中进城务工人口的职业类型归入不同象限（见图 7-3）。第 i 类和第 ii 类职业的入职门槛较高，一般分布在主要劳动力市场，这类职业随着工作经验的积累，其员工的人力资本专用性不断增强，呈单调递增。人力资本边际收益以递增的速度增加。本书的样本中从事第 i 类和第 ii 类

---

[①] 参见《职业分类表》（G2012）。

职业的数量极少。第 iii 职业的入职门槛较低，而且不需要特别的工作经验，工作经验的积累对人力资本专用性的贡献不大，员工变换工作的成本较低，随着工作年限的增加，其人力资本的边际收益以缓慢的速度递增。第 iv 类职业的入职门槛较低，但对工作经验的要求较高，随着工作经验的积累，其人力资本专用性不断提升，人力资本收益以递增的速度增加，但较入职门槛高的职业而言，其坡度较平缓。样本中从事服务类和企业办事类职业的进城务工人口较多，随着工作经验的积累，部分人力资本专用性较强的企业办事人员，有可能发展成为专业人才或管理人才，而服务类职业由于职业存续周期短，工作经验的通用性等原因，职业向上伸展的空间和可能性不大。

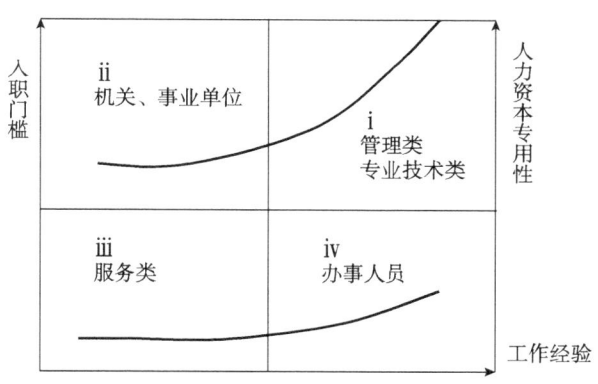

图 7-3 进城务工人口职业类型象限图

2. 入职门槛

入职门槛的替代指标包括职业声望、单位性质、就业方式和求职难易程度。

职业声望是对职业地位的评价，黄乾（2009）的实证研究表明，进城务工人口的就业稳定性在单位所有制和行业间存在明显差异。因而在考察就业稳定性时有必要对职业类型进行细分。声望是权力和特权的函数（伦斯基，1988），声望高的职业，或是拥有职业权力或是拥有技术权威（Treiman，1976）。通过对职业的声望进行界定进而对职业类型进行排序，是声望研究的功能主义理论机理。经验层面的研究方法主要有社会经济量表，通过对职业收入和教育程度进行加权来对职业声望进行评价（Blau &

Duncan,1967),但随着人们"认知逻辑"的进步,学者发现职业声望和社会经济地位存在理论和经验上的差异(Hauser & Warren,1997),于是采用基于地位、技术及财富等获取的权力作为判断职业高低的指标(Weber,1946;Zhou,2005)。本章中将职业声望作为职业类型的替代变量,关于职业声望的测度,本章综合上述研究的方法,借鉴李春玲(2006),尉建文、赵延东(2011)的实证研究结论,将务工人口的职业类型进行赋值,之后对职业声望得分进行两次标准化转换,得到职业声望计算公式:$Y$(职业声望得分)$= -0.55X + 62.65$。将灵活就业类赋值为1,服务类赋值为2,拥有诸如木工等低技能的技能类赋值为3,企业办事人员等的企业办事类赋值为4,成为小业主的自雇类赋值为5,高级技术类赋值为6,机关事业单位赋值为7。发生上行职业流动的频数为56,占比为19.51%;发生下行职业流动的频数为6,占比为2.09%;发生平行职业流动的频数为225,占比为78.4%。可见,务工人口虽经常进行职业变换,但主要是平行流动,从职业声望和权力声望考察,其职业流动并没有带来社会地位的改变。职业声望估算值见表7-14。

单位性质变量:将国有企业设为1,私营企业设为2,外资与合资企业设为3,个体从业者设为4及机关事业单位设为5。中国当前的单位性质在一定程度上是身份的表征,国家机关、国企、事业单位的入职门槛高于私企、个体组织。

进城务工人口求职的难易程度是对务工单位入职要求高低的反映,务工单位对从业人员的要求一般集中在工作经验、技能、性别、文化程度、户籍等方面,务工单位的要求越多,求职者求职的门槛就越高,其求职难度越高。按照李克特五点量表法(Likert Scale)将求职难度划分为很容易到很不容易五个维度(1~5)。

考虑到分割性劳动力市场存在的现实,我们将与单位签订劳动合同,同时可以享受单位三险,作为就业方式划分的标准。

3. 人力资本专用性

人力资本专用程度的测度指标包括教育程度、技能水平、工作年限以及教育程度和工作年限的交互项。随着工作年限的增加,从业者的工作经验、专用技能等不断增加,人力资本的专用程度不断提高。

由于职业期望与个人的自我认识和自我评价紧密相连（史柏年，2006），在此将进城务工人口对自身能力的评价作为人力资本的一个主观指标，按照李克特五点量表法（Likert Scale）分为对自己能力评价很强到评价很弱五个维度（1~5）。

**表 7-14　职业声望估算值（取 5 位务工人口为例）**

| 职业类型 | 职业类型赋值 | 职业赋值标准化数据 | 职业声望 |
|---|---|---|---|
| 7 | 6 | 1.3371063 | 63.38541 |
| 1 | 1 | -1.374508 | 61.89402 |
| 4 | 2 | -0.832185 | 62.1923 |
| 5 | 5 | 0.7947834 | 63.08713 |
| 1 | 1 | -1.374508 | 61.89402 |

**（四）控制变量**

将个体特征作为控制变量，包括性别、年龄、婚姻状况、工作强度以及月工资收入。工作强度用每天工作小时数表示，月工资收入，将其对数化。

### 三、计量模型检验

**（一）模型描述**

根据数理模型的推导，我们可以引入入职门槛和人力资本专用性来建构职业稳定效应的计量模型，分别估计不同就业部门的就业稳定效应：

$stable = \beta_0 + \beta_1 T + \beta_2 H + \beta_3 X + \mu$，$stable$ 为职业稳定程度，$T$ 为入职门槛，$H$ 为人力资本专用性，$X$ 表示个体特征，$\mu$ 为残差项。

首先，采用加权最小二乘法对入职门槛、人力资本专用性与就业稳定性关系进行检验。接下来，我们要探讨处于不同职业稳定程度时，入职门槛和人力资本专用性影响的分布状况。同时考虑到回归的稳健性，为了使分析结果更加便于解释和说明，本节运用分位数回归方法对三者间关系再次检验。加权最小二乘法的优点是对残差变异大的数据，通过加权减小原始残差，消除模型中的异方差，增加数据的可信度。分位数方法借鉴 R. Koenker 和 G. Bassett Jr.（1978）的分位回归思想，对就业稳定性影响因素进行分位数回归。

假设随机变量 $Y$ 的分布函数为 $F(y)=P(Y\leqslant y)$，$Y$ 第 $\tau$ 分位数为 $Q(\tau)=\inf\{y:F(y)\geqslant\tau\}$，对于 $Y$ 的一组随机样本 $\{y_1,y_1,\cdots,y_n\}$，样本均值 $\min\sum_{i=1}^{n}(y_i-\xi)^2$，样本中位数为 $Q(1/2)=\min_{\xi\in\mathbf{R}}\sum_{i=1}^{n}|y_i-\xi|$，对于第 $\tau$ 分位数有 $\min\beta\in R^p[\sum_{i\in\{i:y_i\geqslant\xi\}}\tau|y_i-\xi|+\sum_{i\in\{i:y_i<\xi\}}(1-\tau)|y_i-\xi|]$。对于线性条件分位函数 $Q(\tau|X=x)=x_i'\beta(\tau)$，通过求解 $\beta(\tau)=\mathrm{argmin}\beta\in R^p\sum_{i=1}^{n}(y_i-x_i'\beta)$ 得到参数估计值，对于任意的 $\tau\in(0,1)$，参数 $\beta(\tau)$ 称为第 $\tau$ 回归分位数。

**（二）结果分析**

首先采用 OLS 方法对模型进行回归，用怀特检验法考察模型中是否存在异方差，结果显示，Prob > chi2 = 0.8754，检验结果没有拒绝原假设，模型存在异方差，接下来，我们采用加权最小二乘法对异方差进行修正。从最终结果看，拟合效果较好。估计结果显示：在外资企业供职的进城务工人口，其就业稳定性较强，估计结果在 5% 水平上显著；获得职业的难易程度通过显著性检验，即获得职业越容易，其就业稳定性越差，说明入职门槛对于就业稳定性的影响具有显著性。从上文描述可知，职业声望是对职业类型的排序，职业类型排序越靠前，其职业声望越高，职业的入职门槛相对越高。估计结果显示，职业声望通过显著性检验，但值为负，很好地回应了上述职业象限对于进城务工人口职业类型的描述，由于进城务工人口多集中在建筑、制造及服务业等次要劳动力市场，职业声望较低，因而其就业稳定性较差。人力资本专用性的替代指标中，进城务工人口受教育程度在 1% 水平上显著，受教育程度和工作年限的交互项没有通过显著性检验，由于务工人口多集中在次要劳动力市场，教育程度在次要劳动力市场缺乏回报，进城务工人口人力资本专用性并没有随着工作年限的增加显著增强；从业者对工作能力的评价越强，表明其人力资本专用程度越强，因而其就业稳定性越强。同时，相对于没有接受过技能培训的进城务工人口，受过职业技能培训，会使其职业稳定程度增加 0.72 个单位，此估计结果印证了 Becker（1962）提出的论点，企业进行的专用性人力资本投资具有正向收益,从而降低了员工的流动性。

但我们看到增加的幅度不大,现实中,企业供给的岗前培训仅仅是让新入职的员工快速了解工作流程,对员工能力素质的提升作用并不大,很多并不能称为职业培训,技能培训的质量也较低。这个结果与现实中的"技工荒"现象吻合,这种现象的存在说明当前的职业培训在主体及内容的结构、培训质量等方面泛泛,部分企业所需的高技能人才严重缺乏,相对低等的技术岗位由于工作强度、工作环境及工资收入等的不尽如人意,增加了进城务工人口"用脚投票"的概率,相关的职业培训并没有起到稳定就业的作用。我们预期的工资收入在 WLS 模型中显著,但在分位数回归中,除了 10% 职业最稳定人口外,其余均没有通过显著性检验,并不妨碍整体的拟合效果,从估计结果中可以发现,工资收入已不再是职业稳定与否的唯一决定因素。个体特征方面,随着年龄的增加,进城务工人口的就业稳定性会降低,相对于已婚的进城务工人口,未婚者就业稳定性较差,离婚和丧偶的务工人口就业稳定性会增强。

分位数回归的结果更清晰地表明,由于分割性劳动力市场的存在,表征入职门槛的职业声望变量对于进城务工人口就业稳定性具有负向影响,正是因为大部分务工人口集聚于职业声望较低的次要劳动力市场,其职业类型从服务类变换到办事类人员,即便此过程中职业声望有所提高,但对就业稳定性的影响并不大。除就职于机关事业单位外,10% 职业最不稳定的进城务工人口,无论就职于哪种类型的单位,都会使其就业稳定性增加。对于职业最不稳定的 25% 人口而言,单位性质的分异对于其职业选择的影响并没有实质意义,只要有能提供工资收入的单位接收,这类务工人口基本上会选择稳定就业。对于职业稳定程度较高的 25% 人口而言,单位性质的筛选功能得以凸显,即相对而言,外资企业和机关事业单位对于进城务工人口的就业稳定性具有正向影响。对于职业最稳定的 10% 进城务工人口而言,除了工资收入变量具有显著性外,其他影响因素作用均不大。即对于职业不稳定的务工人口,企业提供的职位和务工人口自身人力资本水平的提升等都会增加其就业稳定性;对于职业较稳定的务工人口,除工资水平外,其他因素的变动对其职业稳定与否影响不大。处于不同稳定程度的务工人口,其教育程度均没有通过显著性检验,同时,除了 10% 职

表 7-15 入职门槛、人力资本专用性与进城务工人口就业稳定性回归表

| 变量 | OLS | WLS | τ=0.1 | τ=0.25 | τ=0.5 | τ=0.75 | τ=0.9 |
| --- | --- | --- | --- | --- | --- | --- | --- |
| 职业声望 | -3.6195** | -0.6677*** | -0.8973 | -0.5135 | -0.1516 | -0.3142 | -0.6885 |
|  | (1.6344) | (0.2582) | (0.9170) | (0.4209) | (0.1810) | (0.3257) | (1.0698) |
| 私营企业 | 3.7805 | 0.7288 | 7.1087*** | 0.4753 | -0.1943 | -0.2224 | -2.4545 |
|  | (3.7837) | (0.6499) | (2.5712) | (1.0767) | (0.4200) | (0.7706) | (2.3877) |
| 外资企业 | 4.4477 | 1.6420** | 8.9679*** | 1.4940 | 0.0018 | 0.2695 | -2.4556 |
|  | (5.7839) | (0.8369) | (2.5156) | (1.5028) | (0.5926) | (1.1216) | (4.1038) |
| 合资企业 | 4.5060 | 1.5659* | 6.5196** | 0.6433 | -0.4744 | -0.1018 | -0.9872 |
|  | (6.1324) | (0.8806) | (2.7083) | (1.6527) | (0.6630) | (1.1844) | (2.6377) |
| 个体组织 | 5.7481 | 1.4021** | 7.4416*** | 0.8624 | -0.1740 | -0.0313 | -1.4953 |
|  | (3.9670) | (0.6868) | (2.7207) | (1.1518) | (0.4403) | (0.7800) | (2.4502) |
| 机关事业单位 | 2.6222 | -1.9331** | 4.0627 | 0.3790 | 0.1384 | 1.0937 | -0.8265 |
|  | (4.9705) | (0.7869) | (3.2680) | (1.3682) | (0.5544) | (0.9919) | (3.1931) |
| 非正规就业 | 1.9000 | -0.5571 | 0.1599 | 0.1259 | -0.1561 | -0.1448 | 0.3837 |
|  | (2.4549) | (0.3462) | (1.4850) | (0.6976) | (0.2661) | (0.4913) | (1.3032) |
| 职业获得较容易 | 0.8676 | -1.1774*** | -1.3044 | -0.3560 | 0.0640 | -0.2083 | 0.0618 |
|  | (2.3234) | (0.3133) | (1.3801) | (0.6061) | (0.2544) | (0.4842) | (1.5389) |
| 职业获得难度一般 | 1.9781 | 0.1083 | 0.2469 | 0.1173 | 0.1857 | 0.1372 | 0.2230 |
|  | (2.2212) | (0.3081) | (1.2721) | (0.5689) | (0.2445) | (0.4522) | (1.4164) |

续表

| 变量 | OLS | WLS | τ=0.1 | τ=0.25 | τ=0.5 | τ=0.75 | τ=0.9 |
|---|---|---|---|---|---|---|---|
| 职业获得不容易 | 2.1688<br>(2.4560) | -0.1398<br>(0.3348) | 0.8411<br>(1.4072) | -0.2800<br>(0.6240) | 0.3066<br>(0.2680) | 0.2341<br>(0.4915) | 0.4838<br>(1.5401) |
| 职业获得很不容易 | 1.8117<br>(4.0272) | 0.8751*<br>(0.5210) | 1.17539<br>(1.3337) | 0.5688<br>(0.9057) | 0.2379<br>(0.4405) | 0.6895<br>(0.8365) | 2.7577<br>(2.3581) |
| 自认为能力较强 | 0.6082<br>(2.5738) | 0.5341<br>(0.3618) | -0.5818<br>(1.5050) | -0.1100<br>(0.6927) | -0.0846<br>(0.2724) | 0.0855<br>(0.5180) | 0.4470<br>(1.4024) |
| 自认为能力一般 | -1.5889<br>(2.5808) | 0.8298**<br>(0.3719) | -0.6786<br>(1.6636) | 0.4552<br>(0.7062) | 0.0861<br>(0.2744) | 0.2878<br>(0.5197) | 0.7316<br>(1.3920) |
| 自认为能力较差 | -3.5953<br>(4.8093) | -2.5453***<br>(0.6846) | -1.0748<br>(2.7560) | 0.4270<br>(1.0932) | 0.4044<br>(0.5121) | 0.1639<br>(0.9882) | 0.3994<br>(3.1106) |
| 自认为能力很差 | 2.3959<br>(11.1313) | 5.5322***<br>(1.6486) | 8.8346***<br>(2.7679) | 0.9701<br>(1.5040) | -0.4253<br>(0.9522) | 5.4421***<br>(1.1481) | 1.3676<br>(2.7253) |
| 教育程度 | 0.2770<br>(0.3149) | -0.0807*<br>(0.0442) | 0.1534<br>(0.1815) | 0.0653<br>(0.0767) | 0.0245<br>(0.0351) | -0.0050<br>(0.0627) | -0.1693<br>(0.2035) |
| 教育和工作年限交互项 | 0.0042<br>(0.0200) | 0.0052*<br>(0.0028) | -0.0164*<br>(0.0090) | -0.0073<br>(0.0048) | -0.0078***<br>(0.0022) | -0.0067*<br>(0.0036) | 0.0093<br>(0.0090) |
| 职业类型和工作经验交互项 | -2.7439<br>(1.8377) | 0.7171***<br>(0.2739) | 0.00059<br>(1.0505) | -0.5032<br>(0.4619) | -0.1849<br>(0.2033) | 0.2977<br>(0.3834) | 0.8655<br>(0.9940) |

续表

| 变量 | OLS | WLS | τ=0.1 | τ=0.25 | τ=0.5 | τ=0.75 | τ=0.9 |
|---|---|---|---|---|---|---|---|
| 月对数工资 | -0.0000 (0.0004) | 0.0001* (0.0001) | -0.0001 (0.0002) | 0.0001 (0.0001) | 0.0001 (0.0004) | 0.0000 (0.0001) | 0.0005** (0.0002) |
| 工作强度 | 0.1331 (0.3678) | -0.2015*** (0.0510) | -0.1039 (0.2953) | -0.0648 (0.0929) | 0.0109 (0.0409) | -0.0059 (0.0709) | 0.1869 (0.2013) |
| 男性 | 0.8173 (1.6560) | 1.1578*** (0.2689) | 0.4917 (0.9937) | 0.3708 (0.4397) | -0.1362 (0.1812) | 0.0175 (0.3321) | 0.4495 (0.9283) |
| 年龄 | -0.0665 (0.1006) | -0.0656*** (0.0138) | -0.1351** (0.0617) | -0.0045 (0.0253) | -0.0144 (0.0112) | -0.0076 (0.0201) | 0.0138 (0.0627) |
| 未婚 | -2.4281 (2.2947) | 0.3897 (0.3115) | -2.6838** (1.2998) | -0.1366 (0.5675) | -0.3764 (0.2571) | -0.3288 (0.4669) | -0.0483 (1.5787) |
| 离异 | 0.9744 (5.1030) | 2.1754*** (0.6480) | 3.4361** (1.4290) | 1.2852* (0.7725) | 0.1695 (0.4682) | -0.3268 (0.9816) | -0.6578 (3.7245) |
| 丧偶 | -1.1561 (10.8545) | 3.2233** (1.4604) | 3.7101 (2.2972) | 2.4619* (1.3598) | 1.4067 (0.8993) | 2.5802** (1.0511) | 2.4169 (2.3870) |
| 常数项 | 219.9174** (102.8992) | 4.3333*** (16.0491) | 51.9976 (58.3241) | 30.5757 (26.3580) | 10.4535 (11.3892) | 21.0994 (20.4726) | 45.1474 (66.0000) |
| 样本数 | 406 | 406 | 406 | 406 | 406 | 406 | 406 |
| Prob > F | 0.8745 | | | | | | |
| Prob > chi2 | | 0.0000 | | | | | |
| Pseudo $R^2$ | | | 0.0578 | 0.0238 | 0.0177 | 0.0190 | 0.0467 |

注：括号内为标准误差。***、**、*分别代表在1%、5%、10%的水平上显著。

业最稳定务工人口，教育程度和工作年限的交互项系数均为负值，说明教育缺乏回报，且进城务工人口工作年限的累积对于其职业稳定程度的影响意义不大，从侧面揭示了进城务工人口的职业流动性较大，职业发展状态并不稳定。综合分析来看，对于25%职业稳定的进城务工人口，这种稳定性是一种"低水平稳定"，它反映的是低入职门槛与务工人口的低人力资本特征下的"低水平稳定状态"，是为了生存不得已而为之的被动选择，随着务工人口工作经验的增加，人力资本专用程度的增强，这种"低水平稳定状态"会慢慢抬升，形成职业生涯周期中较为稳定的状态。

## 本章小结

  本章讨论了进城务工人口的就业选择效应。运用职业转换矩阵测算了初职就业与现职就业间的依存关系，测算结果表明，初职就业对现职就业的影响较大，务工人口的职业固化现象已较为明显；探讨了正规部门和非正规部门间就业稳定性回报的差异，发现就业稳定性在不同就业部门之间确实存在差异，但就业回报的差异不大。相较于非正规部门而言，正规部门从业的务工人口的流动频率稍低。非正规部门的务工人口更倾向于通过工作变换改善收入。总体而言，通过流动次数和工作年限的比较，两类就业部门的职业流动回报差异很小。研究发现，教育在不同就业部门均缺乏回报，无论是正规部门还是非正规部门，工作经验的积累对职业稳定性的增强并没有显著影响，特别是正规部门，到一定年限，由于年龄、文化程度以及职业技能等方面的局限，务工人口须通过变换工作来维持生活。估计结果表明，目前务工人口职业保障严重缺乏。

  接下来本章关注了就业稳定效应，探讨了入职门槛、人力资本专用性和进城务工人口职业稳定性间的关系。运用加权最小二乘法和分位数回归方法对上述关系进行了实证检验。研究结果验证了入职门槛越高，进城务工人口的职业稳定性越强，以及人力资本专用性越强，职业越稳定两个理论假说。相应的政策启示是，在提升进城务工人口人力资本专用性的基础上，提高企业入职门槛有助于避免其陷入"低水平流动"的就业格局。因此，企业及政府相关部门应提供有效的职业培训，提升务工人口的人力资本专用性，最终实现进城务工劳动人口的稳定就业。我们希望在劳动人口素质、技能普遍提高的基础上，通过持久的职业培训和继续教育将分割性的劳动力市场的二元性逐渐弱化，使全社会从业人员的职业流动保持在一个适度合理的水平，最终实现进城务工人口的稳定就业。

# 第八章 主要结论、政策启示与研究展望

## 第一节 研究得出的主要结论

从已有的关于移民就业的理论来看,新古典主义分析方法不足以有效解释中国农村劳动人口进城务工的决策行为,中国进城务工人口就业决策的背后有着更为复杂的机理与成因。与西方迁移就业的制度背景不同在于,中国务工人口的就业选择受制于历史所形成的天然性制度分割,除少数特殊技能性人才或特定社会关系助推外,进城务工人口被人为限制在次要劳动力市场从事非正规就业,这使得其职业流动的路径更多的是低水平的"水平流动",职业上行流动的空间较为狭窄。分割性劳动力市场的存在是进城务工人口职业上行流动的制度樊篱,务工人口自身人力资本水平的高低成为其能否有效改善不利就业环境的有力武器。本书对进城务工人口的就业选择行为进行了较为全面系统的梳理。引入效用理论和动机理论考察进城务工人口就业选择行为的微观影响因子,引入劳动力市场分割理论考察进城务工人口就业选择行为的宏观影响因子。按照本书提出研究问题的先后顺序,我们对提炼出的结论具体汇总梳理一番,使读者知悉进城务工人口就业选择的总体特征、存在的问题及内在的原因与逻辑理路。

### 一、就业基本特征

从描述性统计分析的结果看,务工人口分布较多的城市类型为省会城市,其余依次为较大的市、中型城市和直辖市及县级市。由于调研所限,务工人口大多集中分布在东北地区,其次是华北、华东和华中地区;主要

供职于私营企业组织和个体组织，代际差异不大；其求职的主要渠道是亲朋乡邻等传统社会网络关系；基于政策、人力资本和行业因子作用形成的劳动力市场分割导致生成正规部门和非正规部门，分割性劳动力市场的存在导致进城务工人口只能在次要劳动力市场从事非正规就业。研究显示，41.13%的从业者集中在非正规部门，诸如灵活就业类群体、个体从业者等，其中女性在非正规部门从业数为70人；58.87%的从业者集中在正规部门。即便在正规部门从业，但很多并没有获得应有的工作保障，与务工单位没有签订合同的占40.59%，务工单位没有给农民工交纳保险的占70.71%。在各种就业途径中，借由社会关系寻求到工作的占全部样本的58.13%，市场渠道占15.27%，通过政府或相关部门统一组织的招聘方式或者经由大众传媒这一就业渠道获得工作的仅占2%左右。我们将社会关系再细分，统计农民工获得工作的关键途径，结果显示：凭借亲属关系获得工作的占样本的39.90%，其次是基于地缘形成的老乡关系，占样本的20.44%。统计的结果与现实高度吻合，由于进城务工人口构建新的社会关系网络需要时间的积累，中介机构一般会收取较高工作搜寻费用，他们缺乏对现代网络技术的掌握，同时，政府相关部门对次要劳动力市场就业缺少指导和帮扶，等等，借助亲朋老乡等原始社会关系获得工作，是成本最低且最具效率的务工途径。但这种效率是一种低水平的效率，因为传统社会网络的强关系并不会提升信息质量，而由更广泛的社会关系网络构成的弱关系由于能够跨越阶层和行业，带来关键性的求职信息，对于务工人口的求职帮助会更大。从职业声望和权力声望方面考察，其职业流动主要是平行流动，并没有带来社会地位的改变；非正规部门中的务工人口更倾向于变换工作，职业流动回报在正规部门与非正规部门的差异不大。非正规部门工作经验与职业技能回报均不显著。

## 二、就业部门选择特征

就业风险是影响进城务工人口就业选择的重要因素。风险偏好型务工人口进入正规部门从业的概率高于风险规避型务工人口。具体而言，文化程度较高、拥有较高职业技能的风险偏好型务工人口更倾向于选择正规部门就业。单纯的务工动机对于就业部门的选择影响不大,需要和风险相结合进行考察,持有享受动机的务工人口倾向于选择正规部门就业。传统社会关系网络对于务工人口的就业选择有一定帮助,特别是工作信息的传递方面,亲朋乡邻间的信息交流对务工人口寻找工作的帮助很大,但由于职业的同质性或职业阶层间的差异较小,务工人口拥有的社会关系对于其选择正规部门就业的帮助微弱。

工资方程的估计结果表明,正规部门的务工人口,其教育和技能缺乏回报。非正规部门的务工人口,工作经验的工资回报呈倒 U 形,当工作年限增加到一定程度,务工人口的工资会降低。这说明在正规部门,务工人口存在的价值不在于其拥有的文化程度,而在于其职业技能,务工人口人力资本的价值缺乏回报。在非正规部门,务工人口的人力资本积累有限,难以形成专用性人力资本,工作经验缺乏回报。

另外,在调研中我们发现,迫于现实工作的不如意,有很多农民工有创业愿望,希望凭借自己的手艺或技术来生存。由于受信用贷款抵押担保条款限制,多数有创业愿望的农民工难以从银行、信用社获得充足贷款。因此,较大的融资难度、较高的创业成本阻止了农民工创业的梦想,他们退而求其次,选择其他工作以维持生存。

### 三、就业方式选择特征

就业风险因素对于务工人口就业方式选择的影响不大,人力资本因素和行业因素是影响务工人口选择不同就业方式的主要因素。条件 Logit 的分析结果表明,家庭特征和社会资本因素对于进城务工人口就业方式选择行为的影响不大。

父亲职业类型和务工人口拥有的社会关系网络对于其选择正规部门就业的帮助非常有限,然而我们设计的"经常交流求职信息的渠道"变量对务工人口选择正规就业的帮助具有显著正向影响,说明务工人口拥有的强社会关系网络对其就业选择仍发挥了较大的功用。父亲的职业地位这一先赋性因素对个体求职的影响表明,个体求职所能依靠的资源已经从单纯的城市户口演变为户籍、家庭组织、教育程度等构成的综合体,具有良好家庭社会地位和教育程度的进城务工人口会进入主要劳动力市场。关于以父亲的职业地位和教育程度为代表的家庭背景对个体职业地位获得的作用，学界的实证研究中存在截然不同的结果，William Parish（1972）对中国大陆移民的研究显示，父亲的职业地位与阶级出身对于子女职业地位获取的影响很小，而李路路（1998）的研究显示了中国职业阶层间的流动具有一定的封闭性。本书的分析结果恰好与中国社会科学院发布的《社会蓝皮书：2014年中国社会形势分析与预测》的统计结论相暗合，即父亲的职业类型对于能否进入主要劳动力市场就业会有显著影响，一般而言，出生于管理人员、专业技术人员以及办事人员家庭的子女进入主要劳动力市场的可能性更大。本书的样本中，父亲的职业多为灵活就业类人员或服务类人员，因而对其子女进入正规部门就业的帮助微乎其微，这一结果很好地说明了当前务工人口谋求职业的资源并非来自家庭组织。部分人力资本较强且家庭特征与职业相匹配的进城务工人口会进入正规部门。家庭和社会资本的影响具有连锁性和累积性，务工人口拥有的家庭和社会关系资源质量决定了其就业的质量，在次要劳动力市场工作的父辈和亲朋老乡，作为其子女和亲友的务工人口往往也会选择非正规部门就业，这是职业的累积递进性质，由于职业上行流动的空间非常狭窄，这种连锁性和累积性造成"低水平均衡"状态出现。

### 四、就业选择效应特征

从入职门槛和人力资本专用性与进城务工人口职业稳定性间的关系看，在控制了进城务工人口的个体特征后，估计结果显示，单位的入职门槛对就业稳定性的影响显著；职业声望通过显著性检验，但值为负，原因在于进城务工人口多集中在次要劳动力市场，从事职业声望较低的工作，因而其职业稳定性较差。从人力资本专用性看，由于务工人口多集中在次要劳动力市场，教育程度在次要劳动力市场缺乏回报，进城务工人口人力资本专用性并没有随着工作年限的增加显著增强。对于没有接受过技能培训的进城务工人口，受过职业技能培训，会使其职业稳定程度增强。

第八章 | 主要结论、政策启示与研究展望

## 第二节　进一步探讨的问题

### 一、就业选择的局限性

就业选择是个体基于自身权益综合考量下的主观行为，本书关于进城务工人口就业选择行为的刻画揭示了当前务工人口就业选择行为具有受限性和被动性。从地域选择看，务工人口多数选择省会城市、直辖市以及较大的市，为数不多地选择中小型城市以及小城镇。研究的结论与当前务工人口城市集聚状况高度吻合，即便离家较远，但为了能更快地找到合适工作，务工人口仍会将大城市作为就业首选之地。从行业选择看，务工人口一般选择进入门槛较低的生活服务业、批发零售业、建筑和低端制造业。这种行业限制是政策制约的结果。近些年，在中央一号文件的方针指引下，沈阳市出台了多部关于进城务工人口就业的文件，废除了优先从本市城镇人口中选择劳动力的规定。然而企业雇用外来务工人口的审批程序仍然非常烦琐，有些歧视性规定仍然在发挥作用，如规定用人单位招收外来劳动人口，需缴纳劳动力管理费或行业调节费。政府迫于城市资源压力和社会治理的需要，对农村流动人口仍实行严格的凭证管理制度，《登记卡》《就业证》二者缺一不可，否则就无法获得在城市务工的从业资格。

本书的研究表明，相当一部分进城务工人口经由工作经验的积累和职业技能的提升，转化成为行业中的技术骨干和管理人员，或者成为中层管理和办事人员，表现出较为明显的"去体力化"特征（符平，2010）。然而，由于行业分割的存在，已经"去体力化"的进城务工人口还须借助家庭或社会关系才有机会进入入职门槛较高的行业，其就业行业选择是受限的。从职业类型看，仍有大部分务工人口从事力工、小摊贩、服务员、销售员、低技能工人等职业，随着产业的升级换代，资本替代劳动的倾向越来越明显，进城务工人口职业技能先天不足，后天又缺乏必要的培训。务工人口人力资本水平的关键指标是职业技能，经由工作经验的积累和系统的专用培训获得。由于大规模系统性的职业培训也仅在国家层面刚刚启

动,其培训效应须经过一段时间才能显现,因而就目前现状而言,由于自身文化程度较低,又缺乏企业所需的职业技能,这种职业选择也是被动和受限的。

从社会关系视角看,进城务工人口的就业行为仍以传统社会关系网络为主。虽然有57.14%的务工人口表示"自己和城市人相处很好,较融洽",但"当生活中遇到困难,能够选择的求助对象"这个问题下仅有0.9%的务工人口表示可以求助城市的邻居来帮忙。这说明务工人口基于新地缘和新业缘的社会网络尚未有效建构,由于社会网络在就业搜寻和获取中具有不可替代的重要作用,因而限制了务工人口就业获得的范围和质量。

## 二、就业选择的盲目性

就业选择行为背后是就业动机在支撑,从本书的统计分析和计量分析结果看,就业动机因素的直接影响并不大,然而不能忽视的一个关键问题是,任何行为背后都必然存在一种或几种动机。将调研中的统计结果还原,我们可以清楚地发现,赚钱动机占近半数,成为务工人口外出务工的主导动机;其次是由农村就业机会少、农地少、农村生活环境恶劣等农村推力引发的外出。也有部分务工人口希望提升和发展自己,希望凭借外出务工改变自己的人生轨迹,这是发展动机。然而从分析中,我们没有观察到务工人口具体的就业规划,发展动机对其而言只是一种宏观的设想,由于职业以及自身人力资本的固化,缺乏可以实施的方案与手段。另外,老一代务工人口,特别是20世纪50~60年代务工人口,基于生存动机的外出务工使其根本不考虑就业环境与就业岗位,只要有合适的工作,他们一般会接受。在对于"你是否关注就业信息?"的回答,有14.53%的务工人口表示自己经常关注,而56.16%的务工人口根本不关注务工信息。综合来看,没有具体职业生涯规划作支撑的就业行为具有盲目性。

## 三、就业行为的暂时性

由于所供职行业和岗位的特点,大部分进城务工人口工作环境差,调研中我们发现,除自己为老板的外,绝大多数务工人口没有固定的办公场所。另外，休息权不能得到充分保证。如建筑行业，包括吃饭在内每人一天只有不到一个小时的休息时间。还有很多批发零售业，同样不能获得正当的休息权利，平均每天工作10个小时，每周休0.67天，务工人口的休息权被严重剥夺。与此对应的是，他们对自己工作条件和环境的满意度较高，对于现在的工作环境较为满意的占59.5%。这说明进城务工人口基于现状，对目前的工作环境要求并不高，没有太高的期望，原因在于务工人口对工作设定的时间预期都比较短暂，他们可以忍受较短时间从业期间的恶劣环境，很多从事美容美发行业的新生代务工人口就是典型案例。例如，针对当前从事的工作，有45.32%的务工人口明确表示会继续从事当前的工作，另外54.68%的务工人口或选择变换工作（19.46%），或选择返乡（11.08%），或仍不确定接下来的方向（20.94%）。这也从一个侧面反映了二元劳动力市场运行机制下，次要劳动力市场较为鲜明的特征。

另外，很多务工人口的就业选择行为和居住选择行为是分开考虑和设计的，这不同于大学毕业生与其他外来人口的就业选择行为，后者的就业选择行为和居住选择行为是连带在一起的，两者相互促进与影响，而绝大多数务工人口的就业选择行为是单向度的，与居住选择行为不发生相互影响，这里面有行业的因素，如建筑行业，项目结束工作也结束，也有务工单位和个人的因素，很多务工单位与务工人口之间没有书面的合同约束，两者间出现摩擦或矛盾，务工人口多会选择一走了之。这一点从样本统计分析中可以证明，各种维权途径中，选择通过劳动仲裁或法院起诉途径维权的仅占4.19%，更多的农民工选择同老板协商或找亲友老乡帮忙。说明现有的诸多维权渠道不畅通，维权成本过高，他们更倾向于采用成本较低的方式，直接与老板沟通或通过社会关系网络寻求帮助。这些因素综合作用下，务工人口的就业选择行为是多变的、不稳定的，也是短暂的，从其求职盲目性中可窥见一斑。

**四、就业促进供需脱节**

从调研和分析看，77%的务工人口没有接受过任何职业培训，接受过职业培训的务工人口，只有非常少的一部分取得了初级、中级职业资格证书，本调研中的样本没有一个取得高级资格证书。很多务工人口认为"职业培训对我们而言没有多大用处，只要能找个地方干活挣钱，有没有培训无所谓"。我们将这种现象进一步分析，可以发现针对务工人口的职业培训存在一个尚未解决的怪圈：政府的培训功能不突出、市场的功能很混乱、社会的功能很弱小。关于"政府提供的就业培训机关多吗"一项中，有51.72%的务工人口认为很少，43.60%的务工人口表示不清楚此方面的内容，说明政府相关部门并没有真正承担起职业培训的责任。政府提供的免费职业技能培训网点少，有针对性的培训项目有限，有些和现实中企业的技能需求相脱节，形式大于内容。另外，政府开设的免费培训，主要依靠街道—社区渠道发布，由于信息发布渠道单一，很多进城务工人口对于免费接受职业培训，以及免费获得政府相关部门提供的就业咨询与指导等政策并不知晓；同时，在信息发布过程中，政府部门工作人员很多时候对于培训信息的理解不到位，硬性摊派培训指标，对培训信息宣传得不及时、不充分，使受训对象不明就里，没有在内心产生认同，对培训信息的接受程度大打折扣。此外，国家针对职业技能培训的费用属于"专款专用"，申请培训须履行相应的程序义务，如经由社区—街道的资格审查及相关证明等，有时光跑证明就需花掉几天时间。很多务工人口对此比较反感，不愿意为了享受免费培训而"折腾"，附随程序义务烦琐产生"用脚投票"。由于涉及进城务工人口的培训部门较多，有农委、人力资源和社会保障部门、民政部门、扶贫办等部门，各部门按照本系统工作部署和工部门年度工作方案，纷纷制订职业培训计划，然而部门间缺乏有效沟通，各自为政，出现了在市场中抢占生源的情况，使务工人口对于参加哪些培训无所适从，故而放弃培训；由于上级下达培训指标的时间与务工人口空闲时间不一致，导致培训时间安排不合理，招生困难，出现上级下达培训指标后招不上来人的尴尬。当前针对务工人口的职业技能培训主要为政府购买服务模式，即政府与职业技校、相关高校合作办学，利用学校平台和师资组织培训，政府支付专项经费。这一模式本身无可厚非，问题在于：一是开设的课程模式化，难以有效适应市场需求。很多免费培训开设美容美发、汽修、电焊、计算机、电工、家政、种植养殖等课程，这些培训机构没有经过细致的市场需求调查，盲目地将务工人口的职业需求单一化，此类课程很多在市场中呈饱和状态，而且属于中等偏低技能培训，培训出来的务工人口在市场中供大于求。二是职业技校和高校的培训教师的理论偏向型和课堂理论灌输式培训供给与务工人口的技能操作型和实地操作式培训需求严重不一致，导致培训市场中的付费职业培训良莠不齐，这也人为设置了一道培训门槛，将众多有培训需求但又无力承担高额培训费用的劳工群体拒之门外。由于务工人口从业企业多为个体私营组织，规模较小，往往追求单纯的盈利，对于新雇员工，一般进行简单的岗前培训，令其快速掌握单位规则和岗位要求，并没有将技能培训视为企业对员工的义务。这样的企业只招聘熟练工人，因而将其培训外部化，节省企业运营成本；同时，由于务工人口的流动性，企业很难主动出资培训员工，避免在双向择业选择中，将培训成本变为沉没成本。企业盈利目标使其对于培训投入主动性不强，由于企业培训投入成本及税前税后收入的审计涉及税务、审计、人力资源和劳动保障等部门，很多中小企业往往以培训为名逃避纳税，培训只是形式和名义上的，并没有实际行为。国务院法制办公室在其官方网站公布的《职业技能培训和鉴定条例（征求意见稿）》(2009) 中提出，"用人单位应当按照职工工资总额的 1.5%~2.5%提取职工教育培训经费，列入成本费用，依法在税前扣除，用人单位用于一线职工教育培训的经费不得低于本单位职工教育培训经费总额的 70%"，现实中很多企业培训经费达不到国家最低标准。如果我们认可市场的收费培训，那么对于上述无力承担费用的务工人口，政府相关机构就应当承接。另外，市场提供的职业培训往往具有专门性，针对企业或行业存在的需求进行培训，这可能在某种程度上会降低务工人口的就业选择成本。

本书对务工人口职业技能和职业培训的博硕论文的主要论点进行梳理，可以总结出以下问题：务工人口职业培训所需资金无法满足需要，职业培训的效果不理想，职业培训市场混乱等（岳红伟，2010）。企业缺乏对务工人口进行职业培训的机制，职业培训经费短缺，培训机构不规范，出现借机营利现象，培训质量不高，预期收益不明显，培训的管理不一致，呈现多头管理现象（林甜甜，2011）。新生代务工人口已成为农村外出务工的主力军，他们期望能够通过参加职业培训实现自我发展。而当前的农民工职业培训并不能够满足这种需求（苑国栋，2011）。

## 第三节　政策启示

在公民社会和传统劳动力流动相互交织的大背景下，进城务工人口的非正规就业已成为当今最重要的社会现象之一。欧盟有关迁移或移民政策的研究中，流动或迁移控制在多层次治理体系中是一个较少涉及的领域（Marks et al., 1996），移民政策并不局限于某个部门，因为其涉及一系列政策领域，包括劳动、经济、外事及社会事务等（V. Guiraudon, 2000）。由于本书调研的是沈阳进城务工人口的就业情况，样本中得出的问题部分地反映了沈阳地域范围内进城务工人口的就业特征。因而政策启示中偏向沈阳的分析较多。

本书在劳动力市场多维度分割的背景下关注进城务工人口就业选择行为，务工人口的就业选择行为必须考虑劳动力市场的政策性分割、人力资本分割，以及在上述两重分割下的行业分割。市场分割阻碍务工人口的自然流动，对务工人口的上行流动造成障碍。世界银行的 Institutional Development Facility（IDF）为中国进城务工的农村劳工提高自身能力，并且改善其在城市的生活条件制定了相关政策标准。城市政府的就业政策从法律意义上讲应该是平等的，不倾向于任何劳动群体，从执行意义上讲应该是可操作的，覆盖各方群体。在劳动力、土地生产要素同资本要素一样活跃的时代背景下，构建各目标群体共享发展成果的均等化制度成为中央政府当前及今后一段时期内的制度安排。密集的政策安排凸显了政府对务工人口就业问题的重视，有效的政策安排需要细化的针对性措施以及现实操作中的便捷与灵活性。政府出台的政策规范性有余，针对性和灵活可操作性均不足，难以有效指导务工人口的就业实践。本书关于进城务工人口就业行为的研究得出一些有意义的启示，即科学合理的就业政策对于进城务工人口就业质量的提升作用非常大。针对分析总结的问题，本书拟出如下建议：

### 一、通过产业释放城市就业需求空间

就业质量的提升是一项复杂的社会系统工程，需要科学公平的就业政

策，系统健全的就业培训，更需要合理科学的产业结构做支撑。完善并延展产业链，拓展链条上的就业节点。以沈阳为例，由于老工业基地的产业特点，作为支柱产业的装备制造业、冶金及石化等行业都具有资本替代劳动的资本深化规律，而生产性服务业和现代服务业等新兴优势产业尚未成为沈阳的主导产业，因而政府就业政策需要在经济发展与就业增长之间保持适度平衡。对于支撑性的主导产业和新兴科技型产业，要通过配套性服务的深化和精细化，延伸产业链。

## （一）构筑层级制产业政策

就业政策是城市产业政策的外在表象，产业与就业间的关系在理论和现实中已经被充分验证，从产业视角剖析就业问题，有两方面需要考虑：其一，产业与就业在结构方面的融合问题；其二，劳动人口，特别是务工人口在不同产业间的顺畅流动问题。根据本书研究中发现的问题，就业政策的制定必须是纵向层级制的。中央层面，政府要通过顶层设计、权力下放和政治动员为全体社会成员谋求生存与发展的机会和空间；地方层面，通过倾向性就业及相关的福利制度安排，在城市资源承载限度内，尽可能降低城市福利供给成本，大量吸纳有利于城市发展的优质外来劳动人口。不同于中央政府的全盘统筹，地方政府应根据区域主体战略来考虑增量人口的纳入问题。省级层面集聚了大量进城务工人口，省级政府应该全盘统筹产业布局，以产业结构优化带动就业结构优化，适当放开设限的行业与岗位，在对吸纳进城务工人口较多的企业提供补助的同时，从总体上提升次要劳动力市场的就业福利供给水平。作为副省级城市，沈阳市级层面通过大力发展就业弹性较大的信息、金融、咨询等三产现代服务业和有潜力的民营经济来增强就业吸纳能力。县级及城镇层面通过产业结构优化升级，积极承接大城市中的传统产业、部分新兴产业，优化小城镇就业、创业环境，同时提升人居生态环境，促进进城务工人口就业落户。政府要做的是进一步消除户籍限制，放宽中小城镇落户条件，有条件的中小城镇可以吸纳部分有技能的务工人口，将其列入城镇住房、养老保障体系，再根据地方经济发展状况有序推进，逐步扩展至大部分务工人口。在务工人口稳定就业的基础上，有序推进其市民化进程。

### (二) 适度的就业倾斜政策

由于各产业就业弹性不同（见图 8-1），其对劳动人口的吸纳能力是不同的。已有的经验表明，随着 GDP 的增长，产业结构必将出现新的分化与组合，以现代服务业为核心的第三产业已经成为吸纳劳动就业的主渠道。对近 10 年来沈阳三次产业的就业弹性测算可以发现，第一产业就业吸纳能力有限，第三产业对就业的吸纳能力较强，但增速趋缓。2005 年以前，第一产业发展和就业增长间是相互促进的，第一产业一个百分点的增长，能够带动就业平均 0.08 个百分点的增长；2005 年以后，第一产业对就业的拉动能力逐渐减弱，甚至出现负值。进一步分析可知，第一产业增加值为正，而就业增加值为负，说明第一产业增长对就业产生"挤出效应"。第三产业对就业的吸纳年均增长率为 4%，三次产业中的服务业从业者在城镇就业总量的比重自 2010 年起大幅下降。分行业看，批发零售、住宿餐饮等传统的劳动密集型服务业吸纳就业年均增长率为 1.2%，交通运输、仓储、居民服务等服务业吸纳就业年均增长率为负值，信息、咨询、科技、金融等服务业的年均增长率为负，但就业弹性相对较高。农业服务业、地质勘探产业、水利管理业、科学研究和综合技术服务业年均增长率为正值，但其就业弹性是负值，吸纳的劳动人口较少。

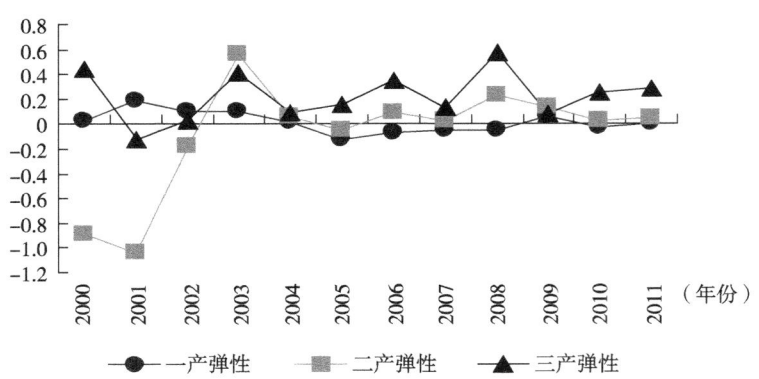

图 8-1　三次产业就业弹性比较

资料来源：根据《沈阳统计年鉴》（2000~2013）绘制。

城市的发展需要经济增长和充分就业平衡发展,由于不同所有制行业在行业准入、管理机制、市场政策等方面存在差异,导致其就业吸纳程度必然存在差异。因而对不同所有制行业的就业弹性进行测算,能够弥补产业就业弹性的不足,明晰不同所有制行业对就业增长的贡献,进而制定针对性就业政策,实现经济增长和就业提升。图8-2表明,自2000年以来,私营个体经济在吸纳劳动人口就业方面虽较为稳定,但增速平缓,表明个私经济就业吸纳的潜力尚未显现,集体经济近两年来吸纳就业的能力有所提升,但其发展状态并不稳定,很多年份为负值,这与2000年来集体经济重组改制以及沈阳市关于鼓励民营经济发展的政策有关,集体经济资产规模缩小,导致其就业吸纳能力大幅下降。显然,政策因素的作用使我们不能得出集体经济对就业产生了"挤出效应"的结论。国有经济在吸纳就业方面始终低于集体经济和私营个体经济。通过进一步地分析可以发现,国有经济近10年有较大增长,但经济增长的同时就业增加值为负,说明国有经济对就业产生"挤出"效应。

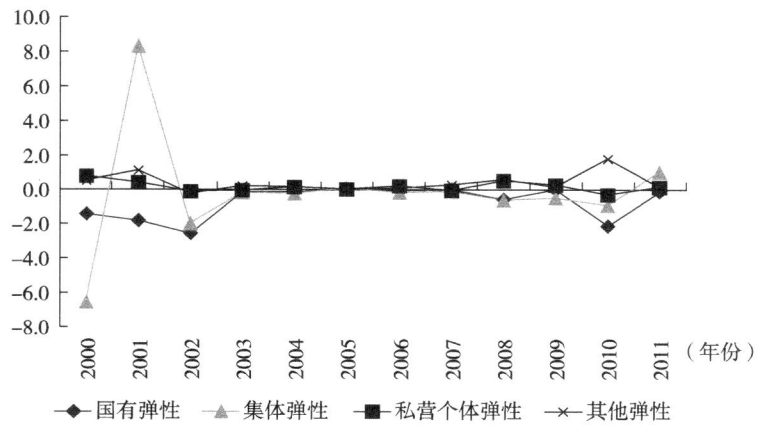

**图8-2 不同所有制经济就业弹性比较**

资料来源:根据《沈阳统计年鉴》(2000~2013)绘制。

在产业均衡发展的基础上,对就业弹性较大的行业适度进行政策倾斜。第二产业和第三产业对就业的影响不是一一对应的,政府应加积极引导就业吸纳能力强的第二、第三产业合理发展,为正处于工业化中期的沈阳经济增添活力。围绕产业升级改变就业理念，通过产业创新拓展就业空间。积极做好务工人口与沈阳市承接产业转移、工业园区、基础设施建设中的劳动力供需对接，通过降低准入门槛，进行资金、技术及税收扶持等，积极发展生产性服务业，如会计、审计、研发、设计、信息、物流、技术咨询、广告营销等，以及现代服务业，如金融、保险、运输、医疗、教育、体育、科研等。对于即将淘汰的落后产业，通过宣传引导，转变劳动人口的就业观念，鼓励从业者和企业寻找、开发新的产业。通过产业升级的倒逼机制，加强对劳动人口的职业技能培训，增强其对产业升级换代的适应能力，最终提升就业水平。

## 二、建构公平就业政策消弭行业分割

就现实意义而言，与传统户籍制度捆绑的城市福利会对进城务工人口产生"排斥效应"。政府对于就业政策态度的坚守和方向的把控是公平合理就业政策施行的关键。陈金永（1998）梳理了中国的人口迁移政策，细分了"户籍迁移"和"非户籍迁移"，探讨了如何通过有效的政策制定来有效转移农村劳动人口，同时减少或消除因农村人口融入城市而带来的短期和长期问题。陈金永引用了 Solinger（1996）提出的一段话："在城市中存在的大规模流动人口是对现行以计划经济为基础的城市服务体系的一个挑战，最终的答案在于废除对城市居民的优惠政策，政府应当减少补贴和调动资源来减少差别，同时，城市政府应考虑为移民提供廉价的服务，并且最终将全部城市人口（包括外来人口）纳入计划和预算之内。"

### （一）平等就业的法律体系

法律的目的在于明确雇主和雇员双方的权利义务，明晰了平等就业行为和就业歧视行为的法律界限。有效的法律制度能够减少政策运行的制度成本，确保每一公民获得与其能力水平相适应的公平合理的就业给付。

彭晓芋在其硕士论文《论就业歧视》中对于美国的就业立案进行了较为详细的梳理，根据其论述，美国雇员能有效拿起法律武器捍卫其平等就业权利的代表性法律包括一般法律和专项法律。1963年出台的《公平报酬法》明确规定"同工同酬"原则，同时，法案设定的保留条款，即因年龄、绩效、生产数量或质量及其他非性别因素的差异造成的报酬差异允许存在；《1964年民权法案》规定了歧视性就业的具体界定标准，即"如果一个雇主由于任何个体的种族、肤色、宗教、性别或来源国别而不雇用或拒绝雇用或解雇，或者报酬、期限、条件或就业特权方面歧视，那么就构成一种违法的雇佣实践。"这一法案成为雇员维权的有力武器。《1991年民权法案》的出台是对《1964年民权法案》的深化和扩展，使这一法案在实践中具有更强的可操作性，雇主的行为被证明是"以恶意和鲁莽的方式漠视受苦人的合法权利"，除要求支付赔偿金外，还要承担5万～30万美元的损害赔偿。关于平等就业的专项法律的设定使美国关于就业的立法构成系统化、规范化。

当前沈阳市进城务工人口多从事非正规就业，其与务工单位间的关系多为松散的劳务关系，这种劳务关系根本不受劳动法保护。《劳动部关于贯彻执行〈中华人民共和国劳动法〉若干问题的意见》中将公务人员、乡镇企业职工和进城务工人口均排除在劳动法管辖范围外。由此可见，劳动法对于现实中具有劳动能力的劳动者的保护非常有限，进城务工人口、家政服务从业者等与用人单位发生劳务纠纷，由于劳资双方的劳动关系没有建立起来，因而很难依靠现有法律来实现诉求，法律并没有起到应有的规制和威慑作用。很多学者都提到对现行劳动法应做重要修改，制定促进平等就业的专项法律（王昌硕，1999；张文山，2003）。同时，平等就业法律的实施离不开适当的程序支持。以2010年国务院修订的《工伤保险条例》为例①，工伤认定，首先应提交确认劳动关系的证明，如不能确认劳动关系，须先申请仲裁，如对裁决不服，可到法院起诉；同时，申请劳动仲裁是工伤赔偿争议的前置程序。从中可以发现，当前法律援助的程序很烦琐，难以起到对务工人口的帮助作用。务工人口由于职业流动性不可能待在同一地区或者同一务工单位等待法律确认，法律援助的证据要求阻碍了存在事实劳动关系的务工人口的正当维权。由于务工人口与务工单位

---

① 根据劳动和社会保障部《关于确立劳动关系有关事项的通知》的规定，"用人单位未与劳动者签订劳动合同，认定双方存在劳动关系时可参照下列凭证：①工资支付凭证或记录（职工工资发放花名册）、缴纳各项社会保险费的记录；②用人单位向劳动者发放的'工作证''服务证'等能够证明身份的证件；③劳动者填写的用人单位招工招聘'登记表''报名表'等招用记录；④考勤记录；⑤其他劳动者的证言等。其中，第①、③、④项的有关凭证由用人单位负举证责任。"

存在事实上的劳务关系,但没有签订劳动合同,更缺乏工资档案、工作证件等有力证据链条,务工人口基于法律手段维护权益时,在劳动关系的确认方面不利于权益的维护。

### (二) 公平就业的行业体系

我们不能否认因行业自身特点而产生的对个体能力的要求,然而在行业准入方面,政策的制定需要客观公平。调研中我们提出"务工单位对入职的要求都有哪些?"整理问卷后我们发现,对务工人口提出入职要求的单位多是国有企业、外资企业以及机关事业单位,提出的入职要求包括:拥有本市户籍或在本市有稳定住房,招男不招女,学历需为大专及以上,等等。从对务工人口的深度访谈中可以得到这样的信息,即务工人口凭个人能力可以进入某些领域,但由于城市政府的行业禁止和限入政策而进不去。这些说明行业分割的存在很多是政策制定不当造成的。行业分割的弥合能够有效释放巨大的就业需求。当前沈阳市公共服务领域的市场化步伐走得太慢,在事业单位改革的同时,实现公共服务领域产业化经营,政府相关部门在顶层设计方面,应该构建相对公平规范的行业准入机制,引导和鼓励相关资本进入,同时打破地域性垄断,实现资本和劳动力在区域间的有效融合。

## 三、通过职业培训增强就业主动性

### (一) 企业培训两阶段模型

Becker(1962)提出了关于培训的两阶段模型(见图8-3),假定培训分为一般培训和专业培训。

企业一般采用合同协议方式制定合同,求职者可以接受合同安排或做出其他选择。求职者若接受合同协议的安排,就自然获得了源自合同安排的培训,如果不是这样,企业或从业者就要考虑是否进行培训投资,经过培训,事前不确定的信息就会为一方或多方熟知,进入第二轮雇佣前,同样以合同协议方式对工资进行设定,部分从业者完成培训,开始工作,直

第八章 | 主要结论、政策启示与研究展望

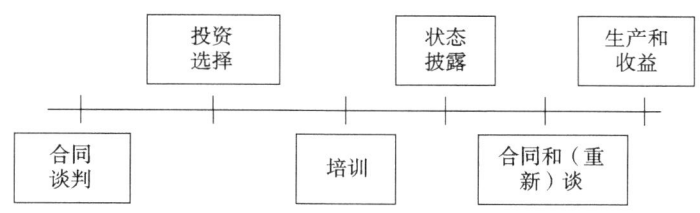

**图 8-3　企业培训两阶段模型**

资料来源：Leuven E.（2005）：Timing of Events in Prototypical Models of Training。

至从业者退休。Becker（1964）认为，企业应对通用性人力资本培训进行投资，以便使从业者有能力从事任何新的工作。Arriagadar 和 Ziderman（1992）对比利时中等职业教育与就业选择及收入的关系进行了研究，验证了职业培训对就业选择的影响。Bishop（1989）认为，职业培训对就业的影响掀起了一股新浪潮，那些拥有职业培训经历的人在劳动力市场具有优势，同样在学校期间参加过职业培训课程的求职者相较于没有接受过职业培训的求职者也更具优势。从已有的研究文献和本书的调研来看，接受过职业技能培训的务工人口只占很小的比例，缺乏职业培训所造成的直接后果之一就是就业能力不高，缺乏就业竞争力。美国劳工部（United States Department of Labor）下的就业与培训管理局（Employment & Training Administration，ETA），相当于中国的人力资源与社会保障部门，此局联结劳工和企业，负责所有与就业有关的计划制定与服务管理。其基本职能包括：提供行业和商业中关于职位需求的具体信息，针对青年、老年人、残障人士、农民、移民群体、印第安人及美国本土劳工提供契合的岗位信息，制订针对性的就业服务与培训计划，并负责职业认证工作。

（二）可操作的职业培训政策

根据本书得出的结论，结合当前沈阳市进城务工人口就业培训存在的问题，本书认为，职业培训政策不可操作是制约职业培训质量有效提升的主要障碍。首要的是职业培训经费的投入问题，如何使之具体使用可操作涉及资金使用效率。具体而言，通过设立务工人口服务中心，以方便农村务工者获得社会服务；政府通过补贴和其他奖励措施，鼓励本地雇主为务

工人口改善生活条件；政府还可以针对外来务工人口提供一系列的免费培训课程，使其在就业市场能有更好的准备和更大的权重。政府应根据当地经济社会发展需要，提供大量的非正规就业岗位。政策的功用在于：一方面提升务工人口素质，另一方面拓宽务工人口的选择机会，尽可能实现最弱势群体的最大正义。一方面，大力发展务工人口就业容量大的第三产业、中小企业和劳动密集型产业，实现就业规模的持续扩大；另一方面，政府对职业技能培训服务提供全面补贴，能够有效促进农村转移劳动力就业。

具体操作措施包括：

第一，构建职业培训网络体系。在全市范围形成覆盖市、区县（市）、乡镇（街道、开发区）的劳动力转移培训网络。打破结构性培训界限，充分利用现有成熟的专业培训机构的专业优势，实现培训到生产的有力衔接与快速转换。

第二，针对现实中存在的"学不起"和"学用脱节"等问题，政府相关部门应进一步加大资金投入力度，将农村新成长劳动力、在岗和返乡务工人口的培训纳入培训券补助和职业技能鉴定"以奖代补"范围，并允许其自主选择培训机构，切实提高培训的针对性和实用性。围绕市场需求开展订单培训和定向培训。

第三，强化就业信息网络，提供免费就业服务，确保信息到位。进一步强化就业信息网，做到人力资源状况统计及时、求职推荐及时、跟踪服务到位。统一就业信息网络，建立覆盖务工人口的就业信息服务系统。

第四，积极创造有利条件，鼓励进城务工人口自主创业。优化务工人口创业环境，在用地、收费、信息、工商登记以及纳税服务等方面降低创业门槛。为务工人口开辟创业孵化园区，集中提供开业指导、创业培训、税费减免、创业咨询、项目推介以及员工招聘等"一站式"服务，着力提高他们的经营管理水平，增强自主创业能力。各级财政部门要建立务工人口创业基金，为其创业活动提供贷款补贴和贷款担保，解决起步资金不足问题，开创全面创新的政策、资金支持。

第五，强化针对青年务工人口的综合就业服务计划。一方面旨在帮助其就业，另一方面旨在扶持其创业。比如，积极开展未就业青年的职业见习计划，可以参照《德国职业教育和培训法案》，将培训期设定为3年，其中3/4时间在企业当学徒，由师傅带领，将企业培训前置，与学校理论教育相结合，能够根据岗位需要灵活调整，更加适应岗位需求；通过就业咨询与辅导，消除青年务工人口就业中的困惑，从心理、知识、技能等方面强化对其的就业辅导，使他们顺利走上岗位；通过"青年创业计划"等，为有志于创业的青年提供创业指导，以及技术、资金和网络支持。

### 四、提升城镇化水平促进稳定就业

**（一）大中小城市协调发展**

沈阳市政府1999年底制定的《沈阳市小城镇发展规划纲要（1999~2015）》提出，到2015年城镇化水平达到60%。由于城市承载资源有限，过多的人口进入将导致城市生存空间恶化。同时，随着产业的升级换代，中小城镇成为承接大城市产业转移的主体，会产生大量招工需求。谢扬（2006）的测算表明，提升城镇化水平，能够有效解决务工人口的进城就业问题。龙海波（2014）提出，坚持大城市管理与中小城市"拓围"并举，从控制人口规模转向提升人口质量，从解决人口就业转向产业与城市融合发展。通过重点发展中小城市和中心城镇，大力提升人口承载水平。

本书的分析中得出务工人口就业首选城市并非中小城市和小城镇，由此得到的政策启示是当前单纯发展中小城市和小城镇并非实现人口城镇化的最优策略，"按城市规模制定城市发展政策已不能适应新时期快速的城市化过程"（顾朝林，1997；1999）。城市化有其发展的内在规律，人口城市化的格局应是"以小城市为基础，大中小城市相结合的城市体系，促进区域均衡发展"（许学强，1987），这种以小城镇为基础的均衡发展的人口城市化，前提需有大型区域中心城市的引导与辐射，否则小城镇的人口城市化缺乏发展的产业与要素基础。

**（二）物质保障与文化共识**

2014年中共中央、国务院颁发了《国家新型城镇化规划（2014~2020年）》，规划提出"城镇化是加快产业结构转型升级的重要抓手，是解决农业农村农民问题的重要途径"。沈阳市当前及今后要坚持的城镇化发展战略，是提升城镇化质量，大力促进进城务工人口的市民化。进城务工人口市民化的前提是能够在城市定居，定居的前提是要有一份稳定的工作。不稳定的就业状态直接影响了务工人口就业福利的获取。当前各大城市资源环境承载能力已接近极限，通过产业结构优化升级，将大城市中的传统产业、部分新兴产业有序转移到小城镇，优化小城镇就业、创业环境，同时提升人居生态环境，促进进城务工人口就业落户，已成为关键的紧要举措。

在物质保障的同时，人口城市化更关键的在于相同地域人口拥有一套基于共识的共享价值观，经过内化的共享价值观，在社会成员中不断沉淀升华，能够有效实现社会安定与社会控制，实现社会整合并保持社会团结（华莱士和沃尔夫，2008）。考虑就业市场分割的存在，拥有不同人力资本与社会资本的就业群体已经生成了相对固化的职业等级结构，重塑一整套适合不同职业群体的共享价值难度非常大，最可行的途径即提升人力资本水平。"快速改善人的能力不仅是发展的目标，也是促进高速发展的不可或缺的因素"（森，2013）。根据前面章节得出的研究结论，务工人口能力的提升与就业的质量存在高度关联，人力资本专用程度越高，就业越稳定，在务工人口稳定就业的基础上，有序推进其市民化进程。

## 第四节 研究展望

本书探讨了进城务工人口的就业选择问题，顺着这一研究思路，尚有一些值得深入探讨的内容：

### 一、多学科分析视角相互融合

进城务工人口的就业问题涉及众多领域，需要借助多学科的力量向纵深层面推进。就业既是劳动经济问题，也是社会问题，在中国还涉及政治议题；既是人口生存与生活质量的问题，也是人力资本素质和能力的问题。因此，这一课题不单涉及经济学领域或者社会学领域，也应是社会经济学和制度经济学以及人口学要重点把握、重点关注的现实课题，只有多学科联动才能更好地梳理问题的本质，提出更有效的解决方案。

### 二、扩大研究模型的解释张力

与研究依据的理论相同，现有的研究模型假定均是单一的。经济学中的效用理论、行为主义视角下的风险规避理论等已经成为研究此课题的常用模型工具，目前尚缺乏从人口学理论和社会经济学以及制度经济学层面构建的理论模型来解释这一课题，因而研究模型的张力亟待释放。

### 三、人力资本的分化与深化

从现实中我们可以发现，进城务工人口中绝大部分是"80后"和"90后"群体，随着时间的推移，2000年以后出生的人口也逐渐加入到这个行列中，这种人口的自然代际传递间接导致务工人口人力资本的分化。与上一代或老一代相比，由于成长的历史背景和制度安排不同，他们文化程度普遍在初中或以上；由于年纪轻轻，接受新生事物的速度更快；由于外在文化冲击和传媒的发达，他们对城市的了解大于对农村和土地的了解，这些共同造就了务工人口的代际分化。与此同时，无论年纪如何，在工业化进程的助推下，新兴产业不断涌现，与传统产业相结合催生出对传统工艺技术和新生技术的大量需求，那些具备一定专长的务工人口，能适应新兴产业需求，快速提升自身的手艺技术，就能在劳动力市场中占据优势和主动权，这也是人力资本深化的过程，在这一过程中，无法将人力资本有效转化提升的务工人口逐渐被淘汰出局，由此形成务工人口的分化。当前关于此方面的研究甚少，务工人口人力资本的深化和分化是城镇化、市民化研究中不可或缺的关键一环。

# 附 录

调研问卷

问卷编号_____

沈阳农业大学经济管理学院关于进城务工人口的调研。本调研是为完成国家自然科学基金的课题而进行的。以沈阳农业大学近三年农民工调研问卷为基础，根据本调研的主题进行设计。问卷中所涉个人信息均保密处理。

## 2013 年进城务工人口就业调查

注：A 部分和 B 部分与沈阳农业大学 2010~2012 年关于"农民工市民化"的调研问卷大体一致。

注：样本总体要求：在农村出生长大，未受过高等教育（大专及以上）。农村户口，或因城市征地扩张、在城市购房、嫁或娶城市户口对象而转入非农户口。

一个家庭算作一份。若子女已与其父母分家，仍算一家人。兄弟姐妹若分家，可以算作单独家庭。

为保持问卷的连续性，我们对于进城务工人口户籍地与居住地进行详细记载，以便回访。

(1) 您老家位于：　　　省　　　市（县）　　　乡（镇）　　　村；

(2) 您现在居住：　　　省　　　市（县）　　　乡（镇）　　　村

(3) 您电话：_____　QQ:_____

调查员：_____；调查地点：_____；

填表日期：_____

### A. 基本信息

注：A1 户口性质：

1. 本省农村户口　2. 外省农村户口　3. 本地城市户口　4. 外省城市户口　5. 其他

| | A2 | A3 | A4 | A5 | A6 | A7 | A8 | A9 | A10 | A11 | A12 | A13 | A14 | A15 |
|---|---|---|---|---|---|---|---|---|---|---|---|---|---|---|
| 家庭成员 | 性别<br>①男<br>②女 | 民族<br>①汉②回<br>③满④蒙<br>⑤朝鲜<br>⑥其他 | 与被调查者关系 | 家庭主要劳动力<br>①是；<br>②否 | 出生年份 | 婚姻状况<br>①已婚<br>②未婚<br>③离婚<br>④丧偶 | 受过几年正规教育（年） | 担任村干部<br>①是；<br>②否 | 健康状况<br>①健康<br>②一般<br>③较差<br>④残疾 | 现居住地点 | 在外务工<br>①是②否<br>累计3个月 | 每年在城市打工时间（月） | 工作类型 | 2012年打工收入<br>[未扣除生活成本] |
| (1) | | | | | | | | | | | | | | |
| (2) | | | | | | | | | | | | | | |
| (3) | | | | | | | | | | | | | | |
| (4) | | | | | | | | | | | | | | |
| (5) | | | | | | | | | | | | | | |
| (6) | | | | | | | | | | | | | | |
| (7) | | | | | | | | | | | | | | |

注：A4 与被调查者的关系：1. 本人 2. 配偶 3. 子女 4. 父母 5. 兄弟姐妹 6. 其他（注明：_____）
A11 现居住地点：1. 本市中心 2. 本市郊区 3. 本市乡镇 4. 农村老家 5. 其他_____
A14 1. 力工 2. 零工 3. 服务员 4. 小摊贩（无固定地点的小业主） 5. 销售员 6. 办事人员（如秘书、会计） 7. 固定店铺的小业主 8. 低技能工人（如司机、厨师等） 9. 高技能工人（如有初级或中级证书的车工、钳工、计算机操作员等） 10. 包工头 11. 公司管理人员 12. 私营企业主 13. 家里有地吗？1. 有，_____亩 2. 没有 14. 无工作 15. 务农 16. 其他_____
A16_1 谁种地：1. 自己 2. 父母 3. 配偶 4. 亲友 5. 邻居 6. 其他
A17 除种地外，家里还有其他收入来源吗？1. 有 2. 没有（跳过）

A17_1 都是哪些？【多选】 1. 在农村务工（帮工） 2. 自营（指经营小买卖或小加工等） 3. 租房租地，股票等的收入 4. 其他_____

A18 您家庭在家乡收入水平：1. 上等 2. 中上等 3. 中等 4. 中下等 5. 下等

A19 农村老家距中心镇的距离有_____里

A20 您为什么要离开农村老家，进城务工？

A20_1. 农村没有发展机会 2. 为挣钱养家 3. 向往城市生活 4. 看到亲朋外出打工受影响 5. 为躲避在农村的麻烦（如债务等） 6. 农村生存环境恶劣 7. 家里农活少，太清闲 8. 为了将来留在务工地，不回乡 9. 喜欢外面，不愿待在家里 10. 想学点技术 11. 其他

其中，A20_1._____; A20_2. 其他原因_____

A21 到外面务工，能否找到这个问题吗？1. 考虑过 2. 没有考虑过

A22 您在进城务工前是否学过手艺？1. 是 2. 否  A22_1. 熟练程度？ 1. 很熟练 2. 熟练 3. 不熟练

A23 是否举家外出：1. 是 2. 否

## B. 城市就业情况调查

| 工作变动顺序 | B1 就业城市 | B2 为何选择该城市（多选排序） | B3 如何找到该工作 | B4 为何选择此份工作（多选排序） | B5 单位对你有哪些要求（多选） | B6 工作类型 | B7 所属行业 | B8 单位性质 | B9 该工作做了多久 | B10 工作变动原因（多选排序） | B11 每天工作几小时 | B12 每周休几天 | B13 月工作收入（元） | B14 没找到工作时做什么 |
|---|---|---|---|---|---|---|---|---|---|---|---|---|---|---|
| 第一份 | | | | | | | | | | | | | | |
| 第二份 | | | | | | | | | | | | | | |

续表

| 工作变动顺序 | B1 | B2 | B3 | B4 | B5 | B6 | B7 | B8 | B9 | B10 | B11 | B12 | B13 | B14 |
|---|---|---|---|---|---|---|---|---|---|---|---|---|---|---|
| | 就业城市 | 为何选择该城市（多选排序） | 如何找到该工作 | 为何选择此份工作（多选排序） | 单位对你有哪些要求（多选） | 工作类型 | 所属行业 | 单位性质 | 该工作做了多久 | 工作变动原因（多选排序） | 每天工作几小时 | 每周休几天 | 月工作收入（元） | 没找到工作时作什么 |
| 第三份 | | | | | | | | | | | | | | |
| 倒数第二份 | | | | | | | | | | ———— | | | | |
| 当前工作 | | | | | | | | | | ———— | | | | ———— |

注：B1 城市名：首次打工城市开始算起，标到镇一级地区。

B2 1. 离自己家或配偶家近 2. 该城市亲戚朋友多 3. 工作机会多 4. 挣钱多 5. 喜欢这个城市 6. 靠朋友、老乡 7. 随家庭迁移 8. 曾经过过 9. 其他

B3 1. 自己去劳动力市场找 2. 用人单位直接到农村招工 3. 有相关工作经验 4. 工作本身（如工作时间灵活、工作挺安全等） 5. 婚姻状况 6. 本地户口 7. 其他 8. 广告的招聘信息 9. 参加统一组织的劳务输出 10. 随工作调动 11. 通过以前的老板或雇主 6. 熟人介绍 7. 通过村以上政府机构的劳务组织 8. 能学到手艺或技术 9. 通过中介组织 12. 其他

B4 1. 收入高 2. 文化程度 3. 性别 4. 在本地的社会关系 5. 婚姻状况 6. 本地户口 7. 其他

B5 1. 力工 2. 零工 3. 服务员 4. 小摊贩 5. 销售员 6. 办事人员（如秘书、会计） 7. 固定店铺小业主 8. 低技能工人（如司机工厂厨师等） 9. 高技能工人（如车工、钳工、计算机操作员等） 10. 包工头 11. 公司管理人员 12. 私营工业加工企业主 13. 事业单位人员 14. 无工作 15. 其他

B7 1. 采掘业 2. 制造业 3. 建筑业 4. 批发零售业 5. 住宿餐饮业 6. 教育咨询业 7. 服务业 8. 其他

B8 1. 国企 2. 私企 3. 外企 4. 合资 5. 个体 6. 其他

B10 1. 工作没有变动 2. 待遇差（工资低） 3. 能力水平不适应工作需要 4. 失去兴趣 5. 健康原因 6. 工作累，且有一定危险 7. 单位不存在了 8. 其他单位吸引 9. 老家有事 10. 被老板辞退 11. 工资被拖欠或负工伤 12. 其他（请标注：_____）

B14 1. 在城市闲着 2. 返乡 3. 积极寻求 4. 其他

| 工作变动顺序 | B15 住地 | B16 是否签订劳动合同 | B16_1 合同期限 | B16_2 自己手中是否有合同文本 | B17 接受过何种类型的培训 | B17_1 培训多长时间（天） | B17_2 何部门组织的培训 | B17_3 培训费（元） | B18 是否有工会组织 | B18_1 是否参加工作组织 |
|---|---|---|---|---|---|---|---|---|---|---|
| 第一份工作 | | | | | | | | | | |
| 第二份工作 | | | | | | | | | | |
| 第三份工作 | | | | | | | | | | |
| 倒数第二份 | | | | | | | | | | |
| 目前工作 | | | | | | | | | | |

注：B15 1. 免费集体宿舍 2. 租住集体宿舍 3. 租商品房 4. 自己购房 5. 自建住房 6. 城市廉租房 7. 政府部门组织的培训 4. 其他（请注明）____
B16 1. 签合同 2. 没有签 3. 没听说过劳动合同，不清楚
B16_1 1. 半年 2. 一年 3. 两年以上；B16_2 1. 有 2. 没有
B17 1. 岗前培训 2. 技术提升性 3. 没有培训；B17_2 1. 打工所在单位 2. 商业培训 3. 政府部门组织的培训 4. 其他____
B17_3 1. 自付___元 2. 企业付___元 3. 政府付___元 4. 其他
B18 1. 是 2. 否  B18_1 1. 参加 2. 没有参加

## C. 就业保障及就业风险

注：C1 你认为工资水平与从前工作相比：1. 低于以前  2. 和以前差不多  3. 高于以前

C1_1 若与从前工资比很低，你是否仍选择当前工作：1. 是  2. 否

C2 找到工作的整个过程会有哪些花费（扣除交通食宿费用，多选排序）：

1. 人情费____元  2. 向企业交纳的费用（押金、管理费、服装费）____元  3. 向政府交纳的相关费用____元  4. 向中介交纳的劳务费____元  5. 相关培训费用____元  6. 其他____

C3 是否出现过工资拖欠现象？1. 有过，____次  2. 否

C4 加过班吗，企业是否支付额外的加班工资？  1. 加过，支付加班费   C4_1. ____元/小时  2. 加过，不支付加班费  3. 没加过班

C5 现在或以前从事的工作中是否有过工伤？1. 有  2. 没有    C5_1 出了工伤，谁来支付费用？  1. 自己  2. 单位

C6 出现以下哪些情况您会维权？（    ）【多选，排序】

1. 工资拖欠，而且讨要没有结果  2. 受工伤，单位不管  3. 用人单位不给上保险  4. 不给加班费  5. 其他_____  6. 不会维权

C6_1 一般会选择哪种途径维权？（    ）【多选，排序】

1. 自己认倒霉  2. 找亲朋、老乡帮忙  3. 与老板进行协商解决  4. 到劳动仲裁部门投诉  5. 到法院起诉  6. 寻求其他社会组织的帮助  7. 其他_____

C7 会关注招工信息？   1. 经常  2. 有时  3. 不关注（跳过）

C7_1 通过什么方式或途径关注：1. 网络  2. 街头广告  3. 电视或报纸中的信息  4. 工友等的口头信息  5. 其他_____

C8 培训对于提升自身的工作能力帮助大吗？（    ）1. 很大  2. 较大  3. 一般  4. 不大  5. 根本没用

C8_1 希望参加谁提供的培训？（    ）1. 政府提供的免费培训  2. 企业提供的免费培训  3. 企业提供的自费培训  4. 社会专设的技能培训

C8_2 希望参加什么培训项目？（    ）【多选】（若有具体培训项目请打钩）

1. 技能类（烹饪、理发、电脑、开车等）  2. 创业思维类（创业、励志等）  3. 礼仪类（言行、素养等）  4. 基本知识（写作、法律等）  5. 农业技术类（新作物、病虫害防治等）

C9 您的雇主对您的态度如何？  1  2  3  4  5【按关心程度由低到高，在 1~5 分间打分】

C10 城市企业对就业条件的要求，你认为：1. 太苛刻  2. 较严格  3. 正常  4. 宽松  5. 非常宽松

C11 在城市找份工作，一般得花多长时间：1. 一周左右  2. 半个月左右  3. 一个月左右  4. 三个月左右  5. 超过半年

C12 你认为找到一份工作容易吗？1. 很容易  2. 比较容易 3. 还行  4. 不容易  5. 很不容易

C13 您对您所处的工作条件和环境是否满意？1　2　3　4　5　【按满意程度由低到高，在1~5分间打分】

C14 您进城务工期间生活上有什么担心的？　1. 医疗费开支难以承受　2. 子女教育　3. 赡养老人　4. 没有养老金，晚年生活没保障　5. 在城里买不起房子或农村建不起房　6. 打工地办理的社保否转到当地　7. 生活环境艰苦，衣、食、住、行很不方便　8. 其他（请注明）＿＿＿＿＿

C15 您工作中有压力吗？1. 有　2. 无（跳过）

C15_1 这些压力是什么？（　　）

1. 技术不过硬或技术还应再提升　2. 拿不到工资或工资低　3. 出现工伤，没有人管　4. 学历较低　5. 竞争压力较大　6. 人际关系　7. 获得求职信息的渠道不畅通　8. 农村户口的限制　9. 性别限制　10. 同行竞争厉害　11. 无足够资金　12. 工作经验　13. 其他＿＿＿＿

C16 您考虑一下为什么会存在这些压力：1. 城市务工环境总体不好　2. 就业竞争越来越大造成的　3. 个人能力有限，人脉不足　4. 政府不作为　5. 其他＿＿＿＿

C17 您对自己工作能力的评价：1. 很强　2. 较强　3. 一般　4. 较差　5. 很差

C18 您对工作所要求的技能适应吗？1. 很适应　2. 比较适应　3. 一般　4. 不适应　5. 根本不适应

C19 您认为自己更适合什么样的工作：1. 基本操作类　2. 管理类　3. 技能性　4. 服务类　5. 其他＿＿＿＿

C20 用人单位要招工，必须与员工签书面劳动合同，你知道吗？1. 知道　2. 不知道

C20_1 你认为合同有用吗？1. 有用　2. 没有用　3. 不清楚

C21 您务工的单位给您上了哪些保险？（多选）：1. 养老　2. 医疗　3. 交通保险　4. 家庭财产保险　5. 人身意外伤害保险　6. 失业　7. 工伤　8. 其他＿＿＿＿

C21_1 除了这些，您自己又购买了哪些保险？（多选）：1. 养老　2. 医疗　3. 交通保险　4. 家庭财产保险　5. 人身意外伤害保险　6. 失业　7. 工伤　8. 其他　9. 没有购买

C21_2 如果你没有上这些保险，原因是（可多选）：1. 负担不起　2. 保险不可靠　3. 出了事情，单位赔偿，没有必要买　4. 不了解保险　5. 其他＿＿＿＿

C22 您认为务工城市对外来务工人员就业限制多吗？1. 很多　2. 不多　3. 不清楚

C22_1 务工城市的政府提供就业培训机会多吗？1. 很多　2. 不多　3. 不清楚

C22_2 您能享受到的务工城市对外来务工人员就业的福利政策有哪些？

1. 就业培训补贴　2. 创业补贴　3. 为吸纳外来务工者多的企业提供补贴、津贴

4. 职业技能鉴定补贴　5. 政府提供免费的职业介绍　6. 提供失业保险

7. 提供免费就业登记　8. 提供免费的就业指导

C23 在求职过程中，你希望得到的政府帮助是（按重要程度选择三项，最主要的排在第一位）

1. 提供必要的教育和培训　2. 监督企业保障民工的合法权利（比如督促企业按时足额发放工资、督促企业为务工人员缴纳相关保险）　3. 制定合理工资政策，提高工资水平　4. 提供更多就业、创业信息与就业服务　5. 扩大失业保险的救助范围　6. 及时处理务工者的投诉与相关

法律援助　7. 其他帮助＿＿＿＿＿＿＿＿＿＿＿＿＿＿＿＿＿＿＿＿＿＿＿＿＿＿

　　C24 如条件政策许可，你是否希望成为正规企业，如大型企业的职工？1. 希望　2. 不希望　3. 没考虑过

　　C24_1 为什么希望成为机关、大型企事业单位职工？（按顺序选择三项，最主要的排在第一位）
1. 有体面和稳定的工作　2. 有退休工资和社会保险等保障　3. 就医就学更多选择　4. 社会关系网络优质　5. 对家人有利　6. 其他

　　其中，最主要的原因是＿＿＿第二位的原因是＿＿＿第三位的原因是＿＿＿

　　C25 未来流动意愿：1. 继续从事这份工作　2. 变换工作，尽可能寻找正规部门的工作　3. 返乡　4. 不确定

　　C26 你认为自己是哪里人：1. 外地农村人　2. 本地农村人　3. 外地城市人　4. 本地城市人

## D. 社会资本

　　注：D1 你认为自己能找到工作，最关键的途径是：1. 职业介绍机构　2. 亲戚介绍　3. 老乡介绍　4. 媒体或广告　5. 其他（请说明）

　　D2 找到工作过程中，帮助你的人提供什么样的帮助？1. 资金　2. 信息　3. 直接带到就业单位　4. 找人帮忙　5. 其他

　　D3 2012 年春节期间，以各种方式与您家互相拜年的人中：亲属（　　）人，朋友、老乡（　　）人：

　　A=0　B=1~5　C=6~10　D=11~20　E=21~50　F=51 以上

　　D3_1 这些人中你经常联系的有＿＿＿人，D3_2 他们是：1. 同事 2. 同学 3. 老乡 4. 熟人 5. 其他人，D3_3 这些人中有老板＿＿＿人、政府官员＿＿＿人、医生＿＿＿人、教师＿＿＿人，D3_4 其余的那些人都从事什么工作（多选）：1. 企业管理人员　2. 机关事业单位办事人员　3. 包工头　4. 农村经纪人　5. 务工人员　6. 技术人员　7. 其他＿＿＿

　　D3_5 这些经常交往的朋友一般来自哪里：1. 本省农村　2. 外省、县（市）农村　3. 城市　4. 其他

　　D4 您经常与谁在一起交流工作及求职信息：1. 家人　2. 老乡　3. 亲戚　4. 朋友　5. 同事　6. 一般朋友　7. 其他人

　　D5 ＿＿＿人在您换找工作时能提供帮助？1. 0　2. 1~5　3. 6~10　4. 11~20　5. 21 人以上

　　D6 您身边的人是否经常搜寻招聘、技能培训等信息？　1. 经常　2. 偶尔　3. 没有　4. 不知道

　　D6_1 若您周围人主动搜寻招聘、技能培训等信息，您是否会受其影响？1. 一定会　2. 可能会　3. 一般　4. 不太会　5. 肯定不会

　　D7 您生活中遇到困难，会向谁寻求帮助？（　　）【多选，排序】
1. 亲朋或老乡　2. 当地居民或邻居　3. 同事　4. 打工单位　5. 社会福利或公益组织　6. 居委会和政府　7. 靠自己

D8 您与当地人的关系相处得如何？　　1. 相处得不好　2. 一般交往　3. 很好，相处愉快　4. 不接触

D9 下班后娱乐方式　1. 老乡聊天或喝酒　2. 去图书馆或电影院　3. 打牌等　4. 溜达　5. 睡觉　6. 带孩子　7. 其他____

D10 参加过的社会组织　1. 宗教团体　2. 宗亲会　3. 老乡会　4. 校友会　5. 联谊会　6. 民间团体　7. 职业团体　8. 无　9. 其他（请注明）____

D11 您认为凭借（　）找到满意工作的可能性更大？　1. 自己的技术能力　2. 自己的社会关系

**BIC 表**

| Auto-Clustering Number of Clusters | Schwarz's Bayesian Criterion (BIC) | BIC Change<sup>a</sup> | Ratio of BIC Changes<sup>b</sup> | Ratio of Distance Measures<sup>c</sup> |
|---|---|---|---|---|
| 1 | 4297.773 | | | |
| 2 | 3871.976 | −425.797 | 1.000 | 1.611 |
| 3 | 3641.881 | −230.095 | 0.540 | 1.328 |
| 4 | 3490.824 | −151.057 | 0.355 | 1.011 |
| 5 | 3342.305 | −148.519 | 0.349 | 1.387 |
| 6 | 3260.353 | −81.952 | 0.192 | 1.140 |
| 7 | 3199.581 | −60.772 | 0.143 | 1.137 |
| 8 | 3156.947 | −42.634 | 0.100 | 1.071 |
| 9 | 3123.137 | −33.809 | 0.079 | 1.068 |
| 10 | 3097.168 | −25.970 | 0.061 | 1.027 |
| 11 | 3074.216 | −22.952 | 0.054 | 1.051 |
| 12 | 3056.730 | −17.486 | 0.041 | 1.182 |
| 13 | 3055.844 | −0.886 | 0.002 | 1.065 |
| 14 | 3060.496 | 4.652 | −0.011 | 1.040 |
| 15 | 3068.460 | 7.964 | −0.019 | 1.199 |

a. The changes are from the previous number of clusters in the table.

b. The ratios of changes are relative to the change for the two cluster solution.

c. The ratios of distance measures are based on the current number of clusters against the previous number of clusters.

# 第四章劳动力市场分割因子列类间差异表。

**附表 1 区域**

| Cluster | 本地 | | 外地 | |
|---|---|---|---|---|
| | Frequency | Percent | Frequency | Percent |
| 1 | 4 | 40.0% | 227 | 57.3% |
| 2 | 6 | 60.0% | 169 | 42.7% |
| Combined | 10 | 100.0% | 396 | 100.0% |

### 附表 2　户籍

| Cluster | 农村户籍 | | 城市户籍 | |
|---|---|---|---|---|
| | Frequency | Percent | Frequency | Percent |
| 1 | 212 | 58.4% | 19 | 44.2% |
| 2 | 151 | 41.6% | 24 | 55.8% |
| Combined | 363 | 100.0% | 43 | 100.0% |

### 附表 3　单位性质分类

| Cluster | 不接受公共财政给付 | | 接受公共财政给付 | |
|---|---|---|---|---|
| | Frequency | Percent | Frequency | Percent |
| 1 | 188 | 52.1% | 43 | 95.6% |
| 2 | 173 | 47.9% | 2 | 4.4% |
| Combined | 361 | 10.0% | 45 | 100.0% |

### 附表 4　技能培训

| Cluster | 没有受过培训 | | 受过培训 | |
|---|---|---|---|---|
| | Frequency | Percent | Frequency | Percent |
| 1 | 181 | 57.6% | 50 | 54.3% |
| 2 | 133 | 42.4% | 42 | 45.7% |
| Combined | 314 | 100.0% | 92 | 100.0% |

### 附表 5　性别

| Cluster | 女 | | 男 | |
|---|---|---|---|---|
| | Frequency | Percent | Frequency | Percent |
| 1 | 101 | 65.2% | 130 | 51.8% |
| 2 | 54 | 34.8% | 121 | 48.2% |
| Combined | 155 | 100.0% | 251 | 100.0% |

### 附表6 年代

| Cluster | 新生代 | | 老一代 | |
| --- | --- | --- | --- | --- |
| | Frequency | Percent | Frequency | Percent |
| 1 | 206 | 99.5% | 25 | 12.6% |
| 2 | 1 | 0.5% | 174 | 87.4% |
| Combined | 207 | 100.0% | 199 | 100.0% |

### 附表7 工作类型

| Cluster | 对求职者综合素质要求不高 | | 对求职者综合素质要求较高 | |
| --- | --- | --- | --- | --- |
| | Frequency | Percent | Frequency | Percent |
| 1 | 143 | 54.8% | 88 | 60.7% |
| 2 | 118 | 45.2% | 57 | 39.3% |
| Combined | 261 | 100.0% | 145 | 100.0% |

### 附表8 行业类型

| Cluster | 开放行业 | | 封闭行业 | |
| --- | --- | --- | --- | --- |
| | Frequency | Percent | Frequency | Percent |
| 1 | 181 | 51.3% | 50 | 94.3% |
| 2 | 172 | 48.7% | 3 | 5.7% |
| Combined | 353 | 100.0% | 53 | 100.0% |

### 附表9 工会

| Cluster | 没有工会组织 | | 有工会组织 | |
| --- | --- | --- | --- | --- |
| | Frequency | Percent | Frequency | Percent |
| 1 | 198 | 56.9% | 33 | 56.9% |
| 2 | 150 | 43.1% | 25 | 43.1% |
| Combined | 348 | 100.0% | 58 | 100.0% |

# 参考文献

［1］白南生，李靖. 城市化与中国农村劳动力流动问题研究［J］. 中国人口科学，2008（4）：2-10.

［2］边燕杰，张文宏. 经济体制，社会网络与职业流动［J］. 中国社会科学，2001（2）：77-89.

［3］边燕杰等. 中国城市的职业、阶层和关系网［J］. 开放时代，2005（4）：98-118.

［4］蔡昉. 劳动力迁移的两个过程及其制度障碍［J］. 社会学研究，2001（4）：44-51.

［5］蔡昉，都阳，王美艳. 户籍制度与劳动力市场保护［J］. 经济研究，2001（12）：82-86.

［6］蔡昉，都阳. 迁移的双重动因及其政策含义——检验相对贫困假说［J］. 中国人口科学，2002（4）：1-7.

［7］蔡昉等. 劳动经济学——理论与中国现实［M］. 北京：北京师范大学出版社，2009.

［8］陈素琼，张广胜. 中国新生代农民工市民化的研究综述［J］. 农业经济，2011（5）：76-78.

［9］陈昭玖，艾勇波，邓莹等. 新生代农民工就业稳定性及其影响因素的实证分析［J］. 江西农业大学学报（社会科学版），2011，10（1）：6-12.

［10］陈锡文等. 中国农村制度变迁60年［M］. 北京：人民出版社，2009.

［11］陈建明. 前景理论与个体决策［J］. 统计与决策，2003，167（11）：11-12.

［12］常进雄，王丹枫. 我国城镇正规就业与非正规就业的工资差异

[J]. 数量经济技术经济研究，2010（9）：94-106.

[13] 程名望等. 非经济因素对农村剩余劳动力转移作用和影响的理论分析 [J]. 经济问题，2009（2）：90-92.

[14] 程名望，潘烜. 就业风险对农村剩余劳动力转移的影响——模型与实证 [J]. 公共管理学报，2010（3）：39-46.

[15] 邓大才. 农民打工：动机与行为逻辑——劳动力社会化的动机—行为分析框架 [J]. 社会科学战线，2008（9）：83-93.

[16] 杜鹰，白南生等. 走出乡村：中国农村劳动力流动实证研究 [M]. 北京：经济科学出版社，1997.

[17] 符平，唐有财，江立华. 农民工的职业分割与向上流动 [J]. 中国人口科学，2012（6）：75-82.

[18] 樊士德. 中国劳动力流动社会经济政策演化脉络与效应研究 [J]. 人口学刊，2013（5）：71-80.

[19] 冯晓英. 香港新移民社会融入的经验与借鉴 [J]. 人口与经济，2013（2）：29-34.

[20] 顾朝林. 新时期中国城市化与城市发展政策的思考 [J]. 城市研究，1999（5）：44-58.

[21] 胡金华. 社会网络对农村劳动力外出就业的影响研究 [D]. 南京农业大学博士学位论文，2010.

[22] 胡鞍钢，赵黎. 我国转型期城镇非正规就业与非正规经济（1990~2004）[J]. 清华大学学报（哲学社会科学版），2006（3）：111-119.

[23] 郝团虎. 制度、人力资本与中国农村剩余劳动力转移 [D]. 西北大学博士学位论文，2012.

[24] 韩洪云，梁海兵，郑洁. 农村已婚女性就业转移意愿与能力：一个经验检验 [J]. 南京农业大学学报（社会科学版），2013，13（5）：9-16.

[25] 韩雪. 歧视性就业政策与劳动力市场分割 [J]. 农业经济，2014（4）：82-84.

[26] 黄乾. 城市农民工的就业稳定性及其工资效应 [J]. 人口研究，

2009, 33 (3): 53-62.

[27] 黄英忠. 人力资源管理 [M]. 台湾: 三民书局, 1997.

[28] 赫尔南多·德·索托. 另一条道路 [M]. 于海生译. 北京: 华夏出版社, 2007.

[29] 胡凤霞, 姚先国. 城镇居民非正规就业选择与劳动力市场分割 [J]. 浙江大学学报 (人文社会科学版), 2011, 41 (2): 191-199.

[30] 胡鞍钢、赵黎. 我国转型期城镇非正规就业与非正规经济 (1990~2004) [J]. 清华大学学报 (哲学社会科学版), 2006 (3): 111-119.

[31] 黄祖辉. 浙江农民市民化——农村居民进城决策及进城农民境况研究 [J]. 浙江社会科学, 2004 (1): 41-46.

[32] 纪韶. "十二五"期间京津冀都市圈农民工就业影响因素——微观决策模型分析视角 [J]. 经济学动态, 2012 (8): 24-30.

[33] 季文, 应瑞瑶. 农民工流动、社会资本与人力资本 [J]. 江汉论坛, 2006 (4): 63-66..

[34] 蒋乃华, 封进. 农村城市化进程中的农民意愿考察——对江苏的实证分析 [J]. 管理世界, 2002 (2): 24-29.

[35] 靳国胜. 试论就业歧视及其法律规制 [J]. 青海师范大学学报 (哲学社会科学版), 2006 (2): 36-39.

[36] 赖德胜. 论劳动力市场的制度性分割 [J]. 经济科学, 1996 (6): 19-23.

[37] 李春玲. 当代中国社会的声望分层——职业声望与社会经济地位指数测量 [J]. 社会学研究, 2005 (2): 74-102.

[38] 李强. 中国大陆城市农民工的职业流动 [J]. 社会学研究, 1999 (3): 93-101.

[39] 李培林, 李炜. 农民工在中国转型中的经济地位和社会态度 [J]. 社会学研究, 2007, 3 (11): 61-70.

[40] 李克强, 林建, 姜璐. 关于劳动人口迁移决策的模型分析 [J]. 系统工程理论与实践, 2004 (6): 46-49.

[41] 李兵等. 迁移理论的基础: "理解人口学"的分析框架 [J]. 人

口与发展，2005（4）：48-57.

［42］李平. 中国转型时期城市农民工社会保障制度研究［D］. 华中科技大学博士学位论文，2007.

［43］李壮. 社会资本视角下的农民工城市就业空间思考［A］. 多元与包容——2012中国城市规划年会论文集（城市化与区域规划研究），2012.

［44］林坚，葛晓巍. 我国农民的职业流动及择业期望［J］. 浙江大学学报（人文社会科学版），2007（2）：110-117.

［45］吕晓兰，姚先国. 农民工职业流动类型与收入效应的性别差异分析［J］. 经济学家，2013（6）：57-68.

［46］罗楚亮. 就业稳定性与工资收入差距研究［J］. 中国人口科学，2008（4）：11-21+95.

［47］罗恩立. 新生代农民工就业能力问题初探：一个分析的框架［J］. 经济问题探索，2010（3）：50-54.

［48］刘培林."中国社会科学论坛（2013·经济学）：农民工市民化与更高质量的城镇化"，并以"经济增长阶段转换及对就业的挑战"为题发表演讲，2013-08-16.

［49］刘传江，徐建玲. 第二代农民工及其市民化研究［J］. 中国人口·资源与环境，2007（1）：6-10.

［50］龙海波. 城市人口流动管理的几点思考与建议——新加坡、越南"结构转型与城镇化"调研启示［J］. 中国发展观察，2014（5）.

［51］陆学艺. 当代中国社会阶层研究报告［M］. 北京：社会科学文献出版社，2002：67-93.

［52］马红梅. 贵州省农村劳动力转移的社会资本研究［D］. 北京林业大学博士学位论文，2009.

［53］乔明睿，钱雪亚，姚先国. 劳动力市场分割，户口与城乡就业差异［J］. 中国人口科学，2009（1）：32-41.

［54］戚迪明，张广胜. 城市化进程中农民工回流决策与行为：机理与实证［D］. 沈阳农业大学博士学位论文，2013.

［55］任国强. 人力资本对农民非农就业与非农收入的影响研究——

基于天津的考察 [J]. 南开经济研究, 2004 (3): 3-10.

[56] 宋辉. 预期效用论与前景理论辨析 [J]. 西安财经学院学报, 2008, 21 (2): 59-64.

[57] 盛来运. 国外劳动人口迁移理论的发展 [J]. 统计研究, 2005 (8): 41-44.

[58] 史柏年. 体制因素与专业认同——兼谈社会工作职业化策略 [J]. 华东理工大学学报 (社会科学版), 2006 (4): 6-11.

[59] 田北海, 雷华, 佘洪毅等. 人力资本与社会资本孰重孰轻: 对农民工职业流动影响因素的再探讨——基于地位结构观与网络结构观的综合视角 [J]. 中国农村观察, 2013 (1): 34-47.

[60] 王春光. 我国城市就业制度对进城农村流动人口生存和发展的影响 [J]. 浙江大学学报 (人文社会科学版), 2006 (5): 5-15.

[61] 王春超. 农民工就业行为的影响因素——珠江三角洲地区农民工就业调查研究 [J]. 华中师范大学学报 (人文社会科学版), 2011 (2): 49-57.

[62] 王春超. 中国农户就业决策与劳动力流动 [M]. 北京: 人民出版社, 2010 (3).

[63] 王美艳. 城市劳动力市场上的就业机会与工资差异 [J]. 中国社会科学, 2005 (5): 36-46.

[64] 王桂新, 张得志. 上海外来人口生存状态与社会融合研究 [J]. 市场与人口分析, 2006 (5): 1-12.

[65] 王桂新. 城市化基本理论与中国城市化的问题及对策 [J]. 人口研究, 2013 (6): 43-51.

[66] 王新利, 陈敏. 农村剩余劳动力转移的影响分析——基于拉尼斯—费模型 [J]. 农业技术经济, 2011 (2): 50-55.

[67] 王海宁. 就业、工资和福利权益: 中国城市劳动力市场上的外来人口 [D]. 南开大学博士学位论文, 2012.

[68] 王首元, 孔淑红. 新行为经济学理论. 对期望效用理论和前景理论的一个延伸 [J]. 西安交通大学学报 (社会科学版), 2012 (4): 17-24.

[69] 吴愈晓. 劳动力市场分割、职业流动与城市劳动者经济地位获

得的二元路径模式[J].中国社会科学,2011(1):119-137.

[70] 魏下海,余玲铮.我国城镇正规就业与非正规就业工资差异的实证研究——基于分位数回归与分解的发现[J].数量经济技术经济研究,2012(1):78-90.

[71] 谢嗣胜,姚先国.农民工工资歧视的计量分析[J].中国农村经济,2006(4):49-55.

[72] 薛进军,高文书.中国城镇非正规就业:规模、特征和收入差距[J].经济社会体制比较,2012(6):59-69.

[73] 邢春冰.2007经济转型与不同所有制部门的工资决定——从"下海"到"下岗"[J].管理世界,2007(6):23-37.

[74] 许小青,柳建华.关于农民工教育培训问题的研究[J].求实,2005(5):93-95.

[75] 亚历山德罗·波茨.社会资本:现代社会学中的缘起和应用[J].载于李惠斌,杨雪冬.社会资本与社会发展[C].北京:社会科学文献出版社,2000.

[76] 姚先国,俞玲.农民工职业分层与人力资本约束[J].浙江大学学报(人文社会科学版),2006,36(5):16-22.

[77] 杨晓军,陈浩.农民工就业的职业选择、工资差异与人力资本约束[J].改革,2008(5):95-100.

[78] 杨文选,张晓艳.国外农村劳动力迁移理论的演变与发展[J].经济问题,2007(6):18-21.

[79] 杨云彦,徐映梅,向书坚.就业替代与劳动人口流动:一个新的分析框架[J].经济研究,2003(8):70-75.

[80] 杨汉强.关注来京农民工就业问题[J].北京观察,2006(11):16-18.

[81] 杨肖丽.城市化进程中农民工城市迁入与永久迁移研究[D].沈阳农业大学博士学位论文,2009.

[82] 岳红伟.我国农民工职业培训问题研究——基于人力资本投资视角[D].河南大学硕士学位论文,2010.

[83] 袁培.关于劳动力转移行为的重新认识——基于西方主流微观

人口迁移理论的分析 [J]. 改革与战略, 2009 (10): 146-148.

[84] 姚华松, 许学强. 西方人口迁移研究进展 [J]. 世界地理研究, 2008 (1): 154-166.

[85] 曾福生, 周化明. 农民工职业发展影响因素的实证分析——基于25个省 (区、市) 1141个农民工的调查数据 [J]. 中国农村观察, 2013 (1): 78-89.

[86] 滕建华. 农村人力资本投资与农村劳动力流动的相关性分析 [J]. 农业技术经济, 2004 (4): 30-34.

[87] 张体魄. 论就业歧视对农民工社会保障的影响及对策研究 [J]. 西华师范大学学报 (哲学社会科学版), 2009 (2): 56-60.

[88] 张艳. 反就业歧视及其法律建构 [J]. 西南政法大学学报, 2006 (1): 91-97.

[89] 张广胜, 周静. 加速农业技术创新 促进现代农业发展——中国农业技术经济研究会2009年学术研讨会会议纪要 [J]. 农业技术经济, 2010 (1): 123-126.

[90] 张广胜, 周密. 新生代农民工市民化进程的测度及其决定 [M]. 北京: 经济科学出版社, 2013.

[91] 张艳华, 沈琴琴. 农民工就业稳定性及其影响因素——基于4个城市调查基础上的实证研究 [J]. 管理世界, 2013 (3): 176-177.

[92] 张爱卿. 论人类行为的动机——一种新的动机理论构建 [J]. 华东师范大学学报 (教育科学版), 1996 (1): 71-80.

[93] 张展新. 劳动力市场的产业分割与劳动人口流动 [J]. 中国人口科学, 2004 (2): 47-54.

[94] 周华馨. 社会资本影响农民工就业与收入 [J]. 社会科学报, 2013-06-10.

[95] Aaron Baker. Proportionality and Employment Discrimination in the UK [J]. Oxford Journals. Industrial Law Journal, 2008, 37 (4): 305-328.

[96] Assaad R., Tunal I. Wage Formation and Recurrent Unemployment [J]. Labour Economics, 2002, 9 (1): 17-61.

[97] Acemoglu, D., Pischke, J. S. The Structure of Wages and Invest-

ment Ingeneral Training [J]. Journal of Political Economy, 1999b, 107 (3): 539-572.

[98] Aslam M., Kingdon G. Public-private Sector Segmentation in the Pakistani Labour Market [J]. Journal of Asian Economics, 2009, 20 (1): 34-49.

[99] Altonji J. G., Spletzer, M. Worker characteristics, Job Characteristics, and the Receipt of on-the-job Training [J]. Industrial and Labor Relations Review, 1991 (45): 58-79.

[100] Arriagada A. M., Ziderman A., Mundial B. Vocational Secondary Schooling, Occupational Choice and Earnings in Brazil [M]. Population and Human Resources Department, World Bank, 1992.

[101] Barry R. Chiswick, Paul W. Miller. Occupational Attainment and Immigrant Economic Progress in Australia [J]. IZA Working Paper No. 3316, 2008, 5 (23).

[102] Barron J. M., McCafferty S. Job Search, Labor Supply and the Quit Decision: Theory and Evidence [J]. The American Economic Review, 1977 (5): 683-691.

[103] Barry R. Chiswick, Paul W. Miller. Educational Mismatch: Are High-Skilled Immigrants Really Working at High-Skilled Jobs and the Price They Pay If They Aren't? [J]. IZA Discussion Paper No. 4280, 2009, 7 (21): 1231-1285.

[104] Becker, G. S. 1965. A Theory of the Allocation of Time [J]. The Economic Journal, 1965 (75): 493-517.

[105] Boyle P., Cooke T. J., Halfacree K., et al. A Cross-national Comparison of the Impact of Family Migration on Women's Employment Status [J]. Demography, 2001, 38 (2): 201-213.

[106] Black D. A., Kniesner T. J. On the Measurement of Job Risk in Hedonic Wage Models [J]. Journal of Risk and Uncertainty, 2003, 27 (3): 205-220.

[107] Bernabè S. Informal Employment in Countries in Transition: A con-

ceptual framework [J]. LSE STICERD Research Paper No. CASE056, 2002.

[108] Becker G S. Investment in Human Capital: A Theoretical Analysis [J]. The Journal of Political Economy, 1962, 70 (5): 9-49.

[109] Black D. A., Kniesner T. J. On the measurement of job risk in hedonic wage models [J]. Journal of Risk and Uncertainty, 2003, 27 (3): 205-220.

[110] Bulow J. I., Summers L. H. A Theory of Dual Labor Markets with Application to Industrial Policy, Discrimination and Keynesian Unemployment [J]. Journal of Labor Economics, 1986 (2): 121-150.

[111] Bradley S., Crouchley R., Oskrochi R. Social Exclusion and Labour Market Transitions: A Multi-state Multi-spell Analysis Using the BHPS [J]. Labour Economics, 2003, 10 (6): 659-679.

[112] Bresnahan T. F., Reiss P. C. Entry and Competition in Concentrated Markets [J]. Journal of Political Economy, 1991 (5): 977-1009.

[113] Carree M., Dejardin M. Entry Thresholds and Actual Entry and Exit in Local Markets [J]. Small Business Economics, 2007, 29 (1-2): 203-212.

[114] Carneiro F. G., Henley A. Modelling Formal vs Informal Employment and Earnings: Micro-Econometric Evidence for Brazil [C] //Annals of the XXIX National Meeting of Economics of ANPEC, 2001.

[115] Campbell J. R., Fisher J. D. M. Idiosyncratic Risk and Aggregate Employment Dynamics [J]. Review of Economic Dynamics, 2004, 7 (2): 331-353.

[116] Calvó-Armengol A., Zenou Y. Job Matching, Social Network and Word-of-mouth Communication [J]. Journal of Urban Economics, 2005, 57 (3): 500-522.

[117] Clark W. A. V. Human Migration [M]. Beverly Hills, CA: Sage Publications, 1986.

[118] David A. Jaeger et al. Direct Evidence on Risk Attitudes and Migration [J]. Discussion Paper Series, 2007 (3): 207-233.

[119] De Jong G. F., Root B. D., Gardner R. W., et al. Migration Intentions and Behavior: Decision Making in a Rural Philippine Province [J]. Population and Environment, 1985, 8 (1-2): 41-62.

[120] Dixit Avinash. Entry and Exit Decisions under Uncertainty [J]. Journal of Political Economy, 1989, 97 (3): 620-638.

[121] Dickens W., Katz L. F., Lang K., et al. Employee Crime, Monitoring, and the Efficiency Wage Hypothesis [J]. IZA Discussion Paper, 1989 (30): 240-273.

[122] Donald O. Parsons, Specific Human Capital: An Application to Quit Rates and Layoff Rates [J]. Journal of Political Economy, 1972, 80 (6): 1120-1143.

[123] Dohmen Thomas, Armin Falk, David Huffman, Uwe Sunde, Jürgen Schupp. Gert G. Wagner. Individual Risk Attitudes: New Evidence from a Large, Representative, Experimentally - Validated Survey [J]. IZA Discussion Paper, 2005, 1730 (27): 118-133.

[124] Dolado J. J., Jansen M., Jimeno J. F. On-the-Job Search in a Matching Model with Heterogeneous Jobs and Workers [J]. The Economic Journal, 2009, 119 (534): 200-228.

[125] Emerson H. Flow and Occupation: A Review of the Literature [J]. Canadian Journal of Occupational Therapy, 1998, 65 (1): 37-44.

[126] Emek Basker. Education, Job Search and Migration [J]. University of Missouri-Department of Economics. University of Missouri-Columbia Working Paper No. 02-16, 2003, 3 (3).

[127] Friedman M., Savage L. J. The Utility Analysis of Choices Involving risk [J]. The Journal of Political Economy, 1948, 56 (4): 279-304.

[128] Faggian A. Job Search Theory [M] //Handbook of Regional Science. Springer Berlin Heidelberg, 2014 (5): 59-73.

[129] Faggian A., McCann P., Sheppard S. Human Capital, Higher Education and Graduate Migration: An Analysis of Scottish and Welsh students [J]. Urban Studies, 2007, 44 (13): 2511-2528.

[130] Fieldsend A. F. Rural Europe 2+ 2+: A Conceptual Framework for a Rural Employment Policy [J]. Studies in Agricultural Economics, 2011, 113 (2): 145-151.

[131] Facchini G., Mayda A. M. From Individual Attitudes towards Migrants to Migration Policy Outcomes: Theory and Evidence [J]. Economic Policy, 2008, 23 (56): 651-713.

[132] Grigg D. B. EG. Ravenstein and the "laws of migration" [J]. Journal of Historical Geography, 1977, 3 (1): 41-54.

[133] Guiraudon V. European Integration and Migration Policy: Vertical Policy-making As Venue Shopping [J]. JCMS: Journal of Common Market Studies, 2000, 38 (2): 251-271.

[134] Gottfries N., McCormick B. Discrimination and Open Unemployment in a Segmented Labour Market [J]. European Economic Review, 1995, 39 (1): 1-15.

[135] Heitmueller Axel. Unemployment Benefits, Risk Aversion and Migration Incentives [J]. Journal of population economics, 2005, 18 (1): 93-112.

[136] Hart K. Kinship, Contract, and Trust: The Economic Organization of Migrants in an African City Slum [J]. Trust: Making and Breaking Cooperative Relations, 2000 (7): 176-193.

[137] Hey J. D., Carbone E. Stochastic Choice with Deterministic Preferences: An Experimental Investigation [J]. Economics Letters, 1995, 47 (2): 161-167.

[138] Ivakhnyuk I. Russian Migration Policy and Its Impact on Human Development [J]. Human Development Research Paper, 2009, 14 (4): 2-13.

[139] Jaeger D. A., Dohmen T., Falk A. et al. Direct Evidence on Risk Attitudes and Migration [J]. The Review of Economics and Statistics, 2010, 92 (3): 684-689.

[140] Judson D. H. Human Migration Decision Making: A Formal Model [J]. Behavioral Science, 1990, 35 (4): 281-289.

[141] José Mata, José A. F. Machado. Counterfactual Decomposition of Changes in Wage Distributions Using Quantile Regression [J]. Journal of Applied Econometrics, 2005 (4): 445-465.

[142] Katz E., Stark O. Labor Migration and Risk Aversion in Less Developed Countries [J]. Journal of Labor Economics, 1986, 4 (1): 134-49.

[143] Kahneman D., Tversky A. Prospect Theory: An Analysis of Decision Under Risk [J]. Economedtrica, 1992 (47): 263-291.

[144] Kockelman, K. M. S. Krishnamurthy. A New Approach for Travel Demand Modeling: Linking Roy's IDentity to Discrete Choice [J]. Transportation Research Part B, 2004 (38): 459-475.

[145] Low H., Meghir C., Pistaferri L. Wage Risk and Employment Risk over the Life Cycle [R]. National Bureau of Economic Research, 2009.

[146] Lee E. S. A theory of migration [J]. Demgraphy, 1966 (1): 47-57.

[147] Lokshin M., Glinskaya E. The Effect of Male Migration on Employment Patterns of Women in Nepal [J]. The World Bank Economic Review, 2009, 23 (3): 481-507.

[148] Lang K., Lehmann J. Y. K. Racial Discrimination in the Labor Market: Theory and Empirics [R]. National Bureau of Economic Research, 2011.

[149] Malik, N. A Study on Motivational Factors of the Faculty Members at University of Balochistan [J]. Serbian Journal of Management, 2010, 5 (1): 7-14.

[150] Massey D. S., Arango J., Hugo G. et al. Theories of International Migration: A Review and Appraisal [J]. Population and Development Review, 1993 (4): 431-466.

[151] Spilimbergo. Labor Market Integration, Unemployment, and Transfers [J]. Review of International Economics, 1983 (10): 1111-1467.

[152] Malik, N. A Study on Motivational Factors of the Faculty Members at University of Balochistan [J]. Serbian Journal of Management, 2010, 5

(1): 7-14.

[153] Meng X., Zhang J. The Two-tier Labor Market in Urban China: Occupational Segregation and Wage Differentials between Urban Residents and Rural Migrants in Shanghai [J]. Journal of Comparative Economics, 2001, 29 (3): 485-504.

[154] McNabb R., Ryan P. Segmented Labour Markets [J]. Current Issues in Labour Economics, 1990 (3): 151-177.

[155] Mitchell, T. R. Motivation: New Direction for Theory, Research, and Practice. Academy of Management Review, 1982 (81).

[156] Osterman P. Work Reorganization in an Era of Restruturing: Trends in Diffusion and Effects on Employee Welfare [J]. Indus. & Lab. Rel. Rev. 1999: 53-179.

[157] Osterman P. Internal Labor Markets: Theory and Change [J]. Labor Economics and Industrial Relations, 1994 (3): 30-39.

[158] Portes A., Schauffler R. Competing Perspectives on the Latin American Informal Sector [J]. Population and Development Review, 1993, 19 (1): 33-60.

[159] Rains G., Fei J. C. H. A Theory of Economic Development [J]. American Economic Review, 1961 (51): 533-565.

[160] Reich M., Gordon D. M., Edwards R. C. A Theory of Labor Market Segmentation [J]. The American Economic Review, 1973 (63).

[161] Ravenstein E. G. The Laws of Migration [J]. Journal of the Statistical Society of London, 1885 (1): 167-235.

[162] Stark O., Levhari D. On Migration and Risk in LDCs [J]. Economic Development and Cultural Change, 1982, 31 (1): 191-196.

[163] Stark O. The Migration of Labor [M]. Oxford: Blackwell, 1991.

[164] Simon C J. Human Capital and Metropolitan Employment Growth [J]. Journal of Urban Economics, 1998, 43 (2): 223-243.

[165] Shaw R. P. Migration and employment in the Arab World: Construction As a Key Policy Variable [J]. Int'l Lab. Rev., 1979 (12): 118-589.

[166] Selod H., Zenou Y. City Structure, Job Search and Labour Discrimination: Theory and Policy Implications [J]. The Economic Journal, 2006, 116 (514): 1057-1087.

[167] S. Spilerman. Careers, Labor Market Structure, and Socioeconomic Achievement. [J] A merican Journal of Sociology, 1977, 83 (3): 551-593.

[168] Takuya Satomura. Multiple Constraint Choice Models with Cornerand Interior Solutions [J]. SSRN, 2010 (8): 84-106.

[169] Todaro M. P. A Model of Labor Migration and Urban Unemployment in Less Developed Countries [J]. The American Economic Review, 1969, 59 (1): 138-148.

[170] Tokman V. E. An Exploration into the Nature of Informal-formal sector Relationships [J]. World Development, 1978, 6 (9): 1065-1075.

[171] Thomas-Hope E., Pellegrino A., Lowell B. L. et al. Skilled Labour Migration from Developing Countries: Study on the Caribbean Region [J]. The American Economic Review, 2002, 100 (3): 1238-1260.

[172] Tatsiramos K. Unemployment Insurance in Europe: Unemployment Duration and Subsequent Employment Stability [J]. Journal of the European Economic Association, 2009, 7 (6): 1225-1260.

[173] Van de Voorde M., De Bruijn H. Mainstreaming the Flemish Employment Equity and Diversity Policy [J]. Equal Opportunities, 2010 (10): 229-242.

[174] Van Ommeren J., Rietveld P., Nijkamp P. Job Mobility, Residential Mobility and Commuting: A Theoretical Analysis Using Search Theory [J]. The Annals of Regional Science, 2000, 3, 4 (2): 213-232.

[175] Wasmer E. Interpreting Europe and US Labor Markets Differences: The Specificity of Human Capital Investments [R]. IZA Discussion Paper Series, 2002.

[176] Watcher, Michael, Union Wage Rigidity: The Default Settings of Labor Law [J]. American Economic Review Papers and Proceedings, 1986,

76 (2): 240-244.

[177] Wahba J., Zenou Y. Density, Social Networks and Job Search Methods: Theory and Application to Egypt [J]. Journal of Development Economics, 2005, 78 (2): 443-473.

[178] Xiao-lan L. U. O. Analysis of the Employment Effect of Minimum Wages in China's Monopsony Labor Market [J]. Finance and Trade Research, 2007 (4): 003.

[179] Zenou Y. Job Search and Mobility in Developing Countries. Theory and Policy Implications [J]. Journal of Development Economics, 2008, 86 (2): 336-355.

[180] Zhao Y. The Role of Migrant Networks in Labor Migration: The Case of China [J]. Contemporary Economic Policy, 2003, 21 (4): 500-511.